gegen die Zeit

Die Botschaft
vom Kreuz
erobert die Welt!

Reinhard Bonnke

Widmung

Ich widme dieses Buch meiner Schwester

Felicitas Shaw, geb. Bonnke
(31. Juli 1942 - 23. Dezember 2000)

Zusammen mit ihrem Mann Ron lebte und arbeitete sie als Missionarin in Indien. Von den sechs Kindern unserer Familie entschieden wir beide uns in früher Kindheit für Christus und hörten Seinen Ruf in den Weinberg des Herrn – sie nach Indien und ich nach Afrika. Felicitas diente dem Herrn in äußerster Treue und Hingabe und hat bereits ihren Lauf vollendet. Wir aber wollen weiter die Pforten der Hölle stürmen und die Gefangenen des Teufels in die Freiheit des Reiches Gottes führen.

Reinhard Bonnke
Frankfurt am Main, im Juni 2001

Titel der Originalausgabe: *Time is running out*
erschienen im Verlag Regal Books,
einer Division von Gospel Light, Ventura, California, USA

ISBN 3-935057-09-1

Deutsche Übersetzung und Lektorat: Kurt-Jürgen Gleichmann
Umschlaggestaltung: Isabelle Brasche

Alle Bibelzitate wurden – soweit nicht anders vermerkt – der
Elberfelder Bibel, Revidierte Fassung
R. Brockhaus Verlag Wuppertal und Zürich, 2. Auflage, © 1985/1991 *(el)* entnommen.

Andere benutzte Bibelübersetzungen:
Die Heilige Schrift, übersetzt von Franz Eugen Schlachter, © Genfer Bibelgesellschaft Genf *(sch)*
Die Gute Nachricht – Bibel, revidierte Fassung, © 1997 Deutsche Bibelgesellschaft Stuttgart *(gn)*
Hoffnung für alle – Die Bibel © 1996 International Bible Society. Hrsg.: Brunnen-Verlag, Basel und Gießen *(hfa)*
Die Heilige Schrift – Einheitsübersetzung, © 1981 Verlag Kath. Bibelwerk Stuttgart *(eü)*
Die Heilige Schrift, übersetzt von Hermann Menge, © 1967 Württemb. Bibelanstalt Stuttgart *(hm)*
Die Bibel … „Jerusalemer Bibel", © Herder-Verlag Freiburg *(jb)*
Das Neue Testament, übersetzt von Ludwig Albrecht, © 1972 Brunnen-Verlag, Gießen und Basel *(alb)*
Die Bibel, neu übertragen von Hans Bruns, © Brunnen Verlag, Gießen / Basel 1962 *(br)*
Die Bibel nach der Übersetzung Martin Luthers, rev. Text 1984; © Deutsche Bibelgesellschaft Stuttgart *(lu)*
Mit freundlicher Genehmigung.
Dazu bei einigen Textstellen:
Eigene Übersetzung des Bearbeiters *(kj)* oder leicht überarbeitete Version einer genannten Übersetzung *(-ü)*.

Druck: Ebner, Ulm

Full Flame GmbH
Postfach 60 05 95
60335 Frankfurt am Main
Deutschland

info@fullflame.com
www.fullflame.com

Inhalt

Darum entfache die Gabe, die in dir ist …

2. Timotheus 1,6

Entfache, oder mit anderen Worten, bringe zu einer vollen Flamme, Full Flame, dies ist unser Wunsch. Wo immer eine sogenannte Feuerkonferenz des Missionswerkes *Christus für alle Nationen* stattfindet und der Evangelist Reinhard Bonnke über das Thema der Salbung lehrt, sehen wir, wie Tausende von Männern und Frauen zugerüstet werden, erfüllt mit dem Heiligen Geist, den Dienst zu tun, zu dem sie berufen sind. Mit einem brennenden Herzen und einer Last für die Verlorenen gehen sie „in alle Welt".

Dieses Buch soll dazu beizutragen, dass noch viele erfüllt werden und die „Gabe in ihnen entfacht wird", lebendige Zeugen für unseren Herrn Jesus Christus zu sein.

Der Verleger

Evangelisten verkünden holzschnittartig: Wenige wesentliche, starke, die Konturen hervorhebende Linien bestimmen das Bild. So wird auch das Evangelium von Reinhard Bonnke weltweit verkündigt: schnörkellos, klar, für jeden verständlich. Hier gilt: „Was nicht einfach geht, geht einfach nicht!"

Diese Klarheit, Schlichtheit und Einfachheit ist jedoch keine Oberflächlichkeit. Nein, das ist nur durch Tiefgang in der Gemeinschaft mit Gott, Gründlichkeit im Studium der Bibel und Erleuchtung durch den Heiligen Geist möglich. Das belegt dieses Buch.

Der glühenden Botschaft vor Millionen von Menschen steht hier eine inspirierende Vorlesungsreihe an der Theologischen Fakultät einer Universität gegenüber, ebenso klar, biblisch fundiert und in der Praxis erprobt. Reinhard Bonnke weiß, worüber er lehrt! In diesem ureigensten Bereich ist der Evangelist der beste Lehrer. Eindeutig und herausfordernd wie auf der Plattform. Es ist unverkennbar die gleiche Handschrift: was Er tat und lehrte. Apg. 1,1

Pastor Richard Krüger
langjähriger Direktor des
Theologischen Seminars Beröa, Erzhausen

Vorwort

Im November 1996 hatte die Theologische Fakultät der Regent University das Vorrecht, den deutschen Evangelisten Reinhard Bonnke bei sich begrüßen zu können. Als herausragender Evangelist des letzten Jahrzehnts war er gebeten worden, aus seiner Perspektive eine Reihe von Vorlesungen über Weltevangelisation zu halten.

Als er zu dieser historischen Vortragsreihe eintraf, stand die Universität vor Erwartung wie auf Zehenspitzen. Eines der größten Auditorien ihrer Geschichte versammelte sich tagsüber im „Moot Court" der Robertson-Halle, um Bonnke in vielen Stunden inspirierender Lehre zuzuhören. An den Abenden predigte er dann in der überfüllten Parkway-Temple-Church.

Jetzt hat Reinhard Bonnke seine historische Lehrreihe zwecks weiterer Verbreitung zu einem Buch umgearbeitet. Es bündelt seine gesamte biblische Sicht darüber, wie in dieser Generation die Massen für Jesus Christus erreicht werden können. Bonnke selbst lebt ja an vorderster Evangelisationsfront. Seine afrikanischen Großeinsätze zogen bis zu 1,6 Millionen Menschen in einen Gottesdienst. Seine Verkündigung mit Zeichen und Wundern hat die Welt erstaunt und Unzählige ins Reich Jesu Christi gebracht. Gemeinden erlebten ein explosionsartiges neues Wachstum, während die Mächte der Finsternis bloßgestellt und besiegt wurden.

Meine Hoffnung ist, dass Reinhard Bonnkes überarbeitete Vorlesungen an der Regent-Universität für künftige Generationen ein ähnlich bedeutendes Hilfsmittel werden, wie Charles G. Finneys Vorlesungen über „Erweckung des Glaubens" frühere Generationen inspirierten, Gott eine mächtige Bewegung des Heiligen Geistes zuzutrauen.

Vinson Synan
Dekan der Theologischen Fakultät,
Regent University
Virginia Beach, Virginia (USA)

Einleitung

Zeit ist von Bedeutung!

Wenn 10.000 Menschen in der Nähe deiner Kirche leben, dann sterben laut Statistik jede Woche vier von ihnen. Ist es da befriedigend, wenn pro Monat oder auch Woche nur einer der 10.000 gerettet wird? Ich finde, die Dringlichkeit, das Evangelium weiterzugeben, kann man gar nicht übertreiben! Das größte Werk auf der Erde ist, die Frohe Botschaft zu predigen, und das größte Bedürfnis in der Welt ist das Bedürfnis nach dem Evangelium.

Die Welt ist in einem kritischen Zustand und lechzt nach der umwandelnden Kraft Christi; genau diese Tatsache aber will der Teufel arglistig vor uns verbergen. Nachdem seine Politik von Tod und Völkermord weder die Geburt unseres Retters verhindern konnte (s. Mt. 2,16-18) noch später seine Auferstehung, blieb dem Teufel als letzte Alternative nur noch, die Verkündigung des Evangeliums aufzuhalten.

Zuerst benutzte Satan dazu hauptsächlich Verfolgung und falsche Evangelien, doch im Laufe der Jahrhunderte hat er sich ein ganzes Waffenarsenal aufgebaut. Eine bevorzugte, raffinierte Waffe ist, unsere Prioritäten zu verlagern. Satan schert es kaum, wie hart wir für unsere Gemeinden schuften, solange es uns nur davon abhält, sein übles Reich durch die Verbreitung des Evangeliums zu zerstören.

Aufgepasst! Wir können möglicherweise Glaubenslehre studieren, Gemeinschaft pflegen, Reichtum predigen oder unsere eigenen Seelen entwickeln, ohne dass uns dies der Erfüllung des Befehls Christi näher bringt, jedem Volk das Evangelium zu predigen. Machen wir uns nichts vor! Wir planschen in der Täuschung herum, wenn wir „guten" Aktivitäten erlauben, das allerwichtigste Werk zu verdrängen.

Sehnsucht nach dem Evangelium

Jedes unerlöste Leben schreit nach dem Evangelium, wie ein Fisch auf dem Trockenen nach Wasser lechzt. Viele in der Welt haben die Hoffnung aufgegeben. Sie haben die Grenzen von Wissenschaft, Technik,

Medizin, Politik und Bildung gesehen und wenden sich den Suchtmitteln zu – Drogen, Alkohol, religiöse Mystik. Wie bei der sagenhaften Hydra wachsen dem Bösen zwei Köpfe nach, wenn wir ihm einen abgeschlagen haben. Diesem Ungeheuer muss der Dolch des Kreuzes Christi ins Herz gestoßen werden.

Allein das Evangelium kann die Nöte auf unserem Globus beheben. Das Evangelium nicht zu predigen bedeutet, dass wir die Medizin vor dem Patienten verstecken! Jesaja stellte fest: *„Das ganze Haupt ist krank, und das ganze Herz ist siech!"* (Jes. 1,5). Manchmal kurieren unsere Körper sich selbst, sehr oft aber wird Medizin benötigt. Doch wenn es um das Heil geht, gibt es kein anderes Heilmittel als die übernatürliche Kraft des Evangeliums. Deine und meine Aufgabe nun ist es, diese wunderbare Arznei auf den Tisch zu stellen. Man kann keinem die Behandlung aufzwingen oder drohen, wenn der Patient sich nachdrücklich weigert. Menschen, die das Evangelium ablehnen, werden einfach sterben, es sei denn, dass Gott in seiner Barmherzigkeit eingreift.

Warum die Menschheit leidet

Wenn ich von den Medien interviewt werde, lautet eine der häufigsten Fragen: Warum lässt Gott so viel Leiden in der Welt zu? Ich habe darüber auch oft gegrübelt, vielleicht nicht aus den gleichen Gründen wie müde Reporter, aber weil es mich schmerzt, wenn ich andere leiden sehe. Warum also lässt Gott Leiden zu? Ebenso gut könnte ich unseren Verkehrsminister fragen, warum er Unfälle auf der Autobahn zulässt. Zweifellos würde er gegen die hindurchklingende Anschuldigung protestieren und auf die gut durchdachten Verkehrsregeln hinweisen. „Jedes Mal, wenn ein Gesetz gebrochen wird", könnte er antworten, „bringt der Übeltäter sich und andere in Gefahr. Das Ergebnis sind Unfälle und Leiden."

Menschen leiden hauptsächlich aus einem Grund: Sie haben sich entschieden, Gottes Regelbuch, die Bibel, zu missachten, und als Resultat daraus ist alles schrecklich schief gelaufen. Unser liebender Schöpfer weiß genau, wie wir geartet sind und was uns schadet. Folglich sagt er mit einem fürsorglichen, schützenden Herzen: „Du sollst … – du sollst nicht …!" Seine Gebote sind keine ausgebrüteten diktatorischen Erlasse, um uns den Spaß zu verderben, vielmehr sind sie des Herstellers Handbuch. Gott weiß, dass unsere Seelen nicht mit der Sünde fertig werden, sondern dadurch ihren Ruin finden. Nur wenige dürften bestreiten, dass es weise ist, vor Gebrauch eines neuen Geräts die Bedienungsanleitung zu lesen. Die Leute achten sehr darauf, einen Recorder oder eine neue Waschmaschine nicht zu demolieren – aber seltsam, vielen scheint es nichts auszumachen, sich Geist und Seele mit dem Gift der Sünde zu zerstören.

Fangen wir an, das verzweifelte Bedürfnis nach dem Evangelium klarer zu sehen? Erkennen wir, warum Gottes Herzensschrei, dass wir die Wahrheit weitergeben, so beharrlich und dringend ist?

Der verlorene Planet

Das höchste Wunder des Evangeliums ist seine immer aktuelle Verwirklichung von Leben – Leben mit solch tiefer und bleibender Veränderung, dass es in alle Ewigkeit nicht vergehen kann. Andere Religionen mögen behaupten, Antworten für das gegenwärtige Elend des Einzelnen zu haben, doch was nützt es einem, Harmonie mit der Natur zu erreichen, seine Seele aber zu verlieren?

Jesus bietet ewiges Leben an – heute! Er hat gesagt: *„Ich bin die Auferstehung und das Leben; wer an mich glaubt, wird leben, auch wenn er gestorben ist; und jeder, der da lebt und an mich glaubt, wird nicht sterben in Ewigkeit."* (Jo. 11,25f) Die Welt braucht dringend und **jetzt** seine kostbare Gabe des ewigen Lebens!

Als Gott die Welt schuf, füllte er sie mit einem unerschöpflichen Vorrat der reinsten Freuden. Jedes Wunder, Entzücken und Genießen kommt vom liebenden Herzen Gottes für seine Kinder. Und wenn wir auf Gottes Weg gehen, gehört uns die ganze Welt. Doch wenn wir ihm widerstehen, blockieren wir seine herrlichen Absichten und drehen seinen guten Gaben den Rücken zu.

Die menschliche Rasse ist in der Kunst der Vernichtung zur Höchstform aufgelaufen. Massaker an Schulkindern, staatlich erlaubte Abtreibungskliniken, Szenen von realen oder gespielten Blutbädern auf unseren Bildschirmen, mutwillige Umweltzerstörung, die fortgesetzten Tests von Massenvernichtungswaffen –, alles um uns herum belegt die Verwüstungen durch Sünde. Wir bekriegen, wir hassen, wir trampeln auf unseren schönen Erde herum und verderben alles, was Gott uns gegeben hat.

Das kommt dabei heraus, wenn man sich von Gott abwendet. Die meisten menschlichen Krankheiten sind selbst gemacht. Und doch, das Evangelium hat Kraft, diese fatalen Prozesse umzukehren! Die Wahrheit soll uns frei machen, indem sie uns zurückruft, Gottes Willen zu tun, was stets das Beste für uns alle ist. Er liebt seinen verlorenen Planeten, und wenn wir umkehren, werden wir den freudigen Empfang beim Vater genießen dürfen.

Ich sah es geschehen!

Gott ist gerade dabei, mit dem Evangelium mächtig durch Teile der Welt zu fegen und den Weg zur Errettung zu bahnen. Ich habe gesehen, wie Sünden vergeben, Rassenharmonie erreicht, Kriminalität beseitigt, Ehen wiederhergestellt, Familien vereinigt, üble Menschen zu Heiligen, Abhängige frei, Todkranke geheilt und viele andere Heilungen möglich wurden. Nach unseren evangelistischen Einsätzen in Afrika stellte die lokale Polizei oftmals eine plötzliche, dramatische Abnahme an Verbrechen fest. Das Leben von Menschen wird verändert! Nie werde ich vergessen, wie im Staat Burkina Faso zahlreiche große Gegenstände, z. B. Kühlschränke und anderes Haushaltszubehör, von reumütigen Menschen zum Stadion gebracht wurden, weil sie ihre Häuser von gestohlenem Eigentum reinigen wollten. Die Polizei musste kommen und die Dinge mit verschiedenen Lastwagen wegkarren! Solch herrliche Szenen haben sich in vielen anderen Ländern wiederholt.

Das Evangelium gibt allen, die es empfangen wollen, die Würde von Söhnen und Töchtern. Grobiane werden gebändigt und leben fortan als Prinzen, halleluja! Welch ein Grund, das Evangelium zu predigen! Kann irgendetwas erregender, abenteuerlicher und lohnender sein? Was sonst ist den Einsatz des Lebens wert?

Nichts weniger als die Rettung dieser Welt steht auf dem Spiel. Jesus sah es nicht als Zeitvergeudung an, die Kranken zu heilen und die kraftlosen Mengen zu speisen. Er zog sich Verfolgung zu, als er den Mann mit dem verdorrten Arm heilte, und von da an stand auf sein Leben ein Kopfgeld (s. Mt. 12,10-13). Doch der Mann war Jesus wichtig, und sein Arm musste wiederhergestellt werden, egal, was es den Menschensohn kosten würde.

Spiegelungen der Wirklichkeit

Warum ist Musik für derart viele so kostbar? Oft, wenn wir von inspirierter Musik berührt werden, empfangen wir einen Schimmer des Ewigen. Dabei weist Musik nur auf Unbegrenztheit hin; Melodien lassen eine weit entfernte Größe widerhallen, die sie selbst aber nicht ausfüllen können. Diese Unbegrenztheit ist Gott selbst, und was Musik nur andeutet, wird uns gegeben, wenn wir das Heil durch Jesus Christus annehmen und ihn anzubeten beginnen.

Gott ist unser natürlicher Lebensraum. In ihm leben, weben und sind wir (Apg. 17,28). Bis wir das Evangelium hören und befolgen, bis wir Gott finden, bleiben wir eingesperrt. Überall schlagen Männer und Frauen mit dem Kopf gegen Gefängnisgitter, die aus ihrem eigenen Materialismus und Unglauben geschmiedet sind; gerade ihr Geld hält sie gefangen. Dabei sehnen sich die tiefsten Tiefen und die höchsten Höhen in uns nach Gott. Unsere Kunst und Dichtung, unsere Werke der Schönheit sind doch nur Ausdrucksformen gefangener Kreaturen, die sich dunkel an die Herrlichkeiten der freien Luft und der Berge erinnern. Obwohl als solche gut, bleiben diese Ausdrucksformen bloße Spiegelungen der Wirklichkeit. Die Wirklichkeit aber hinter allem, was wir sehen oder tun, ist Jesus. Sein Evangelium befreit von Knechtschaft und erlaubt uns, in unser wahres Element und zugedachtes Erbe zu kommen!

Bis die Bewohner dieser Welt die Wahrheit finden und akzeptieren, durchwandern sie ausweglose Wüsten, starren in Horizonte, durch die nie eine Morgenröte bricht, und suchen das undefinierbare Heilmittel „Glück". Alle möglichen Getränke saugen sich die Ungläubigen aus dem trockenen Boden von Groll, Zweifel und Hass. Dagegen sagt der Geist mit der Braut: *„Komm! Und wer es hört, spreche: Komm! Und wen dürstet, der komme! Wer da will, nehme das Wasser des Lebens umsonst!"* (Off. 22,17).

Im Evangelium wird eine Lebensart gepredigt, die immer weiter führt, bis zum Tag der Vollendung. Brauchen wir noch einen anderen Grund, das Evangelium zu verkündigen?

Die Wiederkunft

„Sie nun, als sie zusammengekommen waren, fragten ihn und sagten: Herr, stellst du in dieser Zeit für Israel das Reich wieder her? Er sprach zu ihnen: Es ist nicht eure Sache, Zeiten oder Zeitpunkte zu wissen, die der Vater in seiner eigenen Vollmacht festgesetzt hat" (Apg. 1,6f).

„Und als er dies gesagt hatte, wurde er vor ihren Blicken emporgehoben, und eine Wolke nahm ihn auf vor ihren Augen weg. Und als sie gespannt zum Himmel schauten, wie er auffuhr, siehe, da standen zwei Männer in weißen Kleidern bei ihnen, die auch sprachen: Männer von Galiläa, was steht ihr und seht hinauf zum Himmel? Dieser Jesus, der von euch weg in den Himmel aufgenommen worden ist, wird so kommen, wie ihr ihn habt hingehen sehen in den Himmel" (Apg. 1,9-11).

Jesus sprach oft mit seinen Jüngern über Gottes Reich, deshalb stellten sie dazu natürlich auch Fragen. Sie wollten wissen, wann es käme und ob Israel seinen Platz an der Sonne wieder zurückerhalten würde. Jesus erwiderte ihnen, dass sie sich um solche Dinge nicht zu kümmern hätten, fügte aber hinzu: *„Ihr werdet Kraft empfangen, wenn der Heilige Geist auf euch gekommen ist; und ihr werdet meine Zeugen sein, sowohl in Jerusalem als auch in ganz Judäa und Samaria und bis an das Ende der Erde."* (Apg. 1,8) Sie fragten Jesus, wann **er** etwas tun werde; er jedoch drehte die Sache um und sagte, **sie** müssten etwas tun.

Auftrag der Jünger war nicht die Sorge um Abläufe und Zeitpunkte, sondern Zeugen zu sein. Sie kannten ja die Prophezeiungen aus Daniel und den anderen Büchern, und die Engel erinnerten sie daran, dass ein Tag käme, an dem Christus zurückkehren werde. Also gingen die Jünger hinaus und predigten das Evangelium, wobei Jesu Wiederkunft ein wesentlicher Teil ihrer Botschaft an die Welt wurde.

Es ist ein Unterschied, ob man die Wiederkunft Jesu predigt oder Zeiten und Daten ausarbeitet, wann diese geschehen werde. Zwei Jahrtausende hindurch, und sogar heute, hat es Hunderte von Voraussagen gegeben. Beim Studium der Prophetie haben Leute sich mit Zeiten und Zeitpunkten beunruhigt, wobei sie diesen oder jenen Vers nahmen und Spekulationen darum bauten. Sie machten geradezu eine kleine Wissenschaft aus der Interpretation von Prophezeiungen und nannten es Eschatologie.

Nette Zukunftsentwürfe wurden aufgesetzt, Bücher breiteten das göttliche Zeitprogramm mit detailliertesten Aufzeichnungen, ins Auge fallenden Karten und Schaubildern aus. 1930 erschien ein Buch über Christi Kommen mit dem Titel: „*Der Welt nächstes großes Ereignis*". Tatsächlich aber war der Zweite Weltkrieg das nächste große Ereignis. Leider hat diese Art Berechnung und Analyse nur das Gemeindezeugnis von Jesu Wiederkunft abstumpfen lassen.

Der Ruf, der ergehen sollte, heißt: „*Siehe, der Bräutigam (kommt)!*" (Mt. 25,6) und: „*Siehe, das Lamm Gottes, das die Sünde der Welt wegnimmt!*" (Jo. 1,29). Unsere stetige Verantwortung bis zum Augenblick seines Erscheinens ist, unsere Zeit, unser Geld, unsere Anstrengung der Aufgabe zu widmen, die Jesus vor uns gestellt hat: „*Ihr werdet meine Zeugen sein!*"

Warum stehen wir hier und schauen gen Himmel? Lasst uns weitermachen! Es gibt keinen Moment zu verlieren. Jesus kommt bald!

Kapitel 1

Der zögerliche Evangelist

Es war einmal ein Stamm, der den Mond anbetete. „Der Mond scheint nachts, wenn es dunkel ist und wir Licht brauchen. Die dumme alte Sonne aber scheint am Tag, wo es sowieso eine Menge Licht gibt!“ erklärten sie.

Was kann sinnloser sein? Natürlich gibt es während des Tages Licht, weil die Sonne scheint, und auch in diesem Land gibt es Licht, weil das Evangelium hier „scheint“. Doch in vielen Ländern der Welt ist es sehr dunkel. Ich bin wohl wie der Mond, weil ich Licht in die dunklen Orte der Erde zu bringen versuche. Als Paulus in Troas predigte und Eutychus einschlief, gab es *„viele Lampen im Obersaal“* (Apg. 20,8). Auch bei uns hier brennen heutzutage viele Lampen, nicht zuletzt jeder Christ, der dieses Buch liest. Ihr seid berufen, als Lichter inmitten einer verdrehten Generation zu leuchten, und nicht, euer Licht unter den Scheffel zu stellen (s. Mt. 5,15; Mk. 4,21; Lk. 11,33).

Einige leuchten intellektuell und reden brillant. Ich bin nur ein einfacher Evangelist, obwohl ich überzeugt bin, dass die Arbeit des Evangelisten die wichtigste in der Welt ist. Meine natürliche Umgebung ist eine Plattform irgendwo auf einem Feld in Afrika, nicht in einer Universität oder an einer Schreibmaschine. Alle Gescheitheit auf den folgenden Seiten muss vom Heiligen Geist und dem Wort Gottes kommen. Meine Hoffnung ist die Verheißung in Daniel 12,3, dass *„die, welche die Vielen zur Gerechtigkeit gewiesen haben, wie die Sterne immer und ewig“* leuchten werden.

Gottes Botschaft für die Gemeinde

Leute fragen mich, was Gott der Gemeinde aktuell sagen will. Er sagt, was er immer gesagt hat: *„Predigt das Evangelium der ganzen Schöpfung!“* (Mk. 16,15) Wenn Jesus in diesen letzten Tagen vor dem Endgericht meinen Platz hier einzunehmen hätte, würde er sicher seine Abschiedsworte wiederholen: *„Ihr werdet die Kraft des Heiligen Geistes empfangen, der auf euch herabkommen wird, und werdet für mich Zeugen* *sein in Jerusalem und in ganz Judäa und Samarien und bis an die Grenzen der Erde.“* (Apg. 1,8 *eü-ü*) Bis das getan ist, hat er für uns keine weiteren Anweisungen.

Es wurde vorgeschlagen, so lange keine zusätzlichen Bekehrten zur Gemeinde zu bringen, bis man dort auch fähig und bereit sei, sie aufzufangen. Wenn das im Zeitraum von, sagen wir, einer Woche so ginge, könnte ich zustimmen. Aber wie können wir je hoffen, fähig zu werden, wenn wir aufhören, Christus zu gehorchen? Sein Befehl an uns ist, Bekehrte hereinzubringen!

Auch wenn geistliche Zurüstung und Jüngerschaft lebenswichtig sind, wird eine primäre Konzentration auf die eigene Heiligkeit uns nie fähig machen, andere mit dem Evangelium zu erreichen. Jesus ruft uns sicher auf, heilig zu sein, aber den Verlorenen nachzugehen ist Teil der Heiligung. Heiligung geschieht nicht nur durch Absonderung, und Heiligkeit fordert unseren Blick zu den Verlorenen draußen.

Ich kenne keinen feineren Weg, Geistlichkeit zu entwickeln, als mit vollem Risiko hinauszugehen und andere für Christus zu gewinnen. Wenn wir versuchen, Menschen mit dem Evangelium zu erreichen, wissen wir, dass wir echt sein müssen. Evangelisation sollte der Gedanke, der Antrieb hinter jeder Tagesordnung sein, wenn wir eine lebendige Gemeinde wollen. Wenn Gemeindevorstände Evangelisation herunterspielen, wie können sie die Gemeinde vor Stillstand und Erstarrung bewahren? Wenn Gottes Leute nicht ihre allumfassende Bestimmung sehen, Menschen für Christus zu gewinnen, werden sie nur Zuhörer, Predigtschmecker, Chorkritiker oder Leitungsbewerter. Die Gemeinde ist aber kein Restaurant für geistliche Gourmets, die einen prüfenden Gaumen für Kanzelspeisen entwickeln – sie ist eine Kantine für Arbeiter! Arbeitende Gemeindeglieder haben keine Zeit zum Kritisieren. Ein Pferd, das gleichmäßig seine Ladung zieht, schlägt nicht aus.

Das Ziel der Gemeinde

Die erste Zielsetzung jeder Gemeindeversammlung, ob Gebets- oder Bibelstunde, Jugendtreff, Chorübung oder Abendmahlsgottesdienst, sollte evangelistisch sein. Warum kann nicht jeder Gottesdienst offen sein für Außenstehende? Besonders beim Abendmahl, wenn die Sinnbilder Brot und Wein genommen werden, sollten wir darauf aus sein, dass die Kirche **voll** ist mit Gottlosen. Jener Kelch mit rotem Wein ist der größte Prediger auf der Welt. Das Evangelium im Kelch – bei dieser Gelegenheit kann man verlorene Sünder einladen, das Opfer des Kreuzes anzunehmen. Welch eine verpasste Chance ist es sonst! Das kostbare Blut Jesu reinigt uns von aller Sünde. Sollen nur die Reinen zur Quelle kommen?

Wenn eine Gemeinde mit ihren evangelistischen Versuchen gescheitert ist, wird es Zeit für eine ernsthafte Neubewertung ihrer Anstrengungen. Evangelisation erfordert intensivstes Nachdenken. Aufgabe des Finanzkomitees ist, Seelen zu retten, nicht das Geld. Alle Überschüsse sollten in den ureigensten Auftrag der Gemeinde gehen: die Welt zu retten.

Prädestination und Evangelisation

Prädestination, jene umstrittene Lehre, dass jeder Gläubige von Gott vorerwählt sei, unabhängig von unseren evangelistischen Bemühungen, ist ein akademisches Thema für hohe theologische Diskussionen. Ich aber will mich nicht in der Theorie festfahren, sondern das Werk eines Evangelisten tun. Meine Antwort auf die lang anhaltende Debatte? Kürze die Streiterei ab und tritt in Aktion!

Ob Menschen unter den „Erwählten" sind oder nicht, ich möchte sicherstellen, dass jeder Mann, jede Frau und jedes Kind das Evangelium gehört hat. Ich riskiere nicht die ewige Berufung von irgendwelchen Seelen aufgrund doktrinärer Schlussfolgerungen oder Theorien. Nichts im Neuen Testament sagt uns, wir sollten das Evangelium nicht predigen und unser Bestes tun, Leute ins Reich Gottes hineinzuwerben. Also tue ich genau dies.

Die Wahrheit werden wir erst im Himmel erkennen. Wenn jeder, den ich dort finde, vorherbestimmt war, ist es mir recht. Auf keinen Fall aber soll irgendeiner im Himmel zu mir sagen können: „Wusstest du denn wirklich sicher, dass ich erwählt war? Warum hast du mir nicht das Evangelium gepredigt? Im Spiel darum, dass deine Ideen richtig waren, würfeltest du mit meiner Seele. Ich hätte in der Hölle sein können statt im Himmel!"

Der zögerliche Evangelist

Wenn man die Bibel von 1. Mose an durchliest, findet man nichts Ausdrückliches über Evangelisation, bis man zu dem kurzen Buch Jona kommt, einem Buch, das sich von der übrigen Bibel abhebt. Es ist beinahe des Evangelisten „Vademekum", ein persönliches Handbuch zum täglichen Gebrauch.

Obwohl die meisten mit dem Buch Jona vertraut sind, glauben viele (darunter einige Christen) die dort vorgelegte Geschichte nicht. Sie meinen, manches daran sei faul. Dabei sahen Jesus und seine Zeitgenossen sie als historisch an, nicht als Fabel oder gar Gleichnis. Und wer immer Jonas Geschichte aufgeschrieben hat, verstand sein Handwerk. Dieses kleine Buch verdient unsere ganze Aufmerksamkeit.

Der Prophet Jona lebte etwa 800 Jahre vor Christus. Er hörte Gottes Ruf, nach Ninive zu gehen, der letzten Hauptstadt des Assyrischen Reichs. Sie lag am Fluss Tigris, knapp 1.000 Kilometer Luftlinie östlich von Jonas Wohnort. Statt jedoch nach Ninive zu gehen, löste Jona eine Fahrkarte nach Tarsis – also Westen, genau die entgegengesetzte Richtung. Verzweifelt mühte er sich, seiner Pflicht zu entkommen; denn Ninive war der letzte Ort, wohin er wollte.

Man beachte die Art, wie Jonas Flucht beschrieben wird (Jona 1,3ff): Er ging **hinunter** nach Joppe, dann **hinunter** ins Schiff 1 und dort **hinunter** zum Schiffsboden. Im Sturm warfen ihn die Seeleute **hinunter** ins Meer. Als ihn ein riesiger Fisch verschlang, ging's **hinunter** in dessen Schlund. Er muss sich ganz schön unten gefühlt haben! Dann betete Jona und sagte zum Herrn: *„… Du hattest mich in die Tiefe geschleudert. Zu den Gründen der Berge sank ich* ***hinunter****."* (Jona 2,4.7 *sch*) Als der Fisch Jona ausspie und Gott erneut sprach, sagt der Text (Jona 3,3), wie es in einer englischen Übersetzung heißt: *„Jona stand auf."* **Ans Predigen gehen, wenn Gott uns sendet, ist erhebend – wir stehen auf!**

Lasst uns ein wenig Mitgefühl für Jona haben, denn Ninive hatte einen Furcht erregenden Ruf. Zweifellos waren ein oder zwei ihrer Könige brutal und zählen zu den übelsten, die je über die Erde gingen. Sie hatten Spaß an so ungeheuren Grausamkeiten, die uns auch heute schockieren würden. Wenn ich sie dir beschreiben würde, könntest du wohl heute Nacht nicht schlafen, und wenn doch, dann wäre dies der Stoff für Alpträume. Mit Männern wie diesen konfrontiert zu werden, war für Jona also kein wonniger Gedanke. Wie konnte ein Ausländer erhoffen, gegen sie zu predigen und lebend davonzukommen? Schließlich ging er aber doch, und Ninive kehrte von seinen bösen Wegen um. Jonas Predigt scheint wirkungsvoll gewesen zu sein!

Doch Jona war über das Endergebnis verwirrt. Er wollte das Gericht Gottes auf Ninive fallen sehen, und wer wollte ihn dafür tadeln? Er hatte die Stadt gewarnt, dass Gott bereit war, sie zu zerstören. Ihre Bosheit hatte Gottes Ohren erreicht, und dafür hatten sie Gericht verdient. Doch die Stadt tat Buße, und Gott hielt sein Gericht zurück, zumindest eine ganze Zeit lang. Knapp 200 Jahre später wurde Ninive dann völlig zerstört.

Jonas tiefe Einsicht

Hier nun liegt der entscheidende Punkt von Jonas Geschichte, und er hat eine Botschaft für jeden Evangelisten, der je hinausging, um Gottes Werk zu tun. Jona hatte Gericht gepredigt, aber kein Gericht kam! Genau das hatte er befürchtet. Tatsächlich wollte Jona genau deshalb niemals gegen die Stadt predigen, weil Gott im Falle erfolgreicher Predigt seine Gerichtsabsichten ändern würde! Hinterher schimpfte er mit Gott: *„Ach, HERR! War das nicht meine Rede, als ich noch in meinem Land war? Deshalb floh ich schnell nach Tarsis! Denn ich wusste, dass du ein gnädiger und barmherziger Gott bist, langsam zum Zorn und groß an Güte, und einer, der sich das Unheil gereuen lässt.“* (Jona 4,2)

Jona hatte eine tiefe Einsicht in den Charakter Gottes. Unter allen 39 Büchern des Alten Testaments ist diese Feststellung des Propheten etwas Außergewöhnliches. Jona wusste, Gott hat ein Herz von unvergleichlicher Güte. Er wusste sogar auch, dass sich das Erbarmen des Herrn über Israels Grenzen hinaus in Feindesland erstreckte und selbst die Heiden umarmte. Nur wenige in Israel hätten das für möglich gehalten, und in jenem Zeitalter geistlicher Dunkelheit kann es nur der Heilige Geist dem Propheten gezeigt haben. Irgendwie ahnte Jona, Gott könnte mit den Heiden genauso gnädig sein wie mit Israel, und sogar mit den schlimmsten Sündern auf Erden. Deshalb ging er – und wollte doch nicht gehen. Ein Teil von ihm wünschte, dass diese verruchte Nation erhielt, was sie verdiente, gleichzeitig aber wusste er, dass Gott nicht so ist. Jona ging es um Rache, doch Gott war – und ist – ein Gott der Vergebung.

Jona kannte Gottes Mitleid, hatte selbst aber keines. Erst recht weiß jeder, der aufsteht und von Christus spricht, was Jona wusste. Es ist die gemeinsame Erkenntnis unter den Geretteten, dass Gott liebevoll, gnädig, barmherzig und mitleidig ist. Aber hegen wir solche Gefühle auch für die Verlorenen? Jona tat dies überhaupt nicht; er predigte nur aus Pflicht oder Gehorsam. Einen schlimmeren Mangel kann es bei einem Evangelisten oder jemandem, der das Wort Gottes verkündigt, gar nicht geben. Evangelisation ist keine Sache von geschwollenen Worten über Gottes mitleidige Liebe oder ein Auseinanderlegen von Theologie. Das Herz eines Evangelisten sollte in Übereinstimmung mit dem Herzen Gottes schlagen, dessen Verlangen und Mitleid ausdrücken.

Bei der Evangelisation wird dringend etwas Zweifaches benötigt: die Wahrheit und Menschen, in denen sie zu sehen ist. Einige Leute sagen, es genüge, „das Richtige zu predigen". Es genügt nicht! Hier ist der Heilige Geist gefragt, der den fehlenden Bestandteil in unsere eigenen Herzen legt: *„Die Liebe Gottes ist ausgegossen in unsere Herzen durch den Heiligen Geist, der uns gegeben worden ist."* (Rö. 5,5) Die Liebe Gottes in Christus ist mehr als ein Stück systematische Theologie und will in denen, die sie verkünden, selbst lebendig werden. Wir können mit Feuerzungen predigen, wenn wir sein Feuer im Herzen haben. Wie aber halten wir dieses Feuer am Brennen? Lerne das Wort Gottes für dich selbst kennen – es ist Gottes Wort an **Dich**!

Jona war ein seltener Prediger und Prophet; denn er wollte keinen Erfolg haben und hoffte, niemand in Ninive werde seine Botschaft beachten. Doch sogar der König auf seinem Thron erschrak über seine Sünden und beschloss, etwas zu unternehmen. Wenn wir das Wort Gottes auf unsere Lippen nehmen, sollten wir wissen, was wir tun. Es ist eine bedeutende Feuerkraft, mit der man besser nicht „spielt".

Über Israel hinaus: Eine weltweite Sicht für die Verlorenen

Unter den Propheten des Alten Testaments war Jona der Einzige, der Israel verließ und das Wort des Herrn öffentlich in den Straßen eines fremden Landes predigte. Zwischen Jona und Jesus gab es eine gewisse

Verwandtschaft: Jona ist wohl der einzige Prophet, mit dem sich Jesus persönlich in Verbindung brachte. Von ihm sprach er als dem Zeichen für Israel (s. Mt. 12,39). Jona hatte eine gottgegebene Bürde für eine heidnische Stadt. Der Nächste, der eine solche Bürde trug, war Jesus Christus selbst. Sein Herz aber war sogar groß genug für ganz Israel und die Heidenwelt.

Kein anderer Prophet Israels brachte der Außenwelt jemals das Wort des Herrn, abgesehen von der Zeit, wo man sie selbst als Kriegsgefangene wegbrachte. In Babylon hielten einige ihr Zeugnis für den Herrn, den Gott Israels, aufrecht; dies lesen wir in den Büchern Daniel und Esther. Die Nordstämme allerdings wurden im Assyrischen Reich aufgesogen und verloren sich. Psalm 137 erzählt uns: *„Die uns gefangen hielten, forderten dort von uns …: ‚Singt uns eins der Zionslieder!'"* Doch ihre Antwort war: *„Wie sollten wir des Herrn Lied singen auf fremder Erde?"* (Ps. 137,3f) Wie schade! Diese Lieder hätten den lebendigen Gott der Außenwelt vorstellen können.

Die Sorge Gottes um seine Geschöpfe erstreckt sich auf uns alle, selbst auf die Abtrünnigsten und Schlimmsten. Jona aber verspürte nichts davon. Er hatte für seinen Auftrag nichts übrig und versuchte, von Gott wegzukommen. Doch Gott war fest entschlossen und sandte dem flüchtigen Propheten einen Sturm auf dem Meer. Es war Gottes Proteststurm über Jonas mitleidslose Einstellung.

Gott machte Jona zu einer bemerkenswerten Ausnahme. Er nötigte ihn, das zu tun, was Israel ohnehin tun sollte, aber nie tat. Der Herr hatte Israel großgezogen, um seinen Namen auf der ganzen Erde bekannt zu machen (s. Ps. 67; 98; Hes. 36,23). Selbst die Urgemeinde war rund 20 Jahre lang völlig jüdisch. Demnach war Jona vielleicht, trotz seiner Mängel, einer der größten Propheten überhaupt.

Evangelisation ist Gottes Initiative

Die Initiative zur Rettung Ninives kam von Gott, nicht von Jona. Denn Gott möchte nicht den Tod von irgendeinem Menschen, sondern dass alle umkehren (s. 2. Pt. 3,9). Den ersten Schritt zur Evangelisation tut Gott, er beruft uns und rüstet uns auch für dieses Werk aus! Er war es, der etliche zu Evangelisten gemacht hat (s. Eph. 4,11). Zunächst handelte

Jona auf eigene Initiative und zog in der entgegengesetzten Richtung los, westwärts nach Tarsis, statt nach Osten zu gehen; da schickte Gott jenen fürchterlichen Sturm. Der Herr hat versprochen, seine göttlichen Pläne zu segnen und zu unterstützen, auf unseren eigenen Plänen aber liegt kein Segen.

Wo eigentlich ging Jona hin? Wo liegt Tarsis? Verschiedene Experten haben versucht, es herauszufinden. Das Wort *tarschisch* ist eng verwandt mit *Schmelzen* von Erzen wie Silber, Gold oder Zinn. Die Schiffe von Tarsis waren Schatzfrachter, berühmt für ihre teure Ladung. Sie wurden Symbole für Wohlstand, Macht und Stolz. Ninive dagegen bedeutete für Jona nur Opfer. Es war eine krasse Wahl: Ninive mit seiner Gefahr oder Tarsis mit seinem Geld?

Lassen du und ich uns da anheuern, wo das größte Gehalt gezahlt wird? Sollen Geldscheine der entscheidende Faktor für unseren Berufsweg sein? Mammon und Dienst passen nicht sehr gut zusammen. Den größten Gewinn erzielt, wer am besten dient!

Gott ist da, wo immer du hinrennst

Die Mannschaft an Bord des Schiffes nach Tarsis wusste weder, dass Jona ein Prophet war, noch kannten sie seinen Gott. Die Seeleute waren Heiden, doch sie rügten den Propheten Gottes, weil er bei der Arbeit schlief. *„Was ist mit dir, du Schläfer?"* sagten sie ihm mitten im Sturm. *„Steh auf, ruf deinen Gott an! Vielleicht wird der Gott sich auf uns besinnen, so dass wir nicht umkommen!"* (Jona 1,6).

Die Menschen dieser Welt erwarten von einem Propheten deutliche Worte, ob sie ihm nun zustimmen oder nicht. Vielleicht wollen sie nicht selbst die christliche Moral oder den Weg des Herrn übernehmen; dennoch glauben sie, dass es für andere gut ist, sittlich zu leben. Wenn wir das nicht predigen, von dem sie wissen, dass wir es glauben, fühlen sie sich betrogen. Die Gemeinde darf nie darin versagen, einen klaren Ton zu geben, was richtig und was falsch ist.

Mit dem Rücken zur Wand gab Jona zu, wer er war. Das verblüffte, ja, entsetzte die Schiffscrew. Diese Männer waren Bekehrungsanwärter; denn sie respektierten bereits Gottes Autorität. Und trotz Jonas dürftigem Zeugnis kamen sie zum Glauben an seinen Gott: *„Da bekamen die Männer große Ehrfurcht vor dem Herrn und brachten dem Herrn ein Schlachtopfer und taten Gelübde."* (Jona 1,16 *sch*)

Hier war ein Mann, der die wunderbare Wahrheit über Gott kannte, doch die andern mussten ihn fragen, wer sein Gott sei. Dabei hätte mit Jona an Bord eigentlich klar sein müssen, wer sein Gott war. Wissen die Leute, wer dein Gott ist?

Es ist eine beeindruckende Sache, dass Gottes Identität an Menschen geknüpft ist. Ausdrücklich bekannt wurde er zuerst durch das Leben von Abraham und bekam den Namen „Gott Abrahams". Die Gottesvorstellungen der Welt entstanden zunächst durch ihren Eindruck, was für ein Mann Abraham war. Sein Leben porträtierte seinen Gott und diente als Empfehlung für ihn.

Als Jakob von zu Hause und den Morddrohungen Esaus floh, war der Herr für ihn nur der Gott seiner Väter Abraham und Isaak. Er identifizierte Gott damit, wie er deren Leben geformt hatte. Das brachte ein Gefühl der Ehrfurcht auf Jakobs Leben, und er beschloss, eines Tages solle ihr Gott auch sein Gott sein (s. 1. Mo. 28,21). Wenn Jakobs Name mit dem Gott seiner Väter in Verbindung gebracht werden sollte, dann wollte er damit die Ehre dieses Gottes weiterführen. Das hielt er aber nicht für möglich, bis sein eigenes Leben seinen Gott widerspiegelte.

Evangelisation heißt, dass jemand sagen kann: „Ich glaube an den Gott meiner Mutter!" oder „an Ralfs Gott", „an Helgas Gott". Manche möchten das Evangelium in Kurzform präsentieren, aber es kann eigentlich nur in Personen präsentiert werden. Das Evangelium ist mehr als eine Formel, um in den Himmel zu kommen, wenn man stirbt. Es bietet Leben an, nicht nur einen Rettungsring.[2] Kern des Evangeliums ist, zu **zeigen**, wie Gott ist.

Jesus lehrte seine Jünger, dass Gottes Geist der Geist des Zeugnisses ist (s. Jo. 15,26). Heute sprechen wir oft von „Power-Evangelisation", von Zeichen und Wundern, die das Evangelium bestätigen. Jesus aber sagte, sogar üble Leute würden Wunder bewirken, obwohl sie nie zu ihm gehörten (s. Mt. 7,22f).[3] Auch Paulus sprach über den Nachweis des Geistes (s. 1. Ko. 2,4). Doch man kann einfach nur von der Art beeindruckt sein, wie der Apostel die Realität des Evangeliums in seinem täglichen Leben offenbarte. Er teilte den Korinthern mit, ihr Leben sei ein Brief, *„erkannt und gelesen von allen Menschen"* (2. Ko. 3,2). Sagen Menschen im Blick auf uns anerkennend: „So also ist euer Gott!"?

Der wahre Geist der Evangelisation

Evangelisation bedeutet, Jesus zu empfehlen. Die von Jesus gelehrte evangelistische Methode ist, dass wir ihn empfehlen sollen, durch unser Leben wie durch unsere Worte. Wir sollen „Jesus-Leute" sein, oder präziser „Jesus-der-Evangelien-Leute".

Wir sind das Licht der Welt; andere Optionen gibt es nicht (s. Mt. 5,14). Jona floh vor der Gegenwart des Herrn, aber in seiner Seele trug er ein Licht, das irgendwie durchschien. Er verbarg zwar sein Zeugnis vor Kapitän und Mannschaft des Schiffes, das er in Joppe bestieg. Aber Jona kannte Gott, und das wurde sogar offenbar, als er Gott zu entfliehen versuchte. Die Crew eines sturmgeschüttelten Frachters konnte Jona seinen Gott „abspüren".

Tief im Innersten kannte Jona Gottes gnädiges Wesen. Wie aber sollte er, Jona, dann Ninive Gericht predigen, wenn er ganz genau wusste, dass Gott so freundlich und barmherzig war? Der Herr würde ihnen die Bosheit unverzüglich, oder besser, beim ersten Zeichen von Buße, vergeben. Also floh Jona vom Angesicht des Herrn (s. Jona 1,3). Zu sein, wo Gott war, hieß, den Duft seiner Gnade, einer von Gottes Erbarmen durchdrungenen Atmosphäre, in den Kleidern zu tragen. Jona aber wollte sich nicht mitleidig fühlen. Er hatte keine Neigung, Monstern wie den Herren von Ninive freundlich zuzulächeln.

Evangelisation heißt Befreiung vom Gericht. Doch Jona empfand stark, dass Ninive Gericht verdiente. Seine Haltung war verständlich, wie ich meine. Gefühle wie die von Jona hallen auch öfters in den Psalmen wider (z. B. Ps. 18,38-43).

Als Jesus mit seinen Jüngern durch Samaria reiste, wollte er über Nacht in einem Dorf bleiben. Doch die Ortsbewohner waren gegenüber Juden feindselig und wollten die Gruppe nicht beherbergen. Nun kannten die Jünger schon die freudige Erfahrung, Gottes Heilungskraft durch die von Jesus verliehene Vollmacht in Gebrauch nehmen zu können. Auch wussten sie, dass Elia Feuer vom Himmel auf Soldaten hatte fallen lassen, die ihn verhaften sollten (s. 2. Kö. 1,8-14). Also schlugen sie ihrem Herrn die gleiche Handlung vor, um dieses Dorf auszulöschen. Schließlich war Gott auch mit Sodom und Gomorrha so verfahren. Jesus aber sagte zu ihnen: *„Wisst ihr nicht, welches Geistes … ihr seid? Der Menschensohn ist nicht gekommen, um Menschenleben zu vernichten, sondern um sie zu retten!"* (Lk. 9,55f *hm*)

Johannes der Täufer hatte wohl ein ähnliches Problem. Er kam in Geist und Kraft des Elia und predigte das Gerichtsfeuer: *„Ihr Schlangenbrut, wer hat euch gesagt, dass ihr dem bevorstehenden Gericht Gottes entgeht? Die Axt ist auch schon angelegt, um die Bäume an der Wurzel abzuschlagen. Jeder Baum, der keine guten Früchte bringt, wird umgehauen und ins Feuer geworfen. … Er hat die Worfschaufel in seiner Hand, um die Spreu vom Weizen zu scheiden und den Weizen in seine Scheune zu bringen. Die Spreu wird er in einem Feuer verbrennen, das nie mehr ausgeht."* (Lk. 3,7.9.17) Das gleicht so sehr der Predigt des feurigen Elia, dass es schon ironisch klingt, wenn Lukas hinzufügt (3,18): *„Indem er nun auch mit vielem anderen ermahnte, verkündigte er dem Volk gute Botschaft."* Gute Botschaft? Höllenfeuer?!

Später, als Johannes Jesus wirken sah, entdeckte er keine flammenden Gerichte. So sandte er zu Jesus und ließ fragen, ob er denn den falschen Mann als Messias identifiziert habe. Jesus sandte die Boten mit dem Auftrag zurück, Gottes Barmherzigkeiten unter den Geplagten und Sterbenden zu schildern und diese Mitteilung zu überbringen: *„Glückselig ist, wer sich nicht an mir ärgert."* (Lk. 7,23)

Liebe ist der wahre Geist der Evangelisation. Wir sollten die Menschen wegen der Höllengefahr so warnen, als wären sie unsere eigenen Kinder, die am Rand eines Vulkans herumlaufen.

Elia war die Peitsche für Baal, Isebel und ihren kläglichen Mann Ahab. Jesus kam nicht als Peitsche. Er entblößte seinen **eigenen** Rücken, nicht unseren, für die Peitsche. Er zeigte uns die allerletzte Wirklichkeit hinter dem Universum, nämlich ein Herz, das in grenzenloser Sehnsucht und Sorge für jedes einzelne seiner Geschöpfe schlägt. Tatsächlich, je tiefer der Mensch sinkt, desto schmerzhafter ist es für Gott. Diese Art Liebe ist der wahre Geist der Evangelisation.

Ich weiß, Menschen sind auf dem Weg zur Hölle, und wenn mir an ihnen liegt, sollte ich sie warnen. Aber ich sollte sie so warnen, als wären sie meine eigenen Kinder, die am Rand eines Vulkans herumlaufen. Hass sollte es in unserer Verkündigung nicht geben. Unsere Mission ist Erbarmen. Weil die Hölle ihr Maul öffnet, um Sünder zu verschlingen, sollte unser Bangen um ihre Seelen nur noch größer sein. Wir können uns nicht lautstark über Sünder in der Hölle freuen. Warnungen sind eine Sache, Drohungen eine andere. Jona fand es schwer zu predigen; denn er sprach gern über Gottes Zorn, obwohl er wusste, dass Gott nicht gerne zornig war. Gott ist langmütig.

Die Stimme der Liebe

Ich habe mich oft gefragt, wie Jesus sich wohl beim Reden anhörte. Einmal ließ er sieben Weherufe gegen gewisse Leute hören (s. Mt. 23,13ff). Aber wie war wohl sein Tonfall? Ich stelle mir vor, dass Jesus diese Gerichtsworte in bekümmerter Weise sprach. Welche Liebe füllte seine Stimme und welche Tränen seine Augen, gerade als er nach Jerusalem ging, wo man ihn ablehnte (s. Mt. 23,37)! Sein Herz zeigte sich am Klang seiner Stimme. Was vernahmen wohl die Ohren dieser bevorzugten Leute?

In Lukas 4,22 lesen wir, dass sich *„alle wunderten … über die Worte der Gnade, die aus seinem Mund hervorgingen.“* Die Tempelpolizei war geschickt worden, um Jesus zu verhaften. Doch sie kamen fasziniert und „entwaffnet“ zurück und sagten: *„Niemals hat ein Mensch so geredet wie dieser Mensch!“* (Jo. 7,46) Wie hörte sich Jesus wohl an, als er ausrief: *„Vater, vergib ihnen, denn sie wissen nicht, was sie tun!“* (Lk. 23,34)?

D. L. Moody sprach einmal in London vor etwa tausend eingeladenen Rationalisten.[4] Die Versammlung war äußerst feindselig. Doch als er sie inständig bat, sich Christus zuzuwenden, schluchzte Moody buchstäblich, wobei die Tränen in seinen Bart rannen. Daraufhin gab es einen Durchbruch in der Versammlung. Hunderte kamen zu Jesus und waren nicht mehr dieselben wie vorher.

Ich meine damit nicht, dass das Evangelium zu einer weinerlichen Angelegenheit verwandelt werden soll. Jesu Stimme tat weit mehr, als die Emotionen der Leute aufzuwühlen. Sie reagierten weniger traurig als freudig. Jesus sagte seinen Jüngern, er rede, um ihnen Frieden und Freude zu geben (s. Jo. 14,27; 15,11). In Wort und Lehre hatte er auch kein falsches Pathos oder etwas, was man heute eine sirupsüße Gefühlsduselei nennen würde. Der Klang des Evangeliums sollte triumphierend und gewiss sein, mit einer Note Fröhlichkeit.

Der Weg dahin ist vielleicht lang und ein scharfer Kontrast zur warnenden Stimme Jonas im gerichtsreifen Ninive, aber durch Jesus Christus sind Gnade **und** Wahrheit ans Licht gekommen! Keine Glocke ist so laut wie die Liebe.

Berechtigter Ärger und richtige Prioritäten

Gott wollte zu seinem Propheten durch eine besondere Pflanze sprechen. Jona hatte eine Zeit lang außerhalb der Stadt gewartet, um zu sehen, was passieren würde. Die Sonne brannte heiß, sehr heiß, und so hatte er sich ein Schutzdach errichtet: Eine von Gott spezialgefertigte Pflanze wuchs hoch über Jona auf und gab ihm erst richtigen Schutz vor der Hitze. Doch dann vertrocknete sie über Nacht. Ihre Wurzeln waren von einer Wurmart zerstört worden (s. Jona 4,7).

Jona kochte vor Wut. Gott aber sagte: *„Hast du ein Recht, wegen dieser Pflanze zornig zu sein?"* Nun, Jona meinte das. Er beanspruchte sogar genug Zorn, um sterben zu wollen (V. 9). Also trug Gott seinen Standpunkt vor. Die letzten Worte des Buches Jona sind die Worte des Herrn:

„Du bist betrübt wegen des Rizinus, um den du dich nicht gemüht und den du nicht großgezogen hast, der als Sohn einer Nacht entstand und als Sohn einer Nacht zugrunde ging. Und ich, ich sollte nicht betrübt sein wegen der großen Stadt ...?" (Jona 4,10f)

Dem Gottesmann schien die Pflanze wichtiger zu sein als das Leben der Menschen. Die Lektion daraus heißt: Was ist uns wirklich wichtig? Heute gibt es eine Menge rechtschaffener Anliegen. Die Vereinigten Staaten sind besonders bekannt für ihre mächtigen Interessengruppen (Lobbys) mit ihrem Einfluss auf große moralische Themen, zum Beispiel Umweltschutz. Manche Christen mögen in solche Angelegenheiten politisch oder gar beruflich eingebunden sein, warum auch nicht? Die Frage ist nur, worüber wollen wir am zornigsten sein?

Soziale Themen, Umwelt und Sitte sind keine Kleinigkeiten, die man leicht aufgeben könnte. Ja, wir sollten zornig sein über viele Scheußlichkeiten der modernen Gesellschaft. **Aber wie steht es mit dem Thema des ewigen Heils?** Lebensrechtsgruppen kämpfen (zu Recht) um die ungeborenen Babys, doch was tun wir für die Seelen der Millionen Menschen auf den Straßen unserer Städte?

Wir können nicht alle Prediger oder Evangelisten sein. Es muss Menschen geben, die durch die verschiedenartigsten Tätigkeiten die Gesellschaft und unsere Gemeinden in Gang halten. Aber bei aller Sorge um die Beschaffenheit unseres sterblichen Lebens – **der Ruf Christi, das Evangelium der ganzen Schöpfung zu predigen, muss immer noch unser dringendstes Ziel sein.**[5]

Anders ausgedrückt: Wir können Jona ähneln, dessen dickstes Problem der Verlust des Pflanzenschattens war. Sind wir stärker beunruhigt über die gefährdeten Arten im Nordatlantik als über die ewige Gefahr für alle, die Christus ablehnen?

Als Jesus von den Toten auferstanden war und sich anschickte, hinauf in den Himmel zu gehen, gab er seinen Jüngern noch eine umfassende Belehrung über das Reich Gottes (s. Apg. 1,3). Da fragten sie ihn: *„Herr, stellst du in dieser Zeit für Israel das Reich wieder her?“* (V. 6) Das war nicht nur ihre Priorität, sondern auch ihre damalige Auffassung vom Reich Gottes als einer nationalistischen Angelegenheit. Sie interessierten sich für Zeiten und Termine, Jesus hingegen sagte:

„Die Zeit dafür hat allein Gott der Vater bestimmt. Das ist nicht eure Sache. Aber ihr werdet den Heiligen Geist empfangen und durch seine Kraft meine Zeugen sein in Jerusalem und Judäa, in Samarien und auf der ganzen Erde.“ (Apg. 1,7f *hfa*)

Das waren Jesu letzte Worte auf Erden. Sicher, nicht alle können ihre Fischerboote aufgeben, um Menschen zu fischen. Doch für alle Gläubigen muss der Große Missionsbefehl oberste Priorität behalten.

Zukünftige Evangelisation

Die Welt kann rascher evangelisiert werden, als die meisten glauben, erst recht zu Beginn des neuen Jahrtausends. Als Jesus die Welt verließ, gab es nur ein paar tausend Gläubige – vielleicht einen christlichen Nachfolger auf 20.000 andere. Doch innerhalb von 300 Jahren wurde das gesamte Römische Reich „offiziell" christlich. Und heute, so schätzt man, gibt es sogar über 600 Millionen wiedergeborene Christen. Das ergibt ein Verhältnis von 1 zu 10.

Wenn wir durch andere Themen abgelenkt werden und unsere Zeit, Finanzen, Energien auf bloße politisch-soziale Anliegen richten, nimmt das Evangeliumszeugnis ab. Doch wir brauchen eine letzte, gebündelte Anstrengung, um die anderen neun Zehntel der Welt zu erreichen!

Erst wenn das Evangelium in der ganzen Welt zu einem Zeugnis für alle Nationen verkündet worden ist, wird schließlich das Ende dieser Weltzeit kommen (vgl. Mt. 24,14).

Anmerkungen:

[1] *„**Hinunter** ins Schiff…"*: so steht es im hebräischen Grundtext.

[2] Engl. Wortspiel: „The gospel offers **life**, not just a **life belt**."

[3] Obwohl er sie (wörtlich) „nie eng kannte".

[4] Rationalismus: Weltanschauliche Vernunftsysteme ohne Gott

[5] Die Schöpfung wird einst durch Gott allein völlig neu (vgl. 1. Mo. 1; 2. Pt. 3; Off. 21), aber zur ewigen Erlösung bedarf es der Wortverkündigung und freien Antwort der Menschen! (vgl. Jo. 1,14; 2. Ko. 5,18-21)

Kapitel 2

Evangelisation und die Welt

Wenn man die Reichweite und Verästelung des Missionsbefehls anschaut, kann man nur tief beeindruckt sein, denn er zeigt Gottes Liebe zur ganzen Welt. Deshalb ist, unabhängig vom beruflichen Werdegang, Evangelisation die Hauptaufgabe jedes Christen, ein unerlässlicher Teil im Dienst der Gläubigen!

Es werde Licht

Als Paulus in Troas war, predigte er bis tief in die Nacht. Währenddessen sackte ein junger Mann namens Eutychus schläfrig weg und fiel aus dem Fenster. Glücklicherweise brachte ihn Paulus wieder zum Leben.

Wir lesen: *„Es waren aber viele Lampen in dem Obersaal, wo wir versammelt waren.“* (Apg. 20,8) Auch in unserer Welt gibt es heute viele Lampen. Die Jungfrauen im Gleichnis vom Bräutigam hatten alle Lampen, aber die Hälfte davon war ausgegangen (s. Mt. 25,8f). Übrigens heißt das nicht, dass sie **halb** erloschen waren – man kann nicht halb entzündet sein; entweder scheinen wir oder wir sind ein dunkler Fleck.

Manchmal bezweifle ich, ob 50:50 unter Christen ein allgemeiner Durchschnitt ist. In diesem Fall waren alle zehn eingeschlafen, doch die klugen fünf hatten genug Öl. Auch Eutychus schlummerte ein, und mit welchen Folgen! Leute, die bei der Arbeit schlafen, deren Lampen ausgegangen sind, weil sie kein Öl haben, können nur scheitern. Vielleicht heißt es deshalb auch: *„Wache auf, du Schläfer, und stehe auf von den Toten, so wird Christus dir aufleuchten!“* (Eph. 5,14 *hm*)

Wenn du die Finsternis vertreiben willst, nützt keine Diskussion mit ihr – schalte einfach das Licht an! Streit ist keine Ersatzkraft für Wahrheit und Heiligen Geist, aber das Licht einer einzigen Kerze kann durch keine noch so große Dunkelheit ausgelöscht werden.

Über Johannes den Täufer sagte Jesus, er sei *„die brennende und scheinende Lampe“* (Jo. 5,35), und demselben Bericht entnehmen wir (1,5.7):

„Das Licht scheint in der Finsternis … Johannes kam zum Zeugnis von dem Licht.“ Mich beschäftigt das. Wenn das Licht schon schien, warum wurde Johannes noch gebraucht? Wenn die Sonne scheint, wissen wir es doch alle und brauchen keinen, der uns auf das Tageslicht hinweist.

Was also ist dann ein „Zeuge“ des Lichts? Schauen wir in klarer Nacht zum Firmament, so sehen wir den Mond scheinen. Inzwischen waren die Menschen schon auf dem Mond und wissen längst, dass er kein eigenes Licht erzeugt. Auch alles um ihn herum ist lichtlos. Wenn also der Weltraum dunkel ist und der Mond kein eigenes Licht hat, warum ist er dann so hell und kann uns Licht bringen? Natürlich ist uns allen bekannt, dass der Mond nur Licht reflektiert und dass dieses Licht von der Sonne kommt. Wenn aber das Sonnenlicht zum Mond flutet, warum ist dann der Zwischenraum so dunkel, selbst in der Nähe des Mondes? Die Antwort ist wirklich grundlegend! Licht an sich ist unsichtbar. **Man weiß nur dann, dass Licht da ist, wenn es ein Objekt trifft.** Größtenteils ist der Weltraum leer, und es gibt nichts, was das Licht von der Sonne auffangen oder aufhalten könnte, bis es den Mond erreicht. Eigentlich ist das All voller Licht, welches von Milliarden Sonnen erzeugt wird, doch es erscheint stockdunkel!

Das Universum ist voll von Gott. Er ist der Vater des Lichts, und alles Licht kommt von ihm. Doch Millionen laufen in tiefer Finsternis umher. Wie ist das möglich? Wie können Menschen in geistlicher Dunkelheit leben, wenn die ganze Welt in Gottes Licht getaucht ist?

Diese Menschen können das Licht unsichtbarer Dinge so lange nicht sehen, bis es jemand auffängt und weitergibt. Die Sonnenstrahlen könnten auf der Erde nicht gesehen werden, doch sie erleuchten die Moleküle unserer Atmosphäre, den Staub und die Feuchtigkeit in der Luft. Milliarden Kilometer weit sendet die Sonne Licht, das ohne Spuren bleibt, bis es reflektiert wird. Wir brauchen etwas, was uns seine Gegenwart anzeigt. Der Mond ist ein Zeuge des Lichts. Er beweist, dass die Sonne scheint, denn er scheint mit dem Licht der Sonne. Im unsichtbaren Sonnenlicht segelt der Mond durchs All und leitet genug Licht weiter, uns den Weg finden zu lassen.

1. Timotheus 1,17 spricht vom *„König, der ewig, unsterblich, unsichtbar“* ist. Gottes Licht ist stetig und strahlend. Es scheint ununterbro-

chen. Doch wer sieht es? Die Menschen gehen ihre Wege in Dunkelheit. Tatsache ist, dass das einzige Licht, welches sie je sehen werden, reflektiertes Licht ist. Wie Johannes d. T. eine brennende und scheinende Lampe, ein Zeuge für das Licht war, so ist es jeder Gläubige. Uns ist aufgetragen, *„im Licht zu wandeln"* (1. Jo. 1,7), denn andernfalls gibt es kein Licht. Eine geistlich verlorene Welt ist abhängig von Lichtreflektoren. **Wenn wir das Evangelium verstecken, wird es den Verlorenen verborgen bleiben.** Genau das bringt 2. Korinther 4,6 (*hfa*) auf den Punkt: *„So hat Gott auch die Finsternis in uns durch sein helles Evangelium vertrieben. Durch uns sollen alle Menschen Gottes Herrlichkeit erkennen, die in Jesus Christus sichtbar wird."*

Vielleicht kann ich hier etwas herausstellen. Paulus sagt kurz zuvor, dass Moses' Gesicht von der Herrlichkeit Gottes erstrahlte, er aber sein Antlitz verhüllte (2. Ko. 3,13). Der Grund dafür war wohl nicht seine anerkannte Demut, sondern weil die Herrlichkeit schon wieder abnahm und er wusste, dass es ein schlechtes Zeichen wäre, wenn die abergläubischen Israeliten die Herrlichkeit verschwinden sähen. Sie würden falsche Folgerungen aus der nachlassenden Wirkung ziehen. Also verhüllte er sein Gesicht völlig, damit sie nicht wussten, ob sein Gesicht strahlte oder nicht.

Paulus' Aussage ist, dass das Licht Gottes, seine Herrlichkeit, im christlichen Zeitalter nicht nachlässt (2. Ko. 3,18). Sie dauert an. Die Decke ist weggenommen, denn man braucht nicht zu befürchten, dass sie nach kurzer Zeit verschwindet. Der Geist Gottes ist kein Irrlicht, das nervös um unser Leben flackert. Er bleibt bei uns! Wir können offen und unverhüllt vor der Welt gehen, so dass die Menschen Gottes Herrlichkeit in uns sehen.

Jakobus sagt: *„Jede gute Gabe … kommt von oben herab, von dem Vater der Lichter, bei dem keine Veränderung ist noch eines Wechsels Schatten."* (Jk. 1,17) Die Sonne auf ihrer Bahn verursacht Schatten. Das erkennt man an einer Sonnenuhr, die auf diese Weise die Zeit angibt. Ist kein Schatten vorhanden, steht die Sonne direkt auf ihrem Gipfelpunkt, dem Zenit. Gott wirft überhaupt nie einen Schatten, denn er ist immer im Zenit! Und er rückt von dieser vollkommenen Position nie ab. Gottes Licht strahlt ununterbrochen und voller Kraft.

Von ihm kommt das ewige Licht, das wir für immer reflektieren sollen. Unsere Häupter dürfen unverhüllt bleiben, denn nie wird seine Herrlichkeit vergehen. Wir werden verwandelt *„von Herrlichkeit zu Herrlichkeit“* (2. Ko. 3,18) – uns wird mehr und mehr Herrlichkeit gegeben!

Wird Finsternis auf dieses Land fallen?

Warum sollte ich als Evangelist in Länder wie Amerika gehen? Ist dort nicht schon Licht, mehr als in Indien, Ägypten oder Benin? Ja, das stimmt. Amerika hat das Evangelium. An fast jeder Straßenecke, so scheint es, zeigt ein Kirchturm wie ein Finger hoch zu Gott. Bringe ich also Licht dorthin, wo bereits Licht ist?

Erinnern wir uns an jene Mondanbeter? Sie dachten, die Sonne sei dumm, weil sie am Tag scheint, wo es doch Licht in Fülle gibt. Sie ließen außer Acht, dass die Lichtfülle tagsüber ja nur da ist, **weil** die Sonne scheint.

Ja, in den Straßen Amerikas gibt es Licht, aber nur, weil Christen da sind, die ihre Lichter scheinen lassen. Jesus sagte: *„Ihr seid das Licht der Welt“* (Mt. 5,14). Daher komme ich gern und scheine mit euch allen. Wir können immer noch mehr Licht vertragen! Ohne Christen würde Nacht auf dieses Land fallen. Die Nichtchristen hätten, was sie wollten, doch bald würde die Welt ernten, was sie säte. Ohne Leitlicht käme es zur völligen Anarchie.

Viele Amerikaner sagen, sie könnten auch ohne Christentum ein ehrbares Leben führen. Ich bezweifle das. Anscheinend haben sie vergessen, dass gerade das Ziel der Ehrbarkeit in Amerika von den christlichen Vätern dieser Nation herrührt. Menschen können praktisch gar nicht ohne Atmung leben, nur eine kurze Zeit ohne Nahrung und Wasser, dagegen eine ganze Weile ohne Licht – aber nicht für immer!

Das geistliche Kapital, das frühere Generationen von Gläubigen in Amerika investierten, wird einmal aufgebraucht sein. Wir können nicht von der Dividende ihrer Anlagen leben. Wir müssen selbst Vermögensschaffende sein, Vermittler geistlicher Besitztümer! Würden wir nicht einige der hochverehrten griechischen Philosophen, wenn sie heute lebten, wegen Pädophilie[1] ins Gefängnis stecken? Nicht Plato, sondern Christus hat Europa gerettet! Nur er kann auch dieses Land retten. Man sagt, der Preis der Freiheit sei ständige Wachsamkeit; doch Wachsamkeit ohne Glauben an Gott wird scheitern. Freiheit ist ein Nebeneffekt des Lebens mit Gott. Du kannst keine Wirkung ohne Ursache haben, und Freiheit ohne Bezug zu Gott endet mit Sklaverei.

Viele von mir besuchte Länder haben keine christliche Tradition, die ihre Politik gestaltet. Eine biblische Grundlage zeichnet Völker aus, ihr Fehlen aber fällt sie. Etwas davon ist bereits in Deutschland sichtbar. Jahrhunderte mit liberalem, rationalistischem Gedankengut und Bibelkritik haben den christlichen Glauben in meinem Heimatland verwässert. Schwach und instabil wie Wasser, büßte es seine Vorzüge ein (vgl. 1. Mo. 49,4). Unter diesen Voraussetzungen konnte ein unmoralisches Regime leicht an die Macht kommen. Die barbarische Politik Hitlers und des Dritten Reichs traf auf wenig Widerstand.

Im Frankreich des 18. Jahrhunderts führte das Experiment eines christuslosen Staates zur Terrorherrschaft, bei der zwei Millionen Menschen hingemetzelt wurden. Großbritannien blieb von solcher Grausamkeit wohl nur durch die Erweckungsbewegung um Wesley und Whitefield verschont. Und Russland wird wohl zumindest eine Generation brauchen, um sich vom 70 Jahre lang aufgezwungenen Atheismus zu erholen.

Vielleicht noch schlimmer aber sind die wuchernden Abarten einer bis zur Unkenntlichkeit verdorbenen und verstümmelten Christenheit. Sie entwerten das Evangelium durch Theorien des Unglaubens, derben Aberglauben und Götzendienst. Sie vermitteln keine Freiheit, weil sie keine Wahrheit bieten. Merken wir es? Diese Welt schreit nach vollblütiger biblischer Evangelisation!

Das Werk eines Evangelisten

Der Missionsbefehl aus dem Munde Christi findet sich auf verschiedene Art in den vier Evangelien und der Apostelgeschichte. Jedes Mal liegt die Betonung auf den Nationen, den unerretteten Massen auf der ganzen Welt. Im Matthäusevangelium lesen wir: *„Darum geht nun zu allen Völkern … und macht die Menschen zu meinen Jüngern …!“* (28,19 *gn*) Bei Markus heißt es: *„Geht hinaus in die ganze Welt und verkündigt das*

Evangelium allen Geschöpfen!" (16,15 *eü*) Johannes hält Jesu heiligsten Moment fest, wo er zu seinem Vater sprach: *„Wie du mich in die Welt gesandt hast, habe auch ich sie in die Welt gesandt … damit die Welt glaube, dass du mich gesandt hast."* (17,18.21)

Für etliche Leute ist der Evangelist ein Erweckungsspezialist, der die Gemeinde einmal im Jahr gut aufscheucht und durchrüttelt. Doch der Hauptauftrag eines Evangelisten ist nicht, schlafenden Christen zu predigen und tote Gemeinden[2] zu beleben, sondern Menschen für Christus zu gewinnen! Ein evangelistischer Feldzug darf nicht mit einer Gemeindeparty verwechselt werden. Der Dienst des Evangelisten geht in die falsche Richtung, wenn er auf die Heiligen des Herrn zielt. Ihm wurde diese Gabe verliehen, um für Christus Kontakt mit unbekehrten Männern und Frauen aufzunehmen.

Evangelisation gilt für alle Christen

Das Neue Testament stellt klar, dass Evangelisation die natürliche Aufgabe aller ist, die mit Christus gehen. Ja, eigentlich **bedeutet** Evangelisieren Nachfolge Christi; denn das ist es, was er hauptsächlich tat! Glaube und seine Verbreitung sind zwei Seiten derselben Münze. Der Gläubige hat keine Wahl; er muss einfach anderen über seinen Glauben erzählen oder sonstwie an diesem Unternehmen beteiligt sein.

Alle Religionen haben ihre heiligen Pflichten. Sikhs müssen einen Turban tragen; Hindus haben tierisches Fett zu meiden; Muslime verrichten ihre heiligen Gebete. Und Christen? Sie haben die heilige Verpflichtung, Zeugen Christi zu sein! Zeugnis ablegen ist sozusagen das Geschäft des christlichen Glaubens und die Gemeinde eine Gesellschaft zur Verbreitung des Evangeliums. Wer sich im ersten Jahrhundert der Gemeinde anschloss, war darauf eingestellt, Zeuge zu sein, auch wenn das Risiko hoch war.

Sogar vor seiner Bekehrung wusste Paulus, dass ein Christ anderen von Jesus erzählen „muss", und wegen Ausübung dieser heiligen Pflicht verfolgte er die Gemeinde. Nach seiner Lebenswende geriet Paulus selbst in größte Schwierigkeiten, weil er seinen Glauben mitteilte. Doch als Apostel legte er einen durchaus verzeihlichen Stolz an den Tag, dass Gott ihn mit dem Evangelium betraut hatte. Davon sprach er stets wie von dem denkbar größten Glücksfall.

Dass die Gemeinde Jesu auch zahlenmäßig wachsen soll, zieht sich indirekt und direkt durch das Neue Testament:

„Wie sollen sie aber predigen, wenn sie nicht ausgesandt werden? Es steht ja geschrieben: Wie lieblich sind die Füße derer, die das Evangelium des Friedens, … das Evangelium des Guten verkündigen!“ (Rö. 10,15 *sch-ü*)

„Die Gemeinde … wurde erbaut und … mehrte sich …“ (Apg. 9,31)

Die Welt aus unserer Sicht

Ein hervorstechender Unterschied zwischen den „hebräischen“ und den „christlichen“ Schriften scheint mir zu sein, dass das Neue Testament **die Welt** ins Blickfeld bringt. Das Alte Testament beschränkt sich weitgehend auf Israels enttäuschende Geschichte. Die höchsten Hoffnungen dieses Gottesvolks waren streng national ausgerichtet, ihre Ausschau war bloße Innenschau. Im Neuen Testament aber ändert sich das ganze Bild. Plötzlich sehen wir erregte Geschäftigkeit. Nachdem Christus ihnen befohlen hatte, das Evangelium zu verbreiten, wurden Männer Israels schließlich zu Weltreisenden und verkündigten den Namen des Herrn überall. Jesus hatte ihnen gesagt (Jo. 10,16 *alb*): *„Ich habe … noch andere Schafe, die nicht zu dieser Hürde zählen. Auch die muss ich herführen …“*

Wenn Jesus über seine eigene Mission und die seiner Kirche redete, sprach er vom Hüten und Ernten, aber auch vom Fischen. Als er eines Tages am Seeufer entlangging, beobachtete er mehrere junge galiläische Fischer bei der Arbeit. Simon und Andreas warfen gerade ihr Netz aus, während unweit davon Johannes und Jakobus ihre Netze flickten. Einige waren fast noch Teenager. Jesus sagte zu ihnen: *„Kommt, mir nach! Und ich werde euch zu Menschenfischern machen.“* (Mt. 4,19) Ob die Menschen nun eher Schafen oder Fischen ähneln, ist nicht entscheidend – jedenfalls wollte Christus sie zu sich führen. Das ist noch immer sein großes Ziel und sollte auch das unsrige sein!

Meeresfischerei

Was Fischerei und Meer für Israel bedeuteten, sollten wir uns einmal vor Augen führen. Die Israeliten konnten sich nie so recht mit der See anfreunden. Statt im Mittelmeer fischten sie lieber im kleinen Galiläischen Meer[3]. Israel besaß keine eigene Flotte; man benutzte z. B. Tarsis-Schiffe mit ausländischer Besatzung, wie jenes, das Jona in Joppe bestieg.

Das Meer wird zwar im Alten Testament erwähnt, selten aber in einem wohlwollenden Licht. Wir vergleichen Gott hin und wieder mit einem Ozean, doch die Israeliten bezogen sich da lieber auf Flüsse. Das jüdische Volk, scheint mir, reduzierte das Meer auf die mysteriöse Tiefe, wo allerlei kleines und großes Getier wimmelte, auf den Ort gruseliger Wesen und des Leviathan (s. Ps. 104,25f), einer schlangenähnlichen Kreatur, sich windend und drehend. Jesaja 27,1 beschreibt den Leviathan als gekrümmte Schlange, als Meeresdrachen. Psalm 74,13f spricht von Monstern und dem Leviathan in den Wassern. Ein Seeungeheuer verschlang Jona. Und gegen Ende der Offenbarung ist mir, als seufzte Johannes beim Schreiben erleichtert auf: *„Auch das Meer war nicht mehr da."* (Off. 21,1 *hfa*)

Als ein wildes und verräterisches Element galt das Meer, außerhalb jeder menschlichen Kontrolle. Nur Gott konnte es zähmen. Eine Lesart von Psalm 104,6 sagt: *„Du bedecktest* [die Erde] *mit der Tiefe wie mit einem Gewand; die Wasser standen über den Bergen; doch vor Deiner Zurechtweisung flohen sie!"* Gott öffnete den Israeliten einen Pfad durchs Rote Meer, das aber auf seinen Befehl die ägyptische Armee vernichtete.

Der Psalmist spricht von einem *„Sturm, und haushoch türmten sich die Wellen. Ihr Schiff wurde zum Himmel hinaufgeschleudert und stürzte hinab in den gähnenden Abgrund …"*, so dass die Seeleute *„wie Betrunkene schwankten und taumelten …, sie waren mit ihrer Weisheit am Ende."* (Ps. 107,25-27 *gn*).

Man sah den Ozean als einen Ort der Toten, Behausung von heulend umgehenden Geistern. Der Sturm heulte wie klagende Seelen in ihrer Qual – so empfand und deutete man damals das Wüten der Elemente. Auch als die Jünger Jesus auf dem Wasser gehen sahen, dachten sie, er sei ein Gespenst, und waren zu Tode erschrocken (s. Mt. 14,26). In Offenbarung wird angekündigt (20,13 *gn*): *„Auch das Meer gab seine Toten heraus."*

Das Grauen vor der Tiefe wurde überdies zu einem Bild auf die Nationen der Erde:

„Wehe, ein Toben vieler Völker, welche toben wie das Meer, und ein Rauschen von Völkern, welche wie mächtige Wasser rauschen! Die Völker rauschen gleich den großen Wassern …“ (Jes. 17,12f *sch*)

Psalm 2,1 erwähnt die wütenden Nationen. Ähnliche Ausdrücke gebrauchte auch Jesus (Lk. 21,25 *gn*): *„Auf der Erde werden die Völker zittern und nicht mehr aus und ein wissen vor dem tobenden Meer und seinen Wellen.“*

Und doch, allen Gefahren zum Trotz berief Jesus seine Jünger zur Arbeit in diesem Element: *„Ich werde euch zu Menschenfischern machen!“* (Mt. 4,19) Nicht nur in Galiläa, sondern *„bis ans äußerste Ende der Erde.“* (Apg. 1,8 *gn*) Auf dem Meer der Menschheit. In allen Nationen.

Das größte Abenteuer aller Zeiten

Diese Galiläer kannten ja wenig von der übrigen Welt, kamen nie weit über ihre kleinen Fischerdörfer hinaus, waren keine Abenteurer. Doch Jesus schickte sie auf das größte je von Menschen unternommene Abenteuer. In den wilden Wassern der Welt sollten sie für Christus Männer und Frauen fischen; denn dort waren sie zu finden. Das war Hoch- und Tiefseefischerei, wo Unwetter tobten, Dämonen losgelassen waren, die Wasser der Not sie schreckten.

Als Jesus sie berief, zeigte er ihnen, dass er auch Herr der Meere war. Sie waren ja die Berufsfischer. Doch diesmal übernahm Jesus die Leitung der Firma „Zebedäus & Söhne“, bestieg eines ihrer Boote und sagte den Fischern, wie sie ihre Arbeit tun sollten. Das Resultat? Er brachte eine Meeresernte zuwege, die sie sich nie erträumt hätten (s. Lk. 5,1-11).

Ein andermal kämpften die Jünger auf dem Galiläischen Meer gegen Wellen und unbeugsame Winde. Den Naturgewalten machtlos ausgeliefert, konnten sie nichts tun, als abwarten und um Rettung beten. Da geschah das Unfassbare: Sie sahen Jesus auf dem Meer kommen, um sie zu retten – eine der größten je vollzogenen Gleichnishandlungen: Die Elemente tobten, vom Satan rasend gemacht – aber Jesus schritt ruhig über die Wellen. Er fürchtete weder Drachen noch Tiefe und bändigte den Leviathan. Die brüllenden Winde und der wütende Teufel konnten ihn nicht stoppen. Er war ihr Meister und trat sie nieder, brachte das Toben unter seine

Kontrolle. Als er sie in die Schranken wies, kuschten sie wie geprügelte Hunde und legten sich ihm winselnd zu Füßen (s. Mt. 14,32f).

Jesus bereitete seine Jünger darauf vor, in wilde Wasser ausgesandt zu werden und alle Völker zu lehren. Man würde sie tödlich bedrohen und dabei meinen, Gott zu dienen (s. Jo. 16,2). Sie würden wie Schafe unter Wölfen sein (s. Mt. 10,16) und mussten sich darauf gefasst machen, ihr Leben zu lassen. Die Jünger kannten weder die griechische Weisheit noch das riesige Römische Imperium oder was hinter den Säulen des Herkules[4] lag. Die Welt war ein noch unbekannter Ozean voller Gefahren. **Doch Christus hatte ihnen demonstriert, dass er Herr über Himmel und Erde, Wasser und Festland war. Wo sie auch hingingen, er war der Herr!**

Als Jesus uns in die Welt sandte, um aus allen Nationen Jünger zu gewinnen, hatte er nur Erfolg im Sinn.

Sie gingen los, wie er es gesagt hatte, und fischten nach seiner Weisung in stürmischen Gewässern. Sie geboten den brüllenden Dämonen der Verfolgung und trotzten den Winden der Not. Auf Jesu Geheiß warfen sie die Netze ins turbulente Menschheitsmeer, machten ihre Fänge und füllten die Boote.

Was bedeutet all dies für uns heute?

Die heutige Welt ist nicht weniger geplagt und gefährlich. Wir predigten auch in Ruanda und Burundi. In Nigeria musste das Militär unser Leben schützen; während der Predigt standen Soldaten mit schussbereiten Maschinengewehren auf dem Podium. Im Sudan nahm man noch rechtzeitig Heckenschützen fest. In Uganda jagte die Polizei unsere Zuhörer mit Schlagstöcken und Peitschen davon. Dies ist ein Zeitalter neuen Märtyrertums; nie gab es weltweit so viele Blutzeugen Christi wie in unserer Zeit. Die moderne Technik gibt den Feinden der Menschheit Werkzeuge in die Hand, mit denen sie mühelos ihr mörderisches Handwerk verrichten können.

Dennoch rückt das Evangelium an allen Fronten vor. Wie die hereinkommende Flut alle Gräben und Ritzen füllt, so überflutet der christliche Glaube das Territorium Satans. Als Jesus uns, seine Diener, unter alle Nationen sandte, hatte er nur Erfolg im Sinn. Zweimal gebot er seinen Jüngern, ihre Netze auszuwerfen (s. Lk. 5,1-11; Jo. 21,1-14). Das erste Mal geschah es **vor** seiner Auferstehung, das zweite Mal **danach**. Der zweite Fang war größer als der erste, und auch die Netze rissen nicht mehr. Das war prophetisch:

Schon die frühen Christen durchstreiften die Meere mit ihren Netzen. Doch heute, wo wir uns dem Ende der Zeit nähern, werden weltweit täglich zigmal mehr Menschen für Christus gewonnen als am Pfingsttag! Bei einem Einsatz in Liberia folgten allein in einer Versammlung 150.000 Menschen dem Aufruf zur Rettung. In Nigeria lag die Gesamtzahl pro Stadt über einer Million: 1,1 Mio. (Port Harcourt), 1,2 Mio. (Calabar) und 1 Mio. (Aba) – pro Tag 180.000 kostbare Seelen! (In Kapitel 11 folgen noch aktuellere Zahlen.) Und die Gnadenflut steigt weiter, von Evangelisation zu Evangelisation.

Und die Methoden?

Der Bericht über die Begegnung zwischen Paulus und König Agrippa, Enkelsohn von Herodes dem Großen, findet sich in den Kapiteln 25 und 26 der Apostelgeschichte. Im Angesicht dieses mächtigen Herrschers fürchtete sich Paulus nicht, für das, was er glaubte, einzutreten, und sagte dem König: *„Da mir Hilfe von Gott widerfahren ist, stehe ich bis auf diesen Tag und lege Zeugnis ab vor Kleinen und Großen …"* (Apg. 26,22 *sch*). Paulus debattierte nicht über Methoden. Er sprach von Christus, wann und wo immer er konnte – in Synagogen und Freiluft-Philosophenschulen, in Privaträumen und vor großen Mengen, auf der Akropolis, am Flussufer und auf dem Schiff. Sogar einem selbstmordgefährdeten Gefängniswärter gab er mitten im Erdbeben Zeugnis.

In den Gemeinden existieren viele starke Meinungen darüber, wie Männer und Frauen zu Christus geführt werden können. Einige bestehen darauf, es geschehe allein durch Gottes Initiative: Plötzlich betritt er das Feld, sucht ein Gebiet heim, rettet die von ihm Erwählten und geht wieder. Dann ruht das Feld, bis eine weitere Ernte zur Wahl steht.

Charles Finney dagegen lehrte, dass Erweckungen geschehen, weil und wenn wir den Regeln von Erweckung folgen. Später wurden Großeinsätze als effektivste Technik angesehen. Wieder andere beobachten und äußern ihre Kritik gegen alle strukturierten Bemühungen. Sie sagen, dass sich allein das Mensch-zu-Mensch-Zeugnis lohnt. Frucht müsse handgepflückt sein, so ihre These. Diese oder andere Methoden und Mittel – Kunst, Musik, Literatur, Jugendarbeit, Straßeneinsatz und so weiter – haben alle ihre Verfechter.

Tatsächlich ist die Analyse evangelistischer Methoden geradezu eine Wissenschaft geworden. Wir studieren die Regeln des Erfolgs, die besten Unternehmenspraktiken, die Psychologie von Kommunikation und Werbung; wir lernen alles über Radiosendungen und wie man im Fernsehen Eindruck machen kann. Vielleicht schätzt Gott ja unsere Anstrengungen, die Arbeit richtig zu tun. Nur frage ich mich, ob all unsere Seminare der simplen Begeisterung eines Paulus gleichkommen, wenn er zu Klein und Groß sprach, wie sich gerade die Gelegenheit bot. Seine Antwort, welches der beste Weg sei, lautet so: *„… damit ich **auf alle Weise** etliche rette!“* (1. Ko. 9,22)

Die Mittel müssen zum Moment passen. **Manche reden vom Sprung bei der richtigen Gelegenheit, aber ich denke, Paulus sprang und sprang, bis die Gelegenheit kam.** Ich predige zu sehr großen Versammlungen mit unbekehrten Menschen und glaube, dass dies der Weg für mich ist; aber in unseren Kampagnen versuchen wir, jeden Dienst und jedes Talent nutzbar zu machen. Wir gehen mit unseren Füßen, sehen mit unseren Augen und arbeiten mit unseren Händen. Die beste Methode ist, wenn wir alle tun, was wir am besten und auf unsere ganz eigene Art können, ohne andere zu kopieren. Und glaubt mir, durch unser spezielles Vorgehen wird irgendjemand gerettet werden, der anders nie erreicht würde!

Whitefield in den USA

Denken wir an Amerika. Zu Anfang wurde ein gutes Fundament gelegt. Das ist noch immer erkennbar. Einige hundert Jahre, nachdem die Pilgerväter ihren Fuß auf die jetzigen Vereinigten Staaten setzten, trug ein Mann auf besondere Weise zur Gründung der Nation bei. Er war kein Politiker, sondern Evangelist: George Whitefield.

Whitefield wurde in Gloucester, England, geboren, einer 2.000 Jahre alten Stadt. Dort hielt er auch seine erste Predigt. Er unternahm sieben evangelistische USA-Reisen und starb 1770 auf einer solchen Fahrt.

Zum letzten Mal sah man ihn lebend, als er, mit flackernder Kerze in der Hand, einer Schar von Freunden predigte. Die Whitefield-Gedächtnis-Kirche in Gloucester hat einen Säulenvorbau mit den eingravierten Worten Whitefields: „Die Liebe Christi drängt mich, meine Stimme wie eine Trompete zu erheben."

Dieser Kirche gegenüber gibt es auch ein Standbild von Robert Raikes, der aus derselben Stadt kam. 1780 eröffnete er die erste Sonntagsschule der Welt. Er hatte Kinder auf der Straße gesehen, die wie Heiden im Schatten der großen, 1.400 Jahre alten Kirche spielten. Seine zerlumpten Schulkinder unterrichtete Raikes in einem nahe gelegenen kleinen Landhaus. All dies ereignete sich nicht zu weit entfernt von Plymouth, wo die Pilgerväter an Bord der „Mayflower" zu ihrer historischen Fahrt nach Amerika aufbrachen.

Im Blickfeld: Die Nationen

Die biblische Sicht von Evangelisation umfasst nicht nur Einzelne, sondern ganze Nationen. Die alttestamentlichen Propheten betrieben keine Mission in abgelegenen, gemieteten Sälen, machten auch keine Werbung für ihren prophetischen Dienst. Vielmehr sprachen sie zu Königen und Herrschern, um deren Politik zu beeinflussen. Elia tauchte vor Ahab auf und übernahm drei Jahre lang das Wetteramt (s. 1. Kö. 17,1; 18,1). Jonas Predigt rüttelte die mächtigste Stadt der Erde auf und ließ ihren König auf dem Thron erzittern (s. Jona 3,6). Daniels Zukunftsvisionen sagten das Schicksal ganzer Reiche voraus (s. Dan. 9-11).

Auch in der Frühzeit der Gemeinde geschah nichts im verborgenen Winkel (vgl. Apg. 26,26). Jesus selbst war eine öffentliche Person, mit der die Führer der Nation rechnen mussten. Doch auch nach seinem Fortgang tauchten die Jünger nicht in gemütliche kleine Nester ab, um Dorfkirchen und Gartenvereine zu betreiben, sich über den Gartenzaun zu lehnen und auf Strohhalmen zu kauen. Nein, sie nahmen die Feindseligkeit johlender Horden auf sich, um vor die Stadtobersten zu treten. Wenn Paulus irgendwohin ging, brauchten seine Feinde nur dem Lärm zu folgen, um ihn zu finden. Doch Gott arrangierte für ihn, vor Könige und Herrscher und sogar den römischen Kaiser zu treten. Seitdem konnten Regierungen und Herrscher die Gemeinde Jesu nicht mehr ignorieren.

Wir können das Evangelium gar nicht hoch genug ansetzen! Wenn es Städten eine radikal neue Ausrichtung bringt, dann ist es nichts weniger als die Rettung der Nation. Das Evangelium ist keine angenehme Sonntagnachmittag-Religion mit einem Spritzer Geistlichkeit, auch nicht ein bisschen psychologische Nothilfe. Wir spenden keine Beruhigungs-Gebete, streuen nicht Zucker in den schwarz-bitteren Lebenskaffee. Weder vertreten wir Meditations-Arten namens „Bete-und-fühl-dich-ruhiger" noch geben wir Unterricht in spirituellem Aerobic. Kirche ist kein Platz, wo „die Alten ihre Augen schließen und die Jungen ihre Kleider beäugen."[5] **Das Evangelium ist ein Kraftwerk für die Nationen, dazu bestimmt, alles Leben mit Energie zu versorgen!**

Im Vergleich dazu haben New-Age-Philosophie und ähnliche Konzepte rein gar nichts anzubieten. Genauso gut könnten Kerzen versuchen, die Sonne in den Schatten zu stellen! Das Evangelium ist für den ganzen Menschen und die ganze Welt. Es ist nicht nur eine hinterlassene Straßenkarte, die einsamen Pilgern helfen soll, ihren eigenen Weg zum Himmel zu finden; es bietet eine felsenfeste Grundlage für unser aller Leben. (Warum sonst lässt der Herr schätzungsweise 600 Millionen wiedergeborene Menschen auf der Erde, statt sie sämtlich in die Herrlichkeit zu entrücken? Weil Gott durch einzelne Persönlichkeiten handelt und jene 600 Millionen in diesem Jahr 600 Millionen Freunde gewinnen könnten!)

Gott ist kein Mini-Gott. Er ist der Gott von Himmel und Erde, Königen und Königreichen, Präsidenten und Republiken. Er leitet unser aller ewiges Geschick. Ich will damit nicht sagen, dass sich unser Dienst nur noch an Parlamente wenden oder auf Gesetzesänderungen hinarbeiten sollte. Eine Gemeinde ist kein Ortsverband irgendeiner politischen Partei. Das ist Sache christlicher Politiker und nicht derer, die berufen sind, den unergründlichen Reichtum Christi bekannt zu machen. Der apostolische Auftrag ist, die Verlorenen dieser Welt zu erreichen, und nicht, sich in Umwelt-, Tier- oder Sozialprojekten zu verlieren.

Die Zeit der Massenevangelisation, so dachte man, sei mit dem Zweiten Weltkrieg vorüber. Tatsächlich aber war echte Massenevangelisation nie bekannt und startete nur gerade mal mit den großen Treffen von Billy Graham. Bei einer Evangelisationskampagne 1949 in Argentinien zog eine einzelne Versammlung allein 400.000 Personen an. Dadurch entstanden 148 Gemeinden.

Jesus versprach: *„Eins ist sicher, wer an mich glaubt, wird sogar noch größere Taten vollbringen als ich …“* (Jo. 14,12 *hfa*). Das hat nichts mit Heilungen oder Naturwundern zu tun, sondern mit dem eigentlichen Werk göttlicher Errettung! Und heute sehen wir, wie Christi Wort in Erfüllung geht.

Lehre über Erweckung

In den Gedanken vieler Christen pulsiert heute das Thema „Erweckung“. Bestimmte Vorgänge werden so genannt, was eine menschliche Festlegung ist. Meist geht es um Ereignisse, die sich vom normalen Wirken des Heiligen Geistes abheben. Wir selber entscheiden, welche Abläufe Erweckung sind und welche nicht, während die Bibel uns keinerlei Kriterium für solch eine Unterscheidung gibt. Sie sagt nicht einmal etwas davon, dass irgendein Werk des Heiligen Geistes einmalig sei. Wir entwerfen uns nur eigene Maßstäbe dafür.

Viele versuchen Erweckung zu definieren, als wäre es ein biblisches Wort, aber das ist es nicht. Wir setzen ein Ereignis oder eine Serie von Ereignissen mit Erweckung gleich und versuchen das Wort dann zu definieren. Wenn wir aber nicht wissen, was wir mit Erweckung meinen, wie können wir dann festlegen, wann sie vorliegt und wann nicht? Wir sollten wissen, wovon wir reden.

Die Grundfrage ist: Kennt Gott zwei Stufen geistlichen Handelns? Das übliche Wirken des Geistes geht immer und überall weiter. Aber gibt es noch eine andere Art, eine super-spezielle Kraft, die tätig wird, wenn Gott dann „tatsächlich“ in eine Stadt geht? Können wir zwei Kategorien von Geisteswirken akzeptieren – volle Kraft und halbe Kraft?

Ich habe wirklich nicht vor, diese Fragen zu beantworten, sondern bringe die Sache nur vor, um auf eine mögliche Gefahr hinzuweisen: Es wird zu viel darauf gewartet, dass Gott handelt, das Feld betritt. Was auch immer unsere Gedanken über Erweckung sind, Jesu klare Lehre ist, das Evangelium der ganzen Schöpfung zu predigen! Anders gibt es keine Rettung. Gott hat es *„wohlgefallen, durch die Torheit der Predigt die Glaubenden zu erretten.“* (1. Ko. 1,21)

Viele bestehen darauf, dass eine evangelistische Kampagne keine Erweckung sei. Einverstanden, nennen wir es nicht Erweckung, sondern was es ist, einen Großeinsatz. Die Bezeichnung spielt keine Rolle, solange Seelen von Satan und Sünde befreit werden (s. Apg. 26,18). Was hier geschieht, sollten wir nicht verachten! Doch oft hört man Menschen beten: „Herr, tu es noch einmal!" Sie möchten, dass Gott etwas wiederholt, worin sie ein Modell sehen. Sie wollen eine **Zugabe**. Aber ob Gott wohl Zugaben gibt, wie sehr wir auch seinen vergangenen Auftritt beklatschen mögen?

Wenn unter Erweckung Gemeindewachstum verstanden wird, dann ist das, was wir heute sehen, etwas in der Geschichte nie Dagewesenes. Ich hatte das Vorrecht, mit eigenen Augen zu sehen, wie Hunderttausende sich in einem Gottesdienst bekehren. Erfahrungen und Wachstum der heutigen Gemeinde Jesu überragen die in der Apostelgeschichte verzeichneten tausendfach. Schauen wir nur einmal nach China, wo Christen wegen ihres Glaubens mit Leiden rechnen müssen: Als Mao Tsetung die Macht übernahm, gab es eine Million Christen. Seit seinem Tod 1976 fand eine enorme Ausbreitung des Glaubens statt, und die jüngsten Schätzungen belaufen sich auf bis zu 120 Millionen chinesische Christen, trotz fortgesetzter Einschränkungen und staatlicher Drohungen.

Viel von dem, was geschieht, entspricht keiner klassischen theologischen Formel für Bekehrungen oder Erweckung. Aber Menschen, die Jesus lieben und für ihn sterben, wie in unzähligen Fällen geschehen, können keine schlechteren Gläubigen sein! Wenn ich sehe, wie auf offenem Feld in Afrika oder in einem indischen Stadion Zehntausende danach schreien, Christus aufzunehmen, und über ihre Erfahrungen jubeln, schaue ich umher nach irgendeiner anderen Art von „Erweckung" und finde keine. Können wir so etwas verächtlich beiseite schieben, nur weil es einigen Erweckungsmodellen des 18. oder 19. Jahrhunderts nicht entspricht?

Ich glaube, dass Welterweckung stattfindet. Lange genug wurde dafür gebetet, haben Lieder danach gerufen. Und jetzt ist sie auf dem Weg. In Korea, einem buddhistischen Land, sind wohl 40 Prozent der Bevölkerung wiedergeborene Christen, darunter ein Drittel der Armee. Aber wie geschieht so etwas? Durch Evangelisation – jeder Art.

Es hat nie eine wahre Erweckung ohne die Verkündigung des Evangeliums gegeben. Millionenfach wurde schon gesagt, dass Gebet einer Erweckung vorausgeht. Natürlich tut es das, zwangsläufig. Denn die ganze Zeit beten Menschen; wenn also Erweckung kommt, kann man leicht sagen, dass sie durch Gebet hervorgebracht wurde. Doch eine Prüfung der Berichte offenbart, dass alle historischen Erweckungen einen gemeinsamen Hauptantrieb hatten: Evangelisation! Wenn Menschen vorwärts gingen und das Evangelium predigten, sogar in dunkelsten Zeiten, ehrte Gott sein Wort. Außergewöhnlich viele Menschen kamen oft deshalb zu Christus, weil sie zum ersten Mal das Wort hörten.

Erweckung mag **durch** eine erweckte Gemeinde oder **zu** einer erstarrten Gemeinde kommen. Der Geist des Herrn hat absolute Bewegungsfreiheit in dieser Welt, und er wirkt auf unzählige Weisen. Lasst uns die Segel setzen, um jede Brise von Gott einzufangen, was auch immer unsere einzelnen Ansichten über Erweckung sind! Wenn jemand glaubt, dass Erweckung erst noch kommen wird, fein. Doch inzwischen kann Gott Mengen von Seelen erretten! Eine Wiederholung von Aufbrüchen der Vergangenheit wäre großartig, aber **die heutigen Ereignisse führen weit mehr Menschen zur Errettung als alles zuvor Gekannte**. Wenn wir unser Teil, unser Möglichstes tun, wird genau das vielleicht zum Katalysator, der die von vielen herbeigesehnte Erweckung auslöst!

Anmerkungen:

1 Pädophilie: Sexuelle Neigung etc. zu Minderjährigen

2 Zu „toten Gemeinden" und ihrer Neubelebung: vgl. Off. 3,1ff.

3 Auch: See Genezareth

4 Die Meerenge von Gibraltar

5 Im Englischen ein nettes Wortspiel:
„… for the old to close their eyes and the young to eye their clothes."

Kapitel 3

Vom Meister lernen

Wenn wir so wichtige Themen wie Erweckung und Evangelisation angehen, haben wir viel von Jesus selbst zu lernen. Unter den bekanntesten Texten, die in der Evangeliumsverkündigung gebraucht werden, stammen etliche aus Christi Lehre, speziell aus dem Johannesevangelium. Viele kennen sie seit ihrer Kindheit und, zumindest die Älteren unter uns, meist aus der **Luther-Übersetzung**.[1] Im Folgenden zitiere ich bekannte Verse aus Johannes. Sie klingen wie große Musik, derer du nie müde wirst. Entspanne einfach mit Gottes Wort. Genießen wir einige der wundervollsten Worte, die je geschrieben wurden!

„*Wie viele ihn aber aufnahmen, denen gab er Macht, Kinder Gottes zu werden, die an seinen Namen glauben.*" (Jo. 1,12)

„*Siehe, das ist Gottes Lamm, welches der Welt Sünde trägt!*" (Jo. 1,29)

„*Wahrlich, wahrlich ich sage dir: Es sei denn, dass jemand geboren werde aus Wasser und Geist, so kann er nicht in das Reich Gottes kommen.*" (Jo. 3,5)

„*Also hat Gott die Welt geliebt, dass er seinen eingeborenen Sohn gab, auf dass alle, die an ihn glauben, nicht verloren werden, sondern das ewige Leben haben.*" (Jo. 3,16)

„*Wer an ihn glaubt, der wird nicht gerichtet; wer aber nicht glaubt, der ist schon gerichtet, denn er glaubt nicht an den Namen des eingeborenen Sohnes Gottes.*" (Jo. 3,18)

„*Wer aber von dem Wasser trinken wird, das ich ihm gebe, den wird ewiglich nicht dürsten; sondern das Wasser, das ich ihm geben werde, das wird in ihm ein Brunnen des Wassers werden, das in das ewige Leben quillt.*" (Jo. 4,14)

„*Wir haben … erkannt, dass dieser ist wahrlich Christus, der Welt Heiland.*" (Jo. 4,42)

„Ich bin das lebendige Brot, vom Himmel gekommen. Wer von diesem Brot essen wird, der wird leben in Ewigkeit. Und das Brot, das ich geben werde, ist mein Fleisch, welches ich geben werde für das Leben der Welt." (Jo. 6,51)

„Ich bin das Licht der Welt; wer mir nachfolgt, der wird nicht wandeln in der Finsternis, sondern wird das Licht des Lebens haben. So ihr nicht glaubt, dass ich es sei, so werdet ihr sterben in euren Sünden." (Jo. 8,12.24)

„Ihr werdet die Wahrheit erkennen, und die Wahrheit wird euch frei machen. So euch nun der Sohn frei macht, so seid ihr recht frei." (Jo. 8,32.36)

„Ich bin die Tür; so jemand durch mich eingeht, der wird selig werden und wird ein- und ausgehen und Weide finden. Ich bin der gute Hirte. Der gute Hirte lässt sein Leben für seine Schafe." (Jo. 10,9.11)

(alle: *lu*)

Das sind Schätze, Prachtstücke im Schmuckkasten des Johannesevangeliums. Es gibt einfach nichts Vergleichbares zum Wort Gottes, um die Welt zu retten! Was immer ich auch an Erfahrungen bringen könnte – ein Kapitel aus dem Johannesevangelium ist mindestens so kraftvoll und belebend wie die Erfahrung irgendeines Evangelisten. Hier, im Wort Gottes, liegt die **ursprüngliche** Quelle aller Inspiration.

Also gehe ich bei allem noch Folgenden zur Quelle aller Quellen, möchte wie der von Jesus beschriebene Haushalter (Mt. 13,52) alte und neue Schätze austeilen.

Johannes der Täufer

Über das dritte Kapitel des Johannesevangeliums dürften mehr Predigten ausgearbeitet worden sein als über irgendein anderes Kapitel. Ein bedeutender Abschnitt davon beschäftigt sich mit Johannes dem Täufer, dem ersten Evangelisten im Neuen Testament. Insgesamt nennt ihn dieses Evangelium 19-mal.

Johannes der Täufer hatte ein einziges Ziel: Israel zu Gott zurückzubringen. Sein Dienst galt der ganzen Nation. Eine individuelle Bekehrung wird im Alten Testament, dessen letzter Prophet er war, nicht betont.

Zum Beispiel sprach Johannes die Pharisäer als Gruppe an, auch wenn er ihnen keine Hoffnung auf Umkehr bescheinigte. Er taufte zwar Menschen als Einzelne, doch das war nur ein Teil seiner Aufgabe, das ganze Land auf Gott auszurichten und so Maleachis Prophezeiung zu erfüllen (s. u.).

Christus ist der *„Retter aller Menschen, besonders der Gläubigen"* (1. Ti. 4,10 *eü*). Dies war die Grundbotschaft Johannes des Täufers. Er rief Israel auf, neu zu beginnen, als Nation wiedergeboren zu werden. Sie hatten nötig, ihre verlorene Stellung vor Gott zurückzugewinnen. Was der Täufer predigte, hatte schon Jesaja gesagt: *„Blickt hin auf den Felsen, aus dem ihr gehauen, und auf den Brunnenschacht, aus dem ihr gegraben seid! Blickt hin auf Abraham, euren Vater, und auf Sara, die euch geboren hat! Denn ich rief ihn als einen Einzelnen, … segnete ihn und mehrte ihn."* (Jes. 51,1f)

Johannes predigte: *„Tut Buße; denn das Reich der Himmel ist nahe gekommen!"* (Mt. 3,2) Das war des Täufers Hoffnung für Israel: Gottes Königreich zu sein. Er sprach von dem großen Einen, der kommen sollte, und erwartete, dass dieser verheißene Messias die Nation zum Sieg führen werde. Aber sie musste auf sein Kommen vorbereitet, auf seinen Empfang eingestellt sein.

Seit den herrlichen Anfangstagen hatte Israel einen Niedergang erlebt. Jeder verließ sich auf seine nationale Identität, wähnte sich sicher, wenn er zu Israel gehörte. Sie dachten, den Status göttlicher Begünstigung gepachtet zu haben, als ob Gott ihnen per Geburtsrecht gehörte. Dieser Glaube kommt in Psalm 87,5f durch: *„Von Zion aber wird gesagt werden: Mann für Mann ist darin geboren … Der HERR wird schreiben beim Verzeichnen der Völker: Dieser ist dort geboren!"* Das ist so, als wäre dein Wohnungsnachweis ein Reisepass zum Himmel; du wärst Bürger des Reiches Gottes, der Rest dagegen müsste die Einwanderung durchlaufen.

Johannes der Täufer ging auf diesen Punkt ein und sagte: *„Meint nicht, bei euch selbst zu sagen: Wir haben Abraham zum Vater! Denn ich sage euch, dass Gott dem Abraham aus diesen Steinen Kinder zu erwecken vermag."* (Mt. 3,9) Schon lag die Axt an der Wurzel des Baums, nämlich des nationalen Stammbaums. Sie brüsteten sich, Kinder ihrer Väter und Israels zu sein, doch sie konnten abgehauen werden. Darum war die Botschaft des Täufers: *„Ändert eure Gesinnung!"* Maleachi hatte angekündigt, *„Elia“* werde wiederkommen und *„das Herz der Väter den Kindern und das Herz der Kinder wieder ihren Vätern zuwenden“*, damit der Herr bei seinem Kommen *„das Land nicht mit dem Banne schlagen“* müsse (Mal. 3,23f). Johannes der Täufer hatte diese Sendung Elias.

Weil Johannes Israels Neubeginn wollte, versuchte er, sie auf „Feld eins“ zurückzusetzen. Sie sollten wieder dort starten, wo Israel mit Mose begonnen hatte. Erstens mussten die Leute zu Johannes in die **Wüste** kommen; er hat nie in einer Stadt gepredigt. Zweitens mussten sie durchs **Wasser** gehen, wie Mose Israel durch das Rote Meer geführt hatte. Johannes taufte einen stellvertretenden Teil des Volks im Jordan; so sollte die Nation gleichsam wiedergeboren werden. Drittens mussten die Kinder Israel ihre geistliche Position wieder einnehmen, und das erforderte **Buße**.

Bevor ich weitergehe, sei mir diese Anmerkung zur heutigen Kirche gestattet: Buße muss ein mächtiges Element in unserer Evangeliumsbotschaft sein! Johannes der Täufer war da knochenehrlich – entweder würden die Leute umkehren oder die nationale Katastrophe stand bevor. Johannes war ein Prototyp dessen, was Evangelisten sein sollten: furchtlos, kompromisslos gegen Sünde, Verkündiger von Gottes Gerechtigkeit und Gericht. Selbst Jesus griff zu Beginn seines Dienstes die Botschaft des Johannes auf: *„Tut Buße, denn das Reich der Himmel ist nahe gekommen!“* (Mt. 4,17)

Die Kirche wird oft beschuldigt, im Land keine moralische Führung zu übernehmen. Ich frage mich, ob das Predigen von Gerechtigkeit und Gericht noch den gebührenden Grundton bildet. Oder reduziert sich unser Evangelium auf das Versprechen von „Zucker, Fetten und allem Netten“?[2] Ja, Gott verhieß Israel ein Land voll Milch und Honig, doch ins Herz der Nation stellte er das Gesetz. Die Gemeinde **muss** den Gegensatz zwischen Gottesfurcht und Gottlosigkeit, Richtig und Falsch, Wahrheit und Unwahrheit, Gut und Böse hinausrufen. Die Welt erwartet das auch!

Johannes der Täufer und Nikodemus

Das dritte Kapitel des Johannes-Evangeliums ist fast zur Hälfte Johannes dem Täufer gewidmet. Doch wir müssen ihn mit jenem Mann in Verbindung bringen, der bei Nacht zu Jesus kam: Nikodemus. Nikodemus hatte die Botschaft des Johannes gehört. Er erkannte, dass Johannes ein Prophet war und dass sich Israel von seiner Sünde bekehren musste, wenn die Nation je wieder aufgerichtet, kraftvoll und unabhängig werden wollte.

Aber Johannes wirkte keine Wunder, Jesus hingegen tat es. Nikodemus **wusste**, dass Gott mit diesem Lehrer war, ihn geschickt hatte. Also suchte Nikodemus Jesus auf. Denn er begehrte Aufschluss über Israel und das Reich Gottes, suchte als einer der Hauptlehrer Israels die Wahrheit für sein Volk.

Jesus konfrontierte Nikodemus mit der Realität. Johannes lehrte, das Volk müsse durch Wasser hindurch wiedergeboren werden, wie es auch einst im Durchqueren des Roten Meeres und des Jordans überhaupt erst seine nationale Existenz erlangt hatte. Jesus aber sagte, dass die Wiedergeburt der Nation mehr als ein körperliches Unternehmen erforderte: *„Wenn jemand nicht aus Wasser **und** Geist geboren wird, kann er nicht in das Reich Gottes hineingehen."* (Jo. 3,5)[3]

Jesus sprach Nikodemus nicht nur als Privatperson, sondern auch als Lehrer Israels an. Zudem gebrauchte er im weiteren Verlauf die Mehrzahl: *„Ihr müsst alle von oben her geboren werden."*[4] Die Botschaft von der Wiedergeburt ist nicht nur für Einzelne, sondern für ganze Nationen! Eine Nation kann durch die Verkündigung des Evangeliums *„neu geboren"* werden. Johannes 3,16 sagt, dass Gott **die Welt** liebt und **jeder** ewiges Leben haben soll. **Das Evangelium ist für die ganze Welt!** Das ist es, worauf wir in Afrika zielen – ein blutgewaschener Kontinent. Afrika hat die Wahl zwischen dem Blutbad der Stammeskonflikte und dem „Bad" in Jesu Erlöserblut.

Propheten – Gottes Sprachrohre

Johannes verkündigte dem jüdischen Volk das Wort des Herrn. Elia sprach zu Israel – ein einziger Prophet auf alle Stämme! Was damals Elia oder irgendein anderer Prophet war, ist heute die Gemeinde Jesu. Wir sollen frei heraus zu einer ganzen Nation reden. Der Dienst der Gemeinde ist **prophetisch**. Manche beanspruchen, einen prophetischen Dienst zu haben, als seien sie etwas anderes als die übrigen Christen. In Wahrheit aber hat jetzt Gottes gesamtes Volk den Geist der Prophetie, den Heiligen Geist, empfangen (s. 1. Ko. 12,13; Off. 19,10). **Das Evangelium ist prophetisch!**

Jesus bestätigt das und sagt: *„Unter den von Frauen Geborenen ist kein Größerer aufgestanden als Johannes der Täufer; der Kleinste aber im Reich der Himmel ist größer als er.“* (Mt. 11,11) Die heutigen, vom Geist Geborenen in Gottes Reich sind auf eine Weise größer als Johannes, denn wir haben die große prophetische Wahrheit des Evangeliums!

Dies ist unsere Berufung, unsere Verantwortung. **Propheten müssen prophezeien, Zeugen müssen bezeugen.** Paulus sagte: *„Wehe mir, wenn ich das Evangelium nicht verkündigte!“* (1. Ko. 9,16) Als Jeremia versuchte, nicht zu prophezeien, da brannte Gottes Wort wie ein Feuer in seinen Gebeinen (s. Jer. 20,9). Wagen wir uns, wie Jona schlafen zu gehen, während alle um uns her in Gefahr sind?

Feuer – Gottes Mittel

Errettung zu predigen muss mehr sein als ein kühles Geschäft. Bekehrungen entstehen im Feuer! Evangelisation ist keine klinische Operation, sondern eine heiße Sache. Umkehr muss aus dem Geist kommen. Es geht nicht um Geschäftsabschlüsse. Geistespredigt erzeugt Geistbekehrte, nicht technisch oder theologisch Bekehrte. Wir glauben mit dem Herzen. Die Antwort für unser Land sind nicht Streit und Debatten, sondern das konsequente, hell brennende Zeugnis echter Christen. Zur Erinnerung: Wenn du die Dunkelheit loswerden willst, hör auf zu argumentieren und knips das Licht an!

Im vierten Kapitel wird berichtet, dass Jesus jüdisches Gebiet verließ und nach Samaria ging. Alle protokollarischen und sozialen Tabus ignorierend, sprach er eine Frau an – eine ausländische Frau! Und noch schlimmer, er bat sie um etwas zu trinken aus ihrem eigenen Gefäß, das als unrein galt! Sie war Samariterin, Angehörige eines von den Juden besonders verabscheuten Volkes. Erstaunt darüber, dass Christus alle gesellschaftlichen Umgangsformen durchbrach, sprach sie mit ihm, und er deckte ihr sündiges Leben auf. Jesus wusste, dass sie die wohl schlechteste Frau der Stadt war, doch er gab ihr das Wasser des Lebens. Sie war mit einem Wasserkrug zum Brunnen gekommen, doch als Jesus sie fortsandte, ließ sie den Krug stehen und nahm die Quelle mit – die Quelle des Lebens. Ihr offenbarte der Herr seine Identität, was er bis dahin bei keinem Heiden getan hatte.

Hier sind noch weitere Einzelheiten zu beachten. Jesus hatte der Frau aufgetragen, ihren Mann zu holen; und sie ging los. Ob nun der Mann, mit dem sie lebte, dabei war, weiß ich nicht, aber sie brachte alle übrigen Ehemänner mit! Denn im Ort hatte sie geschwärmt: „Kommt, seht euch einen Mann an!“ Diese Frau war wohlbekannt für ihre „Männer“; nach einem halben Dutzend Männern war sie verrückt gewesen, und jetzt kam Nummer sieben!? (Da passt ja fast schon jene Frage der Sadduzäer an Jesus, welchem von sieben Ehemännern denn eine Frau im Himmel gehören würde; s. Mt. 22,23-28.) Wie auch immer, niemand in der Stadt hätte diese Sache so gut machen können wie sie. „Kommt“, sagte sie, „seht euch einen Mann an!“ Und sie kamen.

Vielleicht ist uns bekannt, dass die Kleidung der Leute damals weiß war. Jedenfalls, als Jesus die Schar kommen sah, die ihn sehen wollte, sagte er zu seinen Jüngern: *„Hebt eure Augen auf und schaut die Felder an! Denn sie sind schon weiß zur Ernte.“* (Jo. 4,35) Diese Frau aber brachte bereits ihre Garben ein.

Werfen wir noch einen Blick auf die Verse 31-34: *„In der Zwischenzeit baten ihn die Jünger und sprachen: Rabbi, iss! Er aber sprach zu ihnen: Ich habe eine Speise zu essen, die ihr nicht kennt. Da sprachen die Jünger zueinander: Hat ihm wohl jemand zu essen gebracht? Jesus spricht zu ihnen: Meine Speise ist, dass ich den Willen dessen tue, der mich gesandt hat, und sein Werk vollbringe.“*

Was war das für ein Werk, das Christus mehr Sättigung brachte als eine Mahlzeit dem Hungrigen? Evangelisation! Wann immer Jesus über eigene Freude und Erfüllung sprach – sie entsprang dem Tun des Willens Gottes. Glücksgefühle überkamen ihn nicht nur als plötzliche Emotion, sondern waren die Folge, wenn er eine weitere kritische Phase im Plan Gottes erfolgreich ausgeführt hatte.

Der Jünger steht nicht über seinem Meister. Wenn wir die Freude Christi haben wollen, müssen wir tun, was Christus tat. Er fand seine Befriedigung nicht in frommen Vergnügungen, die mit denen der Welt konkurrierten. Es ging ihm nicht um kirchliche Unterhaltung anstelle säkularer Unterhaltung. Christus tritt nicht in Wettbewerb mit dem, was die Welt bietet, indem er einen religiösen Ausgleich verspricht – Vergnügen gegen Vergnügen. Es ist völlig anders. **Christus hat Lust**

am Willen Gottes und seiner Umsetzung. Kein Tanz, kein Konzert, kein sensationeller Film kann es damit aufnehmen, eine Seele für Christus zu gewinnen!

„Sagt ihr nicht: Es sind noch vier Monate, und die Ernte kommt?" (V. 35) Ja, die Jünger sagten das. Es war eine Redensart wie unser „Rom ist auch nicht an einem Tag erbaut worden". Die Ernte aber, von der Jesus sprach, befand sich vor ihren Augen, sichtbar geworden in den „Garben" dieser Frau. Doch Israel hatte eine Tendenz, Gottes Wirken immer nur für morgen zu erwarten – morgen würde sein Reich kommen; morgen würden die Samariter sich bekehren; morgen würden die Römer abziehen; morgen würde Gott sich wieder so kraftvoll zeigen wie beim Exodus und am Sinai.[5] Sie hatten einen Gott für all ihre vielen „Gestern" und „Morgen", aber nichts für **heute**.

Diese Einstellung ist auch in modernen Zeiten nicht unbekannt. Smith Wigglesworth sagte einmal: „Wir wollen nicht Theologie, sondern **Jetzt**ologie!" Viel wird über das Säen gesprochen, aber wenig übers Ernten. Laut Jesus sind die Felder reif zur Ernte. Es gibt nicht den geringsten Zweifel, dass in der Vergangenheit manch riesige Ernte, die hätte eingefahren werden können, unterblieb. Das Ernten wurde einigen wenigen Arbeitern überlassen, meist weltbekannten Evangelisten.

Zeitweise aber wurden die Möglichkeiten erkannt. Zum Beispiel erlebte England in dem halben Jahrhundert nach John Wesleys Tod eine weit größere Ausbreitung der methodistischen Erweckung als zu seinen Lebzeiten. Und General William Booth sagte vom späten Viktorianischen Zeitalter: Wenn irgendjemand zu irgendeiner Zeit an irgendeiner Straßenecke stand und das Evangelium verkündigte, sammelte sich eine Menschenmenge, um zuzuhören.

Andererseits versuchte einer der bekanntesten Evangelisten in Großbritannien, Kollegen von ihren Einsätzen abzuhalten, weil dies seine eigenen Ergebnisse beeinträchtigen würde. Er bot ausgezeichneten Evangelisten große Kirchen an, wenn sie aufhören würden zu evangelisieren. Der Mann meinte wohl, die Ernte hielte sich für immer. Doch die Klage in Jeremia 8,20 lautet: *„Vorüber ist die Ernte, die Obstlese ist zu Ende, und wir sind nicht gerettet!"* Es ist immer an der Zeit zu gehen, also gehe **jetzt**!

Das Manifest des Paulus

Das gewaltige sechste Kapitel des 2. Korintherbriefs ist der vielleicht größte Text, der je über Evangelisation geschrieben wurde. Hier stehen unter die Haut gehende Worte aus dem Herzen des Apostels Paulus, des Mannes, der grundlegend für Europas Durchdringung mit dem Evangelium gesorgt hat. Ich wünschte, wir könnten sie hier Wort für Wort durchgehen:

„… in großer Geduld, in Trübsalen, in Nöten, in Ängsten; unter Schlägen, in Gefängnissen, in Aufruhr; in Mühen, im Wachen, im Fasten; in Keuschheit, in Erkenntnis, in Langmut, in Freundlichkeit; im Heiligen Geist … unter Ehre und Schande … als Arme, die doch viele reich machen …" (2. Ko. 6,4-10 *sch*)

Man beachte die Art, wie er das Kapitel beginnt:

„Da wir denn Mitarbeiter sind, so ermahnen wir euch auch, die Gnade Gottes nicht vergeblich zu empfangen! Denn er spricht: ‚Ich habe dich zur angenehmen Zeit erhört und dir am Tage des Heils geholfen.' Seht, jetzt ist die angenehme Zeit, jetzt ist der Tag des Heils! Wir geben niemandem irgendeinen Anstoß, damit der Dienst nicht verlästert werde." (2. Ko. 6,1-3 *sch*)

Offen gesagt: Auch wenn ich weder Gelehrter noch Griechisch-Experte bin, denke ich, dass sich beim Übersetzen der Paulusworte in unsere heutige Sprache schnell einiges an Leidenschaft verliert. Paulus' Gefühle und Hintergrund sind nicht unsere, selbst wenn wir die Worte richtig erfassen. Vielleicht erhasche ich als Evangelist nur einen Schimmer von ihrer Bedeutung.

Paulus fließt über vor Staunen über die göttliche Gnade. Er hatte Gnade empfangen und setzte sich nie darüber hinweg. Dieses Geschenk Gottes war so groß, dass er sich verpflichtet sah, es weiterzugeben. Das Schlimmste, was er sich vorstellen konnte, war, all das nicht weiterzugeben. So etwas hieß für ihn *„die Gnade Gottes vergeblich empfangen"* (2. Ko. 6,1).

Es war gut, diese Gnade zu ergreifen. Die Korinther hatten es getan; sie und Paulus kannten die an ihnen wirkende Gnade. Doch Gnade für sich zu behalten, hieß, dass sie ihnen „zwischen den Fingern zerrinnen würde". Um jeden Preis, mit allen Mitteln, unter welchen Leiden auch immer, mit äußerster Energie, Ausdauer und Findigkeit und bis an die Grenzen unserer Kraft muss sie den Menschen erzählt werden! Die wesentliche Botschaft war und bleibt: Heute ist der Tag des Heils!

Den Boden vorbereiten

Jesus erklärte seinen Jüngern: *„Ich habe euch gesandt zu ernten, woran ihr nicht gearbeitet habt; andere haben gearbeitet, und ihr seid in ihre Arbeit eingetreten."* (Jo. 4,38) Ich meine, Johannes gibt Christi Originalworten eine leicht vorwegnehmende Betonung. Denn bis dahin hatten die Jünger noch gar keine Erntearbeit getan. Das Prinzip aber bleibt bestehen: **Heutige Evangelisation macht die morgige erst möglich.**

Intellektualismus ist heutzutage in Mode. Hochmut – sich zu klug vorkommen für diesen „Gotteskram" – ist der Absturz unserer Zivilisation. Die Intellektuellen sind durcheinander. Menschen, die dieser Marotte folgen, muss man mit Milde und Weisheit an der Hand nehmen und zum Glauben an Christus führen. Aber vor allem müssen wir die Kraft des Evangeliums in seiner ursprünglichen, unverfälschten und leidenschaftlichen Form schätzen lernen. Das Evangelium hat eine seltsame, einzigartige Kraft! Es findet auch auf verschlungenen Wegen den Einstieg zum Herzen. Im Vergleich dazu ist alle unsere Klugheit oder moderne Psychologie nur Stümperei. Zum Beispiel kann selbst die geschickteste Massenpsychologie nicht annähernd das erreichen, was durch die Kraft des Evangeliums möglich wird.

Wie schon in einem früheren Buch erwähnt, waren wir an Wirkungsorten von Pionieren wie David Livingstone und C. T. Studd. Livingstone hat gesagt, dass da, wo er bisher nur wenig Frucht sah, andere mit dem Evangeliums-Licht kommen und erleben würden, wie Tausende zu Christus kämen. Ein Höhepunkt meines Lebens war denn auch der Dienst in Blantyre (Malawi), benannt nach Livingstones kleiner schottischer Geburtsstadt. Livingstone arbeitete für Christus und starb bei seinen Bemühungen, ohne dass er viel vorzeigen konnte. Aber er bahnte den Weg zum Erfolg anderer, von denen ich einer bin. In Blantyre sahen wir, dass 150.000 Menschen in einer Woche zu Christus umkehrten!

Mein Gebet ist, dass ich in einer annehmbaren Weise arbeite, wie sie Paulus in 2. Korinther 6 darlegt, so dass jeder, der mir folgt, den Boden weniger hart vorfindet. Es hat mich eines Tages getroffen, dass beim Gleichnis vom Sämann in Matthäus 13 einige Saat auf den Wegrand fiel, worauf die Vögel kamen und sie fraßen. Was für ein Wegrand war das? Der Sämann selbst hatte ihn angelegt, als er hin und her ging! Er machte sein eigenes Feld hart, während er säte und arbeitete. Da dachte ich: **„Gott, hilf mir, andern den Weg nicht durch die Art zu erschweren, wie ich tue, was ich zu tun habe!"**

Erntefreude ist die wahre Freude!

Auch Jesus bereitete den Boden für andere vor. Kehren wir zurück zu jener Samariterin am Brunnen (Jo. 4). Wenige Jahre nach Jesu Auferstehung ging ein anderer Evangelist, Philippus, nach Samaria und fand einen für das Evangelium zubereiteten Ort vor (Apg. 8), in dem dann große Freude entstand. Als Jesus dort gewesen war, hatte er keine Wunder getan – zumindest erwähnt die Bibel nichts davon. Doch als Philippus in den Fußspuren des Herrn Samaria aufsuchte, geschahen viele Heilungswunder und Dämonenaustreibungen.

Jesus hinterließ gute Arbeit. Er konnte sagen: *„Kommt, folgt mir, ich mache euch zu Menschenfischern"* (Mt. 4,19 *gn*), ohne die Fischgründe zu vernichten.

Aber Jesus sagte auch: *„Wer erntet, der empfängt Lohn und sammelt Frucht zum ewigen Leben, auf dass sich der Sämann und der Schnitter miteinander freuen."* (Jo. 4,36 *sch*) Erntefreude – das ist wahre Freude! Plötzlich wird einem die alte Hymne bedeutsam:

Folgen und trau'n
wird zum Siegen und Schau'n;
willst du Frieden der Seele,
musst du folgen und trau'n![6]

Ich kenne nur zwei ständige Pflichten, bei denen uns Christus zum „Folgen und Trau'n", also Vertrauen und Gehorsam, aufruft: Liebe und Evangelisation. Dein Lohn liegt in der Arbeit, und du kannst dich über ihn nicht freuen, wenn du nicht arbeitest!

Die Verpflichtung Jesu

Schauen wir uns noch einmal den Bericht über Jesus in Samaria an. Die Situation wird in Johannes 4,4 zusammengefasst: „Er **musste** aber durch Samaria reisen." Andere Übersetzungen geben das Griechische noch enger wieder und sprechen davon, dass es für Jesus **notwendig war**, durch Samarien zu gehen.

Das griechische NT gebraucht hier das unpersönliche Verb **dei**, welches in der Elberfelder Studienbibel so definiert wird: „Es kennzeichnet eine unvermeidbare, dringende oder zwingende Notwendigkeit", ganz besonders den „durch Gottes Willen oder Wort" beabsichtigten „Lauf des Geschehens." Im Neuen Testament kommt es 105-mal vor. Nur ein einziges Mal liegt eine körperliche Dringlichkeit vor, in allen übrigen Fällen eine moralische oder emotionale. Jede der Textstellen bezeugt Jesu Sinn für das, was er zu tun hatte, ein Muss, eine Verpflichtung – geradezu die Bestimmung, warum er auf Erden war; und das war mehr als eine menschliche Pflichterfüllung. Zum Beispiel lesen wir:

*„Der Sohn des Menschen **muss** vieles leiden."* (Mk. 8,31)
*„Ich **muss** auch den anderen Städten die gute Botschaft vom Reich Gottes verkündigen; denn dazu bin ich gesandt."* (Lk. 4,43)
*„Wir **müssen** die Werke dessen wirken, der mich gesandt hat."* (Jo. 9,4)
*„Der Menschensohn **muss** erhöht werden."* (Jo. 12,34 *hfa*)
*„… dass er aus den Toten auferstehen **musste**."* (Jo. 20,9)

Für Jesus war das Werk der Errettung von Menschen ebenso bedeutsam wie sein Einssein mit Gott. Dieses Werk war sein **Wesen**! Er rettete nicht nur; er **war die Errettung**. Was das Feuer für die Hitze ist, das ist Christus für die Errettung. Evangelisation war für ihn das absolute Muss.[7]

Jesus sagte, seine „Speise" sei, Gottes Willen zu tun. Aber dann sagte er auch, er sende seine Jünger, die Dinge zu tun, die er getan habe:

„Wie Du mich in die Welt gesandt hast, habe auch ich sie in die Welt gesandt." (Jo. 17,18)

„Wie der Vater mich ausgesandt hat, sende ich auch euch." (Jo. 20,21)

Johannes hebt die Verpflichtung zur Evangelisation nicht ganz so hervor wie die andern drei Evangelisten (Synoptiker), doch sie ist das ganze Buch hindurch da, ob verborgen oder offensichtlich.

Die Verpflichtung der Jünger

Jesu Jünger sind in eine Welt gesandt, deren Feindseligkeit und Verderbtheit bis in unsere Tage anhält. Die Kirche von heute sollte sich nicht nur mit einer Art von Gemeindewachstum beschäftigen, als würde man der Konkurrenz wie bei einem Unternehmenswettkampf die Kunden abwerben. Jemand sagte einmal, dass wir zu Menschenfischern berufen sind, nicht zu Aquariums-Verwaltern, die aus den Aquarien anderer Leute Fische stehlen.

Hierbei denke ich besonders an die USA, deren riesiger „religiöser Teich" viele zum Fischen einlädt. In Europa gibt es keinen solch frommen Fischteich und wenige Bekehrungskandidaten. Europa ist heute weitgehend säkularisiert, abgewandt vom sogenannten christlichen Erbe und religiösen Forderungen. Es gibt Gegenden, in denen kaum jemand eine Kirche besucht. Um auch nur eine Seele zu gewinnen, müssen die christlichen Gemeinden äußerst einfallsreich und wagemutig sein. Die Leiter verausgaben sich schier, aber es scheint, als falle der Samen auf unfruchtbaren Boden.

Hier wie dort aber unterteilt sich die Gesellschaft wohl in zwei Hauptgruppen, die Christen und die Nichtchristen. Und der christlichen Gruppe fällt es sehr schwer, bei der nichtchristlichen Gruppe eine echte Invasion zu landen. Manche Gläubige halten es sogar für Zeitverschwendung, Kontakt mit der gottlosen Welt zu suchen. Dennoch halte ich, nicht zuletzt durch jüngere Geschehnisse in Amerika ermutigt, eine solche christliche „Invasion" für möglich. Auch heute vermag Gott geistliche „Lazarusse" von den Toten zu erwecken.

Doch ganz gleich, wie schwer oder leicht – unsere Aufgabe ist es, die Gottlosen zu erreichen. Wenn viele Gemeinden nur noch als reine „Familienkirchen" existieren, deren Fortbestand von den Eltern auf die Kinder übertragen oder durch Mitgliederwechsel aufrechterhalten wird, dann sollte man besser den Notstand ausrufen. Ein „Kriegsrat" muss abgehalten werden – für einen umfassenden Glaubenskampf und hin zu unserer ersten Aufgabe, die Verlorenen zu evangelisieren! Wir müssen alle Kräfte mobilisieren und feststellen, was getan werden kann. Wir sind in die **Welt** gesandt, nicht nur in den christlichen Bereich. Wir sind Menschenfischer und nicht nur Schafversorger. Wir sind hier, um das ganze Volk zu retten und nicht nur die Hälfte.

Die Welt draußen ist ein gefährlicher Ort für Bekenner und Märtyrer Christi. Die Gegner kämpfen nicht nur intellektuell, sondern verwenden auch Gewehre, Messer und Steine, wie ich es etliche Male erlebt habe. Die Frage ist: Soll diese mörderisch gesinnte Welt die Welt der Liebe Jesu besiegen? Wollen wir das zulassen?

Enttäuschung überwinden

Enttäuschungen werden kommen, aber sie dürfen uns nicht aufhalten! Lesen wir einmal die Verse von Johannes 2,23 durchgehend bis Kapitel 3,2. Dort steht:

„In Jerusalem … kamen viele zum Glauben an ihn, weil sie die Wunder sahen, die er tat. Aber Jesus … hielt sich ihnen gegenüber zurück, weil er sie alle durchschaute. Über die Menschen brauchte ihm niemand etwas zu sagen, denn er kannte das menschliche Herz bis auf den Grund. Einer von den Pharisäern war Nikodemus, ein Mitglied des jüdischen Rates. Eines Nachts kam er zu Jesus …"(gn)

Manche Menschen haben ein seichtes Wesen, sie sind oberflächlich und unzuverlässig. Bei anderen trifft das nicht zu. Zum Beispiel nennt Jesus Nathanael einen echten Israeliten und Mann ohne Falschheit (s. Jo. 1). Auch Nikodemus bewies Redlichkeit (Kap. 3). Als einer der führenden Leute in Jerusalem hielt er treu zu Jesus und bekannte sich auch noch nach dessen Kreuzigung zu ihm (s. Jo. 19,39f). Einige Samenkörner werden ausgestreut, ohne Frucht zu bringen, andere bringen weniger oder mehr Frucht, und einige sind sehr ertragreich. Der gleiche Samen, derselbe Sämann, aber unterschiedlicher Boden! Es hängt davon ab, zu wem man predigt. Jesus hatte in einer samaritischen Stadt überhaupt keinen Erfolg, und tatsächlich wollten ihn die Einwohner nicht einmal übernachten lassen. Aber in Sychar war er willkommen (s. o., Jo. 4,39-41).

In Afrika verloren wir mehr als einmal viel Geld, weil eine aufwendig vorbereitete Großevangelisation in letzter Minute von der Regierung untersagt wurde. Wir haben auch Aufstände erlebt wie Paulus in Ephesus (s. Apg. 19,23-34). Aber was bedeutet das schon? Am Ende werden wir siegen (s. 1. Jo. 4,4). Jesus hat es verheißen!

Paulus sprach oft von *„Geduld und Standhaftigkeit"*. Diese Tugenden braucht jeder Evangelist. Aber nur Gott schenkt sie, und Jesus dient uns als Beispiel. Er sagt: *„Folgt mir!"* (Mt. 4,19) und ist vorausgegangen. Jemand muss ihm folgen. Warum nicht wir?

Anmerkungen:

1 Ähnlich verhält es sich im angelsächsischen Sprachraum mit der „King-James-Version".

2 Wörtlich: „Zucker, Gewürz und alles Nette"; engl. Wortspiel: „... sugar and spice and everything nice".

3 Wasser **und** Geist: Betonung vom Autor

4 Vers 7 (*gn*) („alle" nicht im Grundtext); Plural: auch in Versen 11-12.
„von oben": Elberf. u. a. übers. „von neuem";

5 Exodus: Auszug aus Ägypten

6 Englisches Original:
„Trust and obey / for there's no other way / to be happy in Jesus / but to trust and obey."

7 Original: der wahre kategorische Imperativ (vgl. I. Kant)

Kapitel 4

Glaube und Evangelisation

Nachfolge Jesu erfordert Glauben. Ohne Glauben ist sie sogar unmöglich. Wer glaubt, wird errettet werden (s. Mk. 16,16). Evangelisation trägt wesentlich dazu bei, dass dies geschieht. Der Evangelist soll den Glauben in Menschenherzen fördern. Doch dafür braucht er zunächst selbst echten Glauben. Glaube ist ansteckend. Man kann nicht verteilen, was man nicht hat. Wer keine Masern hat, kann niemanden anstecken. Erleben kommt vor Weitergeben.[1] Du bekommst es von anderen, und andere bekommen es von dir.

Es wird viel darüber diskutiert, was eigentlich die evangelistische Gabe ist. Sie ist, auf einen Nenner gebracht, ansteckender Glaube! Um andere zu begeistern, müssen wir selbst begeistert sein. Ein Gottesleugner hat gesagt, er glaube nicht an die Erlösung der Christen, weil sie nicht erlöst aussähen.[2] Christi Botschafter sind aber keine Tonbänder, also nur Worte, sondern eher wie Videos – lebendig **illustrierte Worte**. Als Philippus nach Samaria ging, *„herrschte große Freude in jener Stadt"* (Apg. 8,8 *sch*). Die offensichtliche Glaubensqualität im Leben und der Predigt des Philippus ließ Jubel aufkommen.

Glaube im Johannesevangelium

Der Begriff „Glaube" fehlt im vierten Evangelium. Johannes scheint ihn zu vermeiden; er gebraucht ihn auch in seinen drei Briefen nur einmal. Das ist erstaunlich; denn im Neuen Testament findet sich „Glaube" 244-mal. Doch anstelle des Hauptworts „Glaube" (griechisch: *pistis*) hat Johannes einfach das Tätigkeitswort „glauben" (griechisch: *pisteuein*) gewählt. Seltsam, genau 100-mal taucht „glauben" bei Johannes auf, also fast dreimal so oft wie in allen andern Evangelien zusammen (Matthäus 11-mal, Markus 15-mal, Lukas 9-mal). Was steckt dahinter?

Glaube drückt etwas Abstraktes aus, **glauben** aber beschreibt eine Handlung. „Glaube" kann statisch sein, „glauben" ist dynamisch. Im Johannesevangelium liefert „glauben(d)" sogar einen Schlüssel zum Verständnis von Evangelisation, allerdings nur in Verbindung mit einem anderen Wort: **Zeuge sein**.

Die Begriffe „Evangelium" oder „evangelisieren" sucht man nämlich vergeblich bei Johannes. Wieder wählt er einen anderen, kräftigeren Ausdruck, und zwar „Zeuge sein" oder „bezeugen" (griechisch: *martyrein*). 33-mal kommt dieses besondere griechische Verb vor. Die beiden Worte „glauben" und „Zeuge sein" umreißen ein aktives Geschehen, keine statische Untätigkeit. Beide sind miteinander verbunden – während wir glauben, bezeugen wir!

Johannes behandelt das Evangelium nie nur als Doktrin, als verbale Definition von Wahrheit, sondern ständig geschieht etwas. Natürlich weiß er, dass das Evangelium Wahrheit ist, und schreibt: *„Jeder, der weitergeht und nicht in der Lehre des Christus bleibt, hat Gott nicht; wer in der Lehre bleibt, der hat sowohl den Vater als auch den Sohn."* (2. Jo. 9) Aber mit seinem Evangeliumsbericht will Johannes zeigen, dass dies ein dynamisches, fortlaufendes Ereignis ist.[3] Es ist beides: Wahrheit und Licht. Seine Leser sehen genau, wo sie sich befinden und wohin sie gehen, wenn sie sich zum Glauben an Jesus Christus entschließen.

Wo immer es geht, verwendet Johannes Tätigkeitswörter. Zum Beispiel spricht er davon, dass die Wahrheit immer weiter strahlt und fortwährend die Welt erhellt, also keinesfalls nur kurzfristig in Erscheinung trat. Johannes 1,9 bringt es auf den Punkt; dem Originaltext käme folgende Übersetzung nahe: „Das wahrhaftige Licht, das jedem Menschen Licht gibt, kam nun in die Welt." Folgerichtig spricht Johannes, statt von „Kenntnis" des Evangeliums oder einem Wissen um Gott, vom „Erkennen" – einem sich vollziehenden **Tun**. Christus ist kein flüchtiger Bekannter, den man vom Hörensagen kennt, sondern jemand, den wir persönlich kennen und erfahren dürfen, hier und jetzt und nahe!

Für Johannes ist der Glaube lebendig. Er ist kein bloßes Glaubensbekenntnis, das man akzeptiert, sondern etwas zum Anfassen und Tun. Smith Wigglesworth sagte: „Glaube ist Handeln!"

Lebendiger Glaube

Johannes wollte zeigen, dass der christliche Glaube eine lebendige Sache und keine starre Religion ist. Christus ist das Leben. Glauben, ihn kennen heißt leben. Kennzeichen von Leben sind Adaption und Reproduktion, Anpassung und Fortpflanzung. Die Bibel selbst dient hier als schönes Beispiel. Sie ist das lebendige Wort und vervielfältigt sich in der Erfahrung der Menschen: *„Das Wort Gottes aber wuchs und mehrte sich …"* (Apg. 12,24). Die Heilige Schrift spricht und ist eine Macht in der Welt. Viele meinen, sie sei nichts weiter als eine Sammlung historischer Dokumente, von der Kirche als Museumsstück aufbewahrt. Doch sie ist nichts dergleichen. **Sie lebt**, und ihre Wirksamkeit hält an!

Die biblischen Schriften existieren heute, weil sie die bezeugten *„Aussprüche Gottes"* sind (Rö. 3,2), und nicht, weil die Kirche sie bewahrte – die Bibel hat die Kirche bewahrt! Die Heilige Schrift schützt sich durch ihr eigenes Leben. Es gibt viele Verbände zur Aufbewahrung von Werten – Umwelt, Gebäude, Frieden, Tierarten, Traditionen usw.; aber Gott sei Dank, wir brauchen keine Gesellschaft zur Bewahrung der Heiligen Schrift! Nichts Lebendiges, sondern nur Totes bedarf der Konservierungsmittel.

Im ganzen Neuen Testament wird das Wort „aufbewahren" nur ein einziges Mal (2. Ti. 4,18), noch dazu von einer alten[4] Übersetzung, gebraucht: *„Und der Herr wird mich befreien von jedem bösen Werk und mich aufbewahren für sein himmlisches Reich"* – aber das originale griechische Wort **sozo** meint wörtlich **retten**. Wir sind gerettet und werden bewahrt, aber wir werden nicht konserviert. Im Himmel kommen wir nicht als Mumien oder tiefgefrorene Persönlichkeiten an – nein, in unseren Seelen pulsiert das ewige Leben!

Unsere Rolle

Das Evangelium muss gepredigt werden, damit es zum Evangelium **wird**. Der Begriff „Evangelium" kommt bekanntlich vom griechischen Wort **euangelion** und bedeutet „gute Botschaft" oder „Siegesnachricht". Wenn man Nachrichten für sich behält, sind es gar keine. Nachrichten sind Mitteilungen, die umfassend informieren. Aufgeschrieben und ins Regal gestellt, bleiben sie allenfalls Geschichte. Das Evangelium aber ist keinesfalls nur Geschichte, trotz seiner historischen Wahrheit. Das Evangelium **geschieht**. Es wird zur Neuigkeit, indem es gepredigt wird! Man nenne es, wie man will – Theologie, Wort, Konzept, Wahrheit: Wenn es nicht klar gesagt wird, ist es keine **gute Nachricht** und das Wort „Evangelium" unpassend. Glaube ist keine Wahrheit, die sich zwischen die Deckel einer theologischen Abhandlung sperren und dann als „Das Evangelium" irgendwohin stellen lässt. Natürlich kann man die Wahrheit des Evangeliums niederschreiben, aber **das Evangelium sind wir, du und ich, indem wir die Geschichte von Christus verbreiten**, mit welchen Instrumenten auch immer.

Wir sind Verwalter des Evangeliums (1. Ko. 4,1; 1. Pt. 4,10), nicht seine Bewacher. Der Verwalter soll die ihm anvertrauten Wahrheitsschätze in Umlauf bringen, nicht unter Verschluss halten. Die beste Glaubensverteidigung ist, das Evangelium den Feinden offen entgegenzubringen; es wird gut mit ihnen fertig. Als Verwalter sind wir dazu beauftragt, allen die Gute Nachricht mit göttlicher Großherzigkeit auszuteilen. Die Kirche ist kein Stahltresor, um die Wahrheit unversehrt zu halten, sondern eine menschenfreundliche Einrichtung, ein Verteilzentrum. Elisa gab der Witwe einen immer vollen Ölkrug, uns aber gab Gott ein Ölfeld, dessen Quelle nie versiegt.

Glaube und Zeugnis vereint produzieren Explosivkraft. Paulus nennt das Evangelium die *„Kraft Gottes"* (Rö. 1,16). Das heißt, durch Verkündigung wird diese Kraft freigesetzt. Viele Menschen beten um Stärke, dabei steckt sie schon im Evangelium selbst. Predige das Wort, und die Kraft ist freigesetzt!

Im Gestein des Planeten Mars soll sich genug Sauerstoff befinden, um eine der Erde vergleichbare Atmosphäre herzustellen. Nun, im Evangelium ist genug geistlicher „Sauerstoff" gespeichert, um die ganze Welt zu erneuern! Die Christusbotschaft muss nur verkündigt werden, dann erzeugt sie eine Wechselwirkung zwischen der Kraft des Heiligen Geistes und den Hörern. Der Heilige Geist wird handeln, wenn Jesus gepredigt wird, und überführt beispielsweise von Sünde. Doch all dies beginnt mit unserem Glauben, indem wir tun, was wir sollen. Wir setzen unseren Glauben in Gang, predigen das Wort und erleben, wie Gott handelt! Das ist die Dynamik des Evangeliums.

Wahrer Glaube

Es gibt Christen, die wir als „ungläubige Gläubige" bezeichnen könnten. Sie vertreten eine klare biblische Lehre, haben aber kein Gottvertrauen. Was sie als Evangelium predigen, ist nur eine leblose Darlegung ihrer

Rechtgläubigkeit. Ein Mann kann die Schönheit eines netten Mädchens fast klinisch steril beschreiben. Ist er aber in sie verliebt, dann klingt alles nach einer so lebendigen und wertvollen Person, dass eine Beziehung mit ihr das Größte sein muss.

Wirksames Predigen ist schon in sich selbst ein Glaubensakt voller Zuversicht auf Gott. Christi Wahrheit ist der von uns auszustreuende Same. Aber ohne Glauben ist sie eine Saat, die nie aufgeht. Das Evangelium wird nur keimen, aufspringen, wachsen, blühen und Frucht bringen, wenn es im Glauben gepredigt wird. Ja, wir sollen am Glauben der Väter festhalten (s. Jud. 3), doch das reicht nicht aus. Johannes macht deutlich, dass gesunder Glaube auch fruchtbar ist, Leben spendet: *„Durch den Glauben sollt ihr Leben haben in seinem Namen!"* (Jo. 20,31, *kj*). Das ist ein pulsierender, lebendiger Vorgang. Während du glaubst, empfängst du, erkennst, siehst und bleibst in ihm.

Beim Glauben kommt viel heraus, weil von Gott viel hereinkommt: Durch das Flussbett des Glaubens fließt Leben.[5] Jesus sagte nicht: „Ich bin der Weg und die Wahrheit!", sondern: *„Ich bin der Weg, die Wahrheit* ***und das Leben!"*** (Jo. 14,6) Das ist keine tiefgekühlte, sondern glühend heiße Wahrheit.

Die Begebenheit um David und Goliath (s. 1. Sam. 17) veranschaulicht ideal den Unterschied zwischen aktivem und passivem Glauben. Israel besaß einen gewissen Glauben. Sie bekannten, dass Jahwe Gott ist. Für sie war das eine gewaltige Wahrheit. Aber genauso gut hätten sie behaupten und glauben können, der Mond bestehe aus grünem Käse. Ihr Glaubensbekenntnis zu Jahwe-Gott war wohl ebenso wenig wahr; denn in ihrem Leben änderte es rein gar nichts.

Hier standen sie nun, eine ganze Armee, angeführt von einem König, der alles andere als ein sentimentaler Schwachkopf war. Sie riefen laut den Namen des Herrn aus, machten mit ihren Waffen ein fürchterliches Getöse und glaubten, dass sie das Volk waren, auf dessen Seite Gott stand. Aber das war auch schon alles und inspirierte keinen der Soldaten, aus den Reihen zu treten und im Zweikampf gegen Goliath zu kämpfen. Dazu gehörte natürlich auch eine gehörige Portion Glauben; denn keiner in Israel konnte es körperlich mit Goliath aufnehmen, nicht einmal König Saul.

Der Hirtenjunge David war ein Außenseiter. Doch er begab sich ins Tal, empörte sich über die Gotteslästerung des Riesen und erklärte, er werde Goliath das Haupt abschlagen. Und das tat er auch. *„Glaube ohne entsprechende Werke ist tot"*, genau so sagt es uns die Bibel (Jk. 2,26 *gn*).

Evangelisation verlangt diesen aktiven Glauben, der ankündigt, bezeugt, erkennt und tut. Für solch kühnes Vertrauen brauchen wir natürlich eine feste Basis, denn Gott zu glauben hat nichts mit Naivität, Leichtgläubigkeit oder Ignoranz zu tun. Wenn du dir also Glauben wünschst, betätige ihn! Es ist wie beim Schwimmen – man muss sich bewegen!

Der unwandelbare Gott

Der Glaube an Gott stützt sich auf Gottes Treue. In Klagelieder 3,22f wird bezeugt: *„Die Gnadenerweise des HERRn sind nicht zu Ende, ja, sein Erbarmen hört nicht auf, es ist jeden Morgen neu. Groß ist deine Treue!"* Das sind erstaunliche Worte; denn Jeremia sprach sie wohl, als er dasaß und über Jerusalem schaute, das völlig zerstört, geplündert und als ein Haufen schwelender Trümmer dalag. Er weinte über diese Stadt. Und doch wusste Jeremia, dass Gott treu war. Sein Glaube brach nicht zusammen. Psalm 119,90 (*üb*) versichert: *„Deine Treue währt über alle Generationen!"*

Inwiefern ist Gott treu? Wem oder was ist er treu? Gott ist treu zu **sich selbst**! Er gibt sich nicht dazu her, anders zu handeln, als er wirklich ist. Gott tut nichts, was seinem Wesen zuwiderläuft. Nie können wir sagen: „Das ist nicht er! So ist er nicht!" Er ist, was er von sich sagt, was er tut und was er in Aussicht gestellt hat. In der Tat **muss** er gewisse Dinge tun, wenn er der Gott ist, als der er sich offenbart. Die Zuverlässigkeit seiner Versprechen beruht auf seiner Treue (s. 4. Mo. 23,19).

Im Johannesevangelium unterstreicht Jesus mehrmals, was er zu tun habe. Bestimmte Dinge musste er aufgrund dessen ausführen, was er war und ist. Die Schrift sagt: *„Er kann sich selbst nicht verleugnen."* (2. Ti. 2,13) Er muss seinem Wesen gemäß handeln. Wenn seine Natur Liebe ist, dann muss er lieben. Wenn er Gerechtigkeit ist, muss er gerecht sein. Gott kann nur sein, was er ist, nämlich Gott! Als Mensch muss ich atmen, essen und gehen – Gott muss lieben, retten und helfen!

Der Herr offenbarte seine wahre Identität schon von Beginn an. Zu Mose sagte er: ***„Ich bin der Ich bin.“*** (2. Mo. 3,14). Fachleute haben ausgiebig geprüft und diskutiert, welche Bedeutungen oder Folgerungen in dieser Aussage stecken mögen. Sie untersuchten die Worte grammatisch und theologisch. Aber ungeachtet aller Erwägungen ist die Bedeutung einfach genug. Gott sagt, dass er treu ist – er ist, was er ist und immer bleiben wird! Zum Beispiel verknüpfte er Moses Berufung mit dem Hinweis darauf, wie er schon in früheren Generationen gewesen war (s. 2. Mo. 6,2-5): *„Ich denke an meinen Bund, den ich mit Abraham, Isaak und Jakob geschlossen habe!“* Vier Jahrhunderte waren vergangen, doch Gott hatte nicht bequemerweise vergessen, was er einst jenen Patriarchen versprach. Wie er seinerzeit gewesen war, so war er auch 400 Jahre später. Unter Hinweis auf das schon Abraham bekannte „Ich bin“ konnte er nun ohne den geringsten Schatten eines Zweifels zu Mose sagen: ***„Ich bin der Ich bin.“***

Was Gott **einst** tat, zeigt, wie er **immer** ist. Jede göttliche Handlung ist eine zeichenhafte Prophetie darauf, was er in künftigen Zeiten tun wird. Gott selber stellt klar: *„Ich, der HERR, ich habe mich nicht geändert …“* (Mal. 3,6) Selbst im Angesicht der größten Provokation bleibt Gottes Haltung felsenfest. Er ist nicht wankelmütig, sondern vollkommen; sobald er aber von seinem Wesen abrücken würde, wäre er weniger als vollkommen.

Glauben an Gott zu haben, bedeutet zu glauben, dass er ist, was er immer war. Wenn Gott einmal Gebet erhört hat, dürfen wir in der Sicherheit ruhen, dass das Erhören von Gebeten seine natürliche Reaktion ist. Gott kümmert sich um eine einzelne Person, weil er sich immer, gern und um alle kümmert. Einen Leidenden heilt er, weil er vom Wesen ein Heiler ist. Einer reumütigen Person vergibt er, weil er der Vergebende ist. Er rettet Menschen, weil er unser Retter ist, der darauf brennt, dass alle Menschen gerettet werden.

Gott will

Gott tut, was er tut, weil er es tun **will**. Schon das erste Kapitel der Bibel offenbart einen spontanen Gott in Aktion. Zu keinem Zeitpunkt der Schöpfung wurde er durch äußeren Druck oder Verpflichtungen zu seinem Tun genötigt. Kein Engelkomitee flüsterte ihm zu, Licht sei doch eine gute Sache, oder: „Wie wäre es, wenn ein Gewölbe die Wasser teilen würde?“

Gott dachte bei sich nicht: „Es wird wohl besser sein, eine schöne Welt zu erschaffen. Die Leute erwarten das von mir …“ Derartige Erwägungen haben Gott nie beschäftigt. Er beriet sich weder mit seinem Gewissen noch erwog er, was künftige Generationen denken oder die „Geschichte“ sagen würde. Nein, das Erschaffen war schlicht sein Wunsch; es war ihm Wille und Antrieb, Vergnügen und Freude. Was Gott tun will, das tut er gern. Gott kennt keine Lustlosigkeit. Er tut alles von Herzen, mit edlem, freigebigem Großmut.

Das Evangelium spiegelt Gottes spontane Dynamik. Als Adam fiel, ließ Gott ihn nicht liegen. Statt ihm eine Moralpredigt über zerstörerische Kompromisse um die Ohren zu hauen, ging Gott hin, um ihn neu aufzurichten, zu stärken, wiederherzustellen, zu kleiden, ihm eine Zukunft zu verheißen. So ist Gott! Von den ersten Seiten an dreht sich alles in der Bibel um Gottes unverhoffte, sorgende, totale Menschenliebe.

Diese Thematik wird schon im Alten Testament entwickelt. Durch alles, was Gott dort tut, werden bereits jene Prinzipien sichtbar, die uns die Evangelien vermitteln. Israel ist wie Gottes Leinwand, auf die er sein Charakterbild skizziert hat. Direkt in den Anfangskapiteln von 1. Mose erkennen wir:

1. Die Welt wurde gut geplant.
2. Die Schöpfung basiert auf Gottes Güte.
3. Die Geschichte wird zum Guten hin gestaltet.
4. Gott und das Gute werden über das Böse triumphieren.

Gottes Offenbarung in Jesus

Die Offenbarung Gottes kommt in voller Herrlichkeit mit Jesus Christus, und das ist der Grund, warum wir ihn predigen (s. Jo. 1,18). Er ist es, der den Gott des Alten Testaments auslegt. Sein verblüffend wunderbares Leben offenbart einen erstaunlich wunderbaren Gott. Jesus veränderte die Gottesvorstellungen der Menschen, indem er ihnen zeigte, wer er wirklich ist.

Gott kann nicht größer als er selbst sein, und Jesus brachte uns das höchstmögliche Gottesbild. Gott sucht nicht unsere Philosophien und Argumentationen über ihn, wie richtig oder falsch sie auch sein mögen. Unsere Kenntnis von Gottes Charakter gewinnen wir allein aus seinem

Umgang mit der Menschheit. Diese Hinweise sind alles, was wir brauchen. Gott selbst liebt uns und kam, um uns zu erretten und zur Erkenntnis seiner Herrlichkeit zu führen.

Sein tiefstes Wesen wird uns dort erkennbar, wo er am Kreuz hängt. Wer das vergisst, weiß nichts über Gott. Alles, was darüber hinausgeht, ist Spekulation und von keinem bleibenden Wert. Es mag noch andere Seiten des unendlichen Gottes geben, aber wir kennen sie nicht. Das Alte wie das Neue Testament machen klar, dass unsere Erkenntnis begrenzt ist:

„Das Verborgene steht bei dem HERRN, unserm Gott; aber das Offenbare gilt uns und unsern Kindern für ewig.“ (5. Mo. 29,28)

„Denn wir sehen jetzt … undeutlich, dann aber von Angesicht …; jetzt erkenne ich stückweise …“ (1. Ko. 13,12)

Trotzdem hat Gott seine Absichten klar ausgedrückt, und was er noch tun wird, können wir von dem ableiten, was er bereits vollbracht hat.

Gottes Offenbarung in der Schrift

Die Bibel ist unser letztgültiger Bezugspunkt, wenn wir nach Gottes Offenbarung Ausschau halten. Wir können die Bibel auf vielfache Weise betrachten: als Buch von der Rettung, vom Gottesreich oder vom Wort des Lebens. Aber vor allem und über alle anderen Erwägungen hinaus ist die Bibel Gottes Selbstoffenbarung: wer er ist, was er ist und was wir von ihm erwarten können.

Wirkliche Kenntnis darüber, wie Gott ist, bekommen wir nur aus der Schrift. Je besser wir die Bibel verstehen, desto besser verstehen wir Gott.

Der Glaube ist Glaube an den Gott der Bibel, nicht an eigene Theorien, wie Gott ist oder sein sollte. Denn mit dem bloßen Wissen, dass er allmächtig ist, unterbreiten ihm Leute höchstens eine Liste mit 50 verschiedenen Aufträgen, von denen sich viele widersprechen! Sie werden ihre Nächsten segnen und im gleichen Atemzug verfluchen. Aber Gott kann sich nicht widersprechen; weil Stimmigkeit eine Facette seines Charakters ist. Er tut nicht eine Sache und im nächsten Moment das genaue Gegenteil davon.

Wahrer Glaube gründet sich darauf, wie Gott ist, und das wissen wir zuverlässig nur aus der Schrift. Je besser wir die Bibel verstehen, desto besser verstehen wir Gott. Dies ist eine lebenslange Arbeit. Um Jesus zu verstehen, sollte man ins Alte Testament schauen: Was Gott dort war, ist Jesus im Neuen Testament und auch heute noch. Und um Gott im Alten Testament zu verstehen, studiere man Jesus im Neuen Testament: Jesus zeigt uns Jahwes wahre Natur.

Wir können zwischen Altem und Neuem Testament leicht ein unterschiedliches Bild von Gott aufbauen, wenn wir nicht seine ewige Treue würdigen. Zwar mögen Gottes Vorgehensweisen variieren, weil er den Menschen gern so begegnet, wie sie sind, und auf dem ihnen vertrauten Hintergrund, aber immer kommt das reine Licht seiner Liebe durch, selbst wenn es durch ein dunkles Glas gefiltert wird.

Dasselbe Licht durchstrahlt die klare Luft und den roten Horizont, schmutzige Fenster oder ein Prisma. Josua bekam das gleiche Licht, wie es Mose im brennenden Busch und die Apostel am Pfingsttag sahen. Dieses Licht erblickte Saulus vor Damaskus und Abraham einst durch Rauch (s. 1. Mo. 15,17). Gottes Liebe mag mit Zorn oder Gericht kommen, ist aber immer noch Liebe.

Es gibt eine vollkommene Einheit zwischen allen Offenbarungen, die Gott in seinem Wort über sich selbst gibt. Wir müssen diese Übereinstimmung vielleicht suchen, aber sie ist da. Deshalb durchkämmen wir die Schriften beständig nach ihrem inneren Kern und Zusammenhalt, nach der unfehlbaren Einheit Gottes.

Derselbe gestern, heute und für immer

„Jesus Christus ist derselbe gestern, heute und für immer“ (Hb. 13,8); selbst von Zeit und Mode lässt sich Gott nicht verbiegen. Nur wenn er so treu ist, macht ja auch unser Vertrauen Sinn; sobald wir aber einen Verdacht zulassen, Gott könnte sich untreu werden, ist unser Glaube eingeschränkt.

Einige Gläubige unter den sogenannten Dispensationalisten[6] meinen, dass Gottes Handeln vom Zeitalter abhinge, in dem wir gerade leben. Aber wandelte sich Gott nach der halben Apostelgeschichte und sprang von einer Epoche zur andern? Solch ein Denkansatz droht das Wort der Wahrheit zu **zerteilen**, bis ein Stück mit dem andern nichts mehr zu tun hat und Gottes Verheißungen wie in separaten, wasserdichten Zellen untergebracht sind. Dann wäre Gott nicht mehr derselbe von einer Zeit zur nächsten, sondern durch die aktuelle Ordnung der Dinge begrenzt. Wenn Gott nur unter gewissen Bedingungen derselbe bliebe, dann wäre auch er wechselhaft, und die Umstände veränderten ihn wie uns. Bei Menschen geschieht das ja oft im Laufe der Jahre, aber Gott ist nicht durch Zeiten beeinflussbar[7]. Ein starres Zergliedern von Gottes Wort in Zeiten und Perioden höhlt seine Verlässlichkeit aus. Erinnern wir uns, dass Gottes Wahrheit (hebr. auch „Treue"!) „von Geschlecht zu Geschlecht währt"!

Wenn immer erst genau studiert werden muss, ob wir Gottes Worte auch ja dem richtigen Heilszeitalter zugeordnet haben, wird unser Glaube strittig und schwach. Der Glaube basiert nicht auf einzelnen Schriftauslegungen, sondern auf dem ganzen, grandiosen Film darüber, wie Gott seit Beginn der Zeit gewesen ist. Manche dagegen trauen Gott dieses oder jenes nur zu, wenn sie sich überzeugt haben, im passenden Zeitabschnitt zu leben. Doch wie mir scheint, sendet die Bibel eine klare Botschaft: Des Herrn Treue richtet sich nicht nach dem Kalender!

Gott und Heilung

In 1. Mose 20 lesen wir die Geschichte von Abraham und Abimelech. Es ist der erste Heilungsbericht der Bibel: Abrahams Gebet brachte Vergebung und Heilung für den ganzen Haushalt des Philisterführers Abimelech. Die Idee dazu hatte aber nicht Abraham, sondern von Beginn an der Herr. Auf seine Weisung hin bat Abimelech Abraham, für ihn um Heilung zu beten.

Dies gehört zur Art, wie Gott wirkt. **Wenn Gott etwas Bestimmtes tun will, regt er Menschen zum Gebet dafür an**. Er inspirierte Abraham zum Beten und Abimelech zur Erwartung, dass Abrahams Gebet erhört würde. Alles kam von Gott. Und als er die Angehörigen jenes philistäischen Siedlers, eines heidnischen Mannes, heilte, hatte Gott sich festgelegt. Er durfte nie mehr anders sein, denn mit seiner Handlung hatte er etwas von seinem Wesen offenbart und konnte nicht mehr dahinter zurück.

Vielleicht kopiert Gott seine eigenen Taten nicht exakt. Er wiederholt sich nur selten, denn er hat einen unendlichen Speicher an neuen Verfahren und Plänen. Aber selbst wenn er nicht jeden heilen sollte, hat er sich doch als der Heiler bewiesen und gezeigt, dass er heilen will. Gottes Tun zeigt ein dahinter stehendes, unveränderliches Herz und Wesen – dieselbe Liebe und denselben Willen wie eh und je. Gegen diesen Charakter können seine Handlungen unmöglich verstoßen.

Der göttliche Imperativ

Wie wir gesehen haben, **muss** Gott das tun, was er ist. Gott kann nicht sein, was er ist, und nicht auch entsprechend handeln. Wenn er Liebe ist, **muss** er jemanden lieben. Wenn er Retter ist, **muss** er retten. Er **muss** heilen, weil er sich als Heiler offenbart hat.

Im Johannesevangelium drückt sich diese Tatsache durch die **Imperative** Jesu aus. In Jesu Worten: *„Ihr müsst neu geboren werden"* (Jo. 3,7 *hfa*), schwang mit, dass er selbst dies bewirken musste. Wir können uns ja nicht neu gebären, nur Gott bringt so etwas zustande. Jakobus 1,18 erklärt: *„Nach seinem Willen hat er uns durch das Wort der Wahrheit geboren."* Die Neu- oder Wiedergeburt kommt durch das Wort der Wahrheit, das Evangelium! Wenn die Menschen es also hören **müssen**, dann **muss** es auch jemand predigen: *„Wie sollen sie aber hören ohne Prediger?"* (Rö. 10,14 *sch*)

Die Menschen brauchen das Evangelium, und ihre Not erzeugt eine Not im Herzen Gottes – er hat es **nötig**, uns mit der Frohen Botschaft auszusenden. Sein Wissen, dass die Menschen wiedergeboren werden müssen, lässt ihn nicht einfach untätig und entgegen all seinem sonstigen Verhalten auf dem Thron sitzen. Gott kennt unsere Bedürftigkeit und sieht sich genötigt, ihr zu begegnen.

Ähnlich verhält es sich mit uns als Gottes Ebenbildern: Wenn wir von den Hungrigen in der Welt wissen, müssen wir für sie etwas unternehmen. Ihre Not bewirkt in uns die Not, Hilfe zu leisten. Wenn du und ich reichlich haben, können wir nicht nur dastehen und zusehen, wie unsere Nachbarn verhungern. Dasselbe gilt für die innere Nahrung. Unsere geistliche Hungersnot bringt Gottes Herz in Wallung, und so sollte auch unser Erbarmen für andere sein.

Als Jesus vom Erfordernis der Wiedergeburt sprach, fügte er fast umgehend hinzu: *„Der Sohn des Menschen **muss** erhöht werden."* (Jo. 3,14) Wieder dieses Wort „muss"! Um unserer Not zu begegnen, macht er sie zu seiner Not. Jesus lebte unter einem beständigen Empfinden für Gottes dringenden Willen. Er **muss** retten, weil wir der Rettung bedürfen. Daher sagte er: *„Ich habe noch andere Schafe"*, nämlich zu rettende Schafe, *„auch die **muss** ich herbeibringen!"* (Jo. 10,16)

Diese Gottesoffenbarung ist Grundlage für beides, den Glauben und die Evangelisation. Der Gott der Bibel, unser Herr Jesus, der Unveränderliche, wird uns nie im Stich lassen. Auf seine Anweisung hin und Hand in Hand mit ihm, gehen wir und machen ihn einer ausgezehrten Welt bekannt.

Eine Frage der Relevanz

Ich möchte daran erinnern, dass die Initiative nicht bei uns, sondern bei Gott liegt. Hinter allem steht sein aktivierender Geist. Die Frage ist nur, ob unsere Beteiligung am Wirken Gottes **bedeutend oder bedeutungslos** ausfällt.

Unser Zentrum ist Gott, nicht die Welt. Die Leute sagen, wir Christen seien exzentrisch. Exzentrische Objekte „eiern" um einen Punkt, der nicht im Zentrum sitzt. Aber gerade so etwas nennt die Bibel „Welt". Nicht die Gläubigen, die Christen, Evangelisten, Zeugen Jesu sind exzentrisch, sondern die Welt. Sie nämlich eiert herum, indem sie um sich selbst kreist, der Gläubige jedoch ist zentriert in Gott.

Viele Leute in den Kirchen wollen den christlichen Glauben bedeutsamer, relevanter machen: Wir sollten zeigen, welche Gemeinsamkeiten das Evangelium mit der Welt der Industrie, Unterhaltung und Wirtschaft hat. **Doch damit verdrehen sie die Sache.** Es geht nicht darum, ob sich Christi Botschaft mit der Welt koppeln lässt, sondern ob die Welt bereit ist, sich auf die Botschaft vom Kreuz einzulassen. Wie schlimm für die Welt, wenn sie das nicht tut; denn nach dem Kreuz wird sie gerichtet! Wenn die Welt keine Beziehung zum Evangelium hat, ist sie ohne Anker und treibt ins Verderben.

Andere Leute höre ich sagen, Evangelisten würden Fragen beantworten, die die Welt gar nicht stellt. Gott sei Dank – wir bieten der Welt schon die Antworten, bevor sie zu den richtigen Fragen kommt! Solange sie aber all die falschen Fragen stellt, wären auch alle Antworten falsch.

Relevanz ist eine Sache von Stand- und Zielpunkt. **Wir sind nur relevant, wenn wir uns in das Wirken des Heiligen Geistes einbringen.** Man sagt uns oft, unser Dienst müsse mit den Zeitläufen verzahnt werden. Das ist Unsinn[8]. Wir sind mit Gott verzahnt! Rad in Rad dreht sich die göttliche Maschinerie. Sie ist keine Maschinerie der Industrie, sondern des Himmels, und dafür müssen wir Sorge tragen! Verzahnung mit der Welt macht aus dem Evangelium nur eine Form von Materialismus, eine andere Art, Geld und Güter zu raffen. Relevant macht uns nicht, ob unsere Botschaft sich der Situation angleicht (*„Passt euch nicht den Maßstäben dieser Welt an!“* mahnt die Bibel in Rö. 12,2 *gn*), sondern ob umgekehrt die Situation der Wahrheit Christi entspricht. Wirklich, die „Welt“ hat keine Bedeutung, wenn sie sich nicht zu Gott hält.

Wir müssen unsere Prioritäten richtig setzen. Entweder kommen wir in den Hauptstrom der Offenbarung, nämlich Gottes Liebe zu einer zerrütteten Welt, oder wir geraten in ein totes Gewässer voll Treibgut aus Theologenstreit und Kirchenpolitik. Unsere höchste Vorliebe muss mit der des Heiligen Geistes identisch werden. Warum ist der Heilige Geist hier? Er wurde gegeben, um Zeugen aus uns zu machen, und unterstreicht selbst das Werk Christi, treibt es in Menschenleben an (s. Jo. 16,9-11.13 ; Apg. 1,8). Wenn wir uns im Geist bewegen wollen, müssen wir uns **diese** – seine – Wirkungsweise aneignen.

Manche Personen, die von Bewegung **im** Geist sprechen, denken und handeln anscheinend so, als würden sie **den Geist bewegen**. Das ist nicht biblisch. *„Wer unterrichtete den Geist des Herrn, und welcher Ratgeber hat ihn unterwiesen?“* (Jes. 40,13 *sch*) Er bewegt sich nicht im Geheimen und kommt dann plötzlich, in einer neuen und unerwarteten Richtung, herausgeschossen, nur von wenigen Mitgliedern einer geistlichen Elite wahrgenommen. Nein, noch immer finden wir Gott offen bei der Arbeit an unzähligen Menschen, die ganz unten sind: Sündenbeladene, Hoffnungslose, Ausgestoßene. „Gehen mit Jesus“ – das ist ein besserer Ausdruck als „Bewegung im Geist“. Folge ihm, und du wirst gehen, wohin er geht, Gutes tun und alle heilen, die vom Teufel überwältigt sind (s. Apg. 10,38).

Anmerkungen:

1 Engl. Wortspiel: „Faith is first caught, then taught."

2 Friedrich Nietzsche hat gesagt: „Bessere Lieder müssten sie mir singen, dass ich an ihren Erlöser glauben lerne: erlöster müssten seine Jünger aussehen." Ein ähnliches Zitat wird Voltaire zugeschrieben.

3 Genau zu diesem Zweck, dass die Leser durchtragend **glauben** mögen, hat Johannes ja sein spätes Evangelium „nachgeliefert": „Diese aber sind geschrieben, damit ihr glaubt, dass Jesus der Christus ist, der Sohn Gottes, und damit ihr **glaubend** Leben habt in seinem Namen." (Jo. 20,31; vgl. auch 19,35)

4 Eine alte englische Übersetzung

5 Wortspiel im Engl.: „The outcome of believing is income from God: Ongoing faith enjoys incoming life."

6 Dispensationalismus: Eine ursprünglich durchaus biblisch-seriöse, christliche Sicht der Heilsgeschichte: Ihr zufolge hat Gott sich den Menschen in verschiedenen Heils-Epochen mit entsprechenden Bundesschlüssen und Sühnungs-Varianten (vgl. Erlass = „Dispens") offenbart – bis hin zu ihrer endgültigen Erfüllung in Jesus Christus. (Dispensationen z. B.: Schöpfung, Fall, Vorsintflut, Patriarchen, Gesetz, Gnade, Christus.) Bibelhinweise: Gal. 5,24; 1. Ko. 10,4; Rö. 10,4; Rö. 5,20 u. v. a.

7 D. h., Gott ist nicht zu manipulieren oder kommandierbar. Andererseits zeigt Gott sehr wohl Gefühle, lässt sich erbitten, ändert gleichsam Vorhaben aus triftigen Gründen usw. … (ein feines Geheimnis!). Anders gesagt: Gott ist höchst flexibel und reaktionsfähig, aber nicht wetterwendisch (vgl. 1. Mo. 6,6; 1. Mo. 18,17-33; Jer. 18; Hes. 18; Jona 4,11 u. a.)

8 Natürlich kann man Formen und Methoden wandeln, um den Menschen Christi Retterliebe bestmöglich nahe zu bringen (vgl. 1. Ko. 9,22). In unserer Frage aber geht es um die Inhalte!

Kapitel 5

Einen Wunder wirkenden Christus predigen

Nur wenn wir Jesus als den offenbarten, erhöhten Sohn Gottes begreifen, werden wir auch seine freigesetzte Kraft im Dienst erleben. Jemand schrieb ein Buch mit dem Titel „Der Mann, den niemand kennt". Natürlich weiß ich, dass Jesus selbst sagte: *„Niemand erkennt den Sohn als nur der Vater, noch erkennt jemand den Vater als nur der Sohn und der, dem der Sohn ihn offenbaren will"* (Mt. 11,27). Jesus bezieht sich hier auf das Geheimnis „Gott im Fleisch", das über unser Fassungsvermögen geht. Aber auch wenn wir seine unendliche Größe nicht begreifen, können wir ihn doch als Retter und Herrn erkennen.

Es gibt verschiedene Stufen, eine Person zu kennen, ohne dass wir damit ihr ganzes Wesen ergründet hätten. Wie viele haben schon geseufzt: „Ich verstehe meine Frau einfach nicht!" Jawohl, wir können Gott selbst kennen, allerdings nur durch die Offenbarung Jesu. Gott zu kennen, ist für die Bibel ein wesentlicher Teil des Heils: Wenn wir gerettet sind, erkennen wir Gott (vgl. Jo. 17,3).

Mit den Worten von Paulus, auch im Lied besungen, kann ich sagen: *„Ich weiß, wem ich geglaubt habe!"* (2. Ti. 1,12). Ich weiß, was er ist und wer er ist. Ihn zu kennen ist „ewiges Leben", ein immer neues Wunder. Wir können *„in der Gnade und Erkenntnis unseres Herrn und Heilandes Jesus Christus"* wachsen (2. Pt. 3,18). Mit der Zeit lernen wir Gott besser kennen, aber sein Grundcharakter bleibt unverändert. Es ist wahr, *„jetzt sehen wir nur ein unklares Bild"* (1. Ko. 13,12 *gn*) und noch nicht von Angesicht, aber jetzt schon bedeutet er mir alles!

Was für einen Christus predigen wir?

Wenn Christus gepredigt wird, ist die Frage: welcher Christus? Vor allem sollte es der sein, den man kennen lernen kann. Ich nenne ihn „meinen Jesus", „meinen Herrn", „meinen Gott". Im ganzen Neuen Testament hatten Männer und Frauen eine persönliche Beziehung zu Jesus. Maria

Magdalena zum Beispiel nennt ihn *„Rabbuni!"* – *„Mein Meister!"* (Jo. 20,16), und im selben Kapitel (V. 28) ruft der Apostel Thomas aus: *„Mein Herr und mein Gott!"*

Paulus sprach von Jesus mit der gleichen innigen Zuneigung wie Maria: *„Das Leben, das ich jetzt noch … lebe, lebe ich im Vertrauen auf den Sohn Gottes, der mir seine Liebe erwiesen und sein Leben für mich gegeben hat."* (Gal. 2,20 *gn*) Dem können sich viele von uns gefühlsmäßig leicht anschließen. Sie sagen: „Er ist mein Retter!" oder: „Der herrliche Heiland gehört mir!" Der Jesus aber, den ich kenne, ist so herrlich, dass ich nicht anders kann, als von ihm zu reden. Dieser Jesus starb am Kreuz für mich, und darum predige ich ihn, *„Christus, den Gekreuzigten"* (1. Ko. 2,2 *gn*).

Heute jedoch werden neue, bisher nicht bekannte „Christusse" angeboten. Der Jesus, von dem manche reden, scheint nicht der Eine zu sein, den ich kenne, *„völlig entstellt und kaum mehr als Mensch zu erkennen"* (Jes. 52,14 *hfa*). Ich denke kaum, dass er sich in einigen Abbildungen überhaupt wiederfindet: als toter Christus im Schoß der lebenden Mutter, als hilfloses Baby in ihrem Arm oder verstorben am Kreuz. Mit solch einem Christus kann man keinerlei persönliche Beziehung haben. Es gibt viele solcher Jesus-Vorstellungen, die ich nicht nachvollziehen kann.

Neue Theologien reden vom politischen Christus, vom revolutionären Christus, vom liberalen, vom humanistischen Christus, vom religiösen Christus (nur unbeirrt dasitzend, wie Buddha), vom historischen Christus, von einer unnahbar großen Gottheit usw. Der Jesus, den ich kenne, ist völlig anders. Er ist ein warmer, sorgender Jesus, den ich lieben kann. Ich bewundere ihn nicht nur wie einen entfernten Berg oder Stern; das wäre niemand, zu dem ich „mein Jesus" sagen könnte.

Die Suche nach einem historischen Jesus

Viele neuere Studien über Jesus haben eins gemeinsam: Sie rauben ihm alles Übernatürliche – keine Jungfrauengeburt, keine Wunder, keine leibliche Auferstehung, keine Himmelfahrt. Früher wurde Christus bei seiner Kreuzigung entkleidet, heute will man ihm alles wegreden, was diesen Tod zum ewigen Triumph machte. Doch der Jesus, den Menschen verehrt und für den sie ihr Leben gegeben haben, war der Wunder wirkende Jesus, der sie heilte und zu neuen Geschöpfen machte. Er war selbst ein Wunder! Als Sohn einer Jungfrau wurde er geboren, als Gekreuzigter wurde er zum Bezwinger des Todes. Wir müssen **diesen** Jesus verkündigen. Es kümmert mich nicht, was manche Gelehrte sagen. Ich kenne ihn. Ich weiß, was er mir bedeutet und was er tun kann.

Kein normaler Sterblicher hätte uns vor den Flammen der Hölle retten können; es ist das Werk des Fleisch gewordenen Gottes! Christus durchlief alle Instanzen bis zum obersten Gericht, erfüllte die Forderungen der ewigen Justiz und brachte uns die Begnadigungsurkunde vom höchsten Richter mit! Einer, der sich in diese Dimension begeben hat, kann nur ein „Wunder-Christus" sein.

Wir Menschen brauchen mehr als einen politischen Revolutionär mit sozialem Evangelium oder einen religiösen Führer mit neuem System, mehr als einen ethischen Christus oder einen erhabenen himmlischen Geist. Wir ersehnen den göttlichen Christus, der unsere Sünden am eigenen Leib aufs Holz tragen konnte (s. 1. Pt. 2,24).

Wir bekommen unseren Christus nicht von den Historikern. Ob Flavius Josephus ihn erwähnt oder nicht, spielt keine Rolle. Er ist mehr als ein historischer Jesus, von dem uns die Geschichtsschreiber berichten. Ein Jahrhundert lang versuchten die Gelehrten, Jesus als große geschichtliche Figur, aber ohne Übernatürlichkeit darzustellen. Bekanntlich zerstörte dann Dr. Albert Schweitzer in seinem berühmten Werk „Geschichte der Leben-Jesu-Forschung" (1906)[1] die Idee, Jesus sei nur ein Morallehrer gewesen. Dabei war Dr. Schweitzer kein „Evangelikaler"[2], sondern suchte eigentlich in vielen Büchern nach Beweisen für diese irrige Lehre. Dutzende von Gelehrten hatten sich aufgemacht, ein Bild vom historischen Jesus zusammenzusetzen, das ihn nur als Lehrer und ohne Wunder zeigt. Aber wie Dr. Schweitzer feststellte, gab es unter ihnen keine Übereinstimmung.

Es ist unmöglich, Jesus von seiner Göttlichkeit und seiner wunderbaren Kraft zu trennen. Fast alles, was wir von ihm wissen, wird uns in einem übernatürlichen Rahmen vermittelt. Nimm das Element der Wunder fort, und die Geschichte fällt auseinander! Heilungen sind keine Nebensache, keine hier und dort eingestreute Magie. Sie gehören zum Wesen des Evangeliums. Johannes etwa schreibt über sein Buch voller Zeichen und Wunder: *„Diese* [Zeichen] *aber sind geschrieben, damit ihr glaubt, dass Jesus der Christus ist, der Sohn Gottes."* (Jo. 20,31) Wo hingegen endet eine Jesusdarstellung ohne Wunder? Beim „Mann, den niemand kennt."

Jesus ist weit mehr als eine historische Figur. Jenseits von Zeit und Raum her kommend, betrat er die Weltgeschichte und veränderte sie. Er ist ihr Schlüssel und Brennpunkt. Geschichte bezieht sich entweder auf ihn oder sie ist sinnlos. Er erklärt alles; ohne ihn geht nichts auf. Er ist die Achse der Schöpfung.

In der Zeitung las ich von gewissen „Jesus-Seminaren", wo 43 ungläubige Akademiker und selbsternannte Experten entschieden, was Jesus getan hat und was nicht, was er gesagt hat und was nicht, welche Evangeliums-Teile wir getrost wegtun und welche wir behalten können. Es ist noch immer das gleiche Spiel, das gleiche Gedankenkarussell wie zu Dr. Schweitzers Zeiten. Sie nehmen den Evangelien alles, was Jesus so einzigartig macht, um dann zu sagen, dass er sich gar nicht von andern unterscheidet! Welch eigenartige Logik: Man streicht jeden Hinweis auf ein Wunder als „unhistorisch", um ein Bild vom historischen Jesus zu bekommen!

Nur dafür, dass sie die Wunder überhaupt erwähnen, kann ich solchen „Experten" ein Kompliment machen, denn so bekommt die Sache eine enorme Öffentlichkeitswirkung, da die gottlose Presse natürlich entzückt ist über solche „Ergebnisse". Inhaltlich aber finden die Mitglieder des „Jesus-Seminars" nur wenig, was sie für wahr halten. Am liebsten würden sie Jesus zum harmlosen Wanderprediger machen, um den sich aus mancherlei Gründen viele Legenden gebildet haben. In Wahrheit sind sich diese selbsternannten Autoritäten über gar nichts gewiss. Einer von ihnen hat sogar gesagt, es gebe wohl zu Christus nur eine einzige Feststellung, deren man sich ziemlich sicher fühlen könne.

Wahrscheinlich kennen Sie diese ganze Kontroverse, die ich nur aus einem Grund erwähne: Entweder glauben wir an einen übernatürlichen Christus, den Gottessohn Jesus mit Zeichen und Wundern, oder wir brauchen ihm keinen zweiten Gedanken zu schenken. Wie wundervoll seine Ethik auch sein mag, ohne Wunder hat sie keine göttliche

Dynamik, so dass aus der Bergpredigt ein Berg wird, der schwerer zu besteigen ist als der Mount Everest.

Die bloße Geschichte kann uns unseren Jesus weder geben noch nehmen. Ganz anders die vier Evangelien. Sie sind, darüber sollten wir uns im Klaren sein, keine gefühlsseligen Erinnerungen, sondern Gottes Wort und entsprechend geschrieben. Kein Buch der Welt ist den Evangelien vergleichbar. Sie sind nicht einfach nur Aufzeichnungen, wie man sie etwa über Bismarck kennt, sondern Offenbarungen des von Jesus erzählenden Heiligen Geistes. Darum brauchen wir auch den Heiligen Geist, der uns zu ihrem Verständnis die Augen öffnet. Mit anderen Worten, wir benötigen eine Offenbarung wie Petrus, der Jesus nicht durch Fleisch und Blut erkannte, sondern durch den Vater im Himmel (s. Mt. 16,17). Anfang und Ende der Evangelien sind bemerkenswert. Kein anderes Buch beginnt oder endet wie sie. Im **Matthäus**-Evangelium startet Christus als Sohn Davids und steigt am Schluss zur Allmacht auf. **Markus** fängt beim Sohn Gottes an und blendet damit aus, dass der Auferstandene seine Jünger in die ganze Welt begleitet. **Lukas** spannt den Bogen vom Sohn Marias und Josephs bis zum Abschied in Herrlichkeit. **Johannes** zeigt zum Auftakt Jesus als Wort, das immer bei Gott war, und zum Ausklang sein Mahl mit den Jüngern am See. Schon allein diese Anfänge und Schlüsse zeigen uns, dass wir einen Christus zu verkünden haben, der über alles menschliche Leben hinausgeht. Wird dieses Wunderelement aufgegeben, bleibt kein christlicher Glaube mehr übrig. Unser Evangelium ist entweder übernatürlich oder wir müssen es ausrangieren. Doch das tun wir nicht, denn wir sehen seine übernatürlichen Ergebnisse!

Jesus heute

Wir brauchen den Christus der Evangelien! Wenn, dann müssen wir den wahren Christus predigen und nicht den, der vom überlieferten Original abweicht. Wenn wir zum Beispiel keinen heilenden Jesus verkündigen, ist es nicht derselbe Christus wie in den Evangelien. Seine Wunder waren sein Ausweis. Das ist er, und diesen Pass trägt er noch immer. Die Himmelfahrt hat seinen Charakter nicht im Geringsten verändert! Nach wie vor beglaubigen seine Wunder seine Identität. Wie soll bekannt werden, dass unser Jesus der biblische Jesus ist, wenn er keine mächtigen Werke mehr vollbringt?

Die Apostelgeschichte des Lukas beginnt so: *„Den ersten Bericht habe ich abgelegt, lieber Theophilus, über alles, was Jesus zu tun und zu lehren begann."* (Apg. 1,1 *sch-ü*) Das Wort „begann" zeigt deutlich, dass er sein Werk auch fortsetzt. So gesehen, ist die Apostelgeschichte ein Porträt von „Christus – weiter an der Arbeit". Sie dokumentiert, dass der Jesus der Evangelien nicht nur in der himmlischen, sondern auch in der physischen Welt Kraft ausübt. Das heißt, wenn wir ihn als Retter predigen, müssen wir ihn auch als Heilenden predigen.

Das Buch Offenbarung stammt *„von ihm, der ist und der war und der kommt"* (Off. 1,4). Wir dürfen ihn als den kennen, der er immer war, weil er das unaufhörlich in seinen Taten beweist. Einen Grenzstein mögen wir erkennen, auch wenn er nichts tut. Aber um Personen zu identifizieren, müssen wir sie lebendig und in Aktion sehen. Gerade so erkennen wir Jesus – indem er heute wie damals handelt. Wie könnten wir sonst sicher sein, dass er es ist?

Hebräer 13,8 erklärt, dass Jesus derselbe ist – gestern, heute und für immer. Viele beanspruchen, diesen Vers zu glauben, doch dann drehen sie sich um und sagen, er täte nicht mehr das, was er einst zu tun pflegte! Sie zitieren den Text, doch dann schränken sie ihn ein. Wir haben kein Recht, Gottes Wort einzuschränken! Wenn wir über Wunder und übernatürliche Heilungen sprechen, müssen wir uns daran erinnern, dass sie im Leben Jesu Christi keine Randerscheinungen waren. Vielmehr gehörten sie zu seinem grundlegenden Dienst, wie Petrus beobachtet hat: *„Wo er hinkam, tat er Gutes und heilte alle, die vom Teufel überwältigt waren."* (Apg. 10,38 *gn/hm*) Wer Jesus kennt, kann nie und nimmer glauben, dass er sich von seiner Barmherzigkeit verabschiedet hat. So viele vertrauen ihm, er wird sie niemals fallen lassen. Unsere Menschheitsnot, die so groß wie eh und je ist, wird der Jesus, den ich kenne, keinesfalls übersehen.

Der Gesalbte

Bei seiner Rückkehr nach Nazareth las Jesus aus Jesaja 61,1f: *„Der Geist des Herrn ist auf mir, weil er mich* ***gesalbt*** *hat; er hat mich gesandt, den Armen frohe Botschaft zu verkünden, zu heilen, die zerbrochenen Herzens sind, Gefangenen Befreiung zu predigen und den Blinden, dass sie wieder sehend werden, Zerschlagene in Freiheit zu setzen, zu predigen das* *angenehme Jahr des Herrn.“* (Lk. 4,18f *sch*) Nach Verlesen dieser Worte sagte er den Versammelten: *„Heute ist diese Schrift vor euren Ohren erfüllt!“* (V. 21) Bei dieser wichtigen Gelegenheit also erklärte Jesus, er selbst sei „der Gesalbte“, der Messias (Christus).

Die besagte Salbung des Christus ist hier besonders verknüpft mit seinem Dienst der Heilung und Befreiung. Petrus erzählte dem Haushalt des Kornelius (Apg. 10,38 *alb/hm*): *„Jesus von Nazareth, von Gott mit der Kraft des Heiligen Geistes gesalbt ... hat Gutes getan und alle geheilt, die vom Teufel überwältigt waren; denn Gott war mit ihm.“*

Und heute ist er immer noch Christus, der Gesalbte, mit derselben Sendung, die Bedrängten freizusetzen und zu heilen! Wann immer wir ihn „Christus“ nennen, gebrauchen wir geradezu ein Codewort für seinen Heilungsdienst. Wenn ein Leser nicht glaubt, dass er auch heute heilt, warum nennt er ihn Christus? Was für eine Sorte Christus wäre jemand, der nicht heilt?

Errettung, Vergebung und leibliche Heilung sind in der Schrift eng verbunden. Jesus vergab Sünde und beseitigte das Urteil über sie. Heilung ist ein Zeichen für Vergebung. Der Name Jesus bedeutet Rettung von Sünde (Mt. 1,21), und der Name Christus ist unauflösbar mit körperlicher Befreiung verknüpft. Keine Bibelstelle sagt mir, dass Jesus Christus **nicht** derselbe gestern, heute und für immer ist – im Gegenteil! Seine Wunder sind nicht nur Illustrationen der geistlichen Rettung, sondern Verheißungen, dass er solche Dinge auch heute tun will. Es ist falsch, Leib und Seele so zu trennen, dass das Heil wohl auf die Seele angewandt wird, aber nie auf den Leib. Denn Gott liebt die ganze Person!

Kirchengeschichte und Wunder

In einem kleinen Exkurs nehme ich Stellung zu Aussagen von Dr. Benjamin Warfield vom Theologischen Seminar Princeton, der ja ein scharfsinniger evangelikaler Theologe war. Heute beruft man sich gern auf ihn als wichtigen Befürworter der „Keine-Wunder-Theologie“.

Warfield bestand darauf, dass Wunder mit dem Tod der Apostel aufgehört hätten. Eines seiner Hauptargumente war, die Kirchengeschichte kenne ab dem zweiten Jahrhundert keine Berichte mehr über Wunderwirkungen. Selbst wenn das stimmen würde (dazu später mehr), erstaunt mich solch eine Begründung. Das 19. und das 20. Jahrhundert gehören doch ebenso zur Kirchengeschichte wie das zweite oder dritte, und die letzten hundert Jahre haben der Kirche ihre größte Ausbreitung überhaupt gebracht und sich somit als sehr bedeutender Teil ihrer Geschichte erwiesen! Diese Expansion aber erfolgte weitgehend durch die Verkündigung des vollen, übernatürlichen Evangeliums. **Also wäre selbst ein vorheriger Mangel an Zeichen und Wundern kein Grund, sie jetzt abzulehnen. Warum sollten Jahrhunderte des Unglaubens es schaffen, der gegenwärtigen Welterweckung ihre Totenhand aufzudrücken?**

Außerdem ist es nicht korrekt zu sagen, dass frühere Jahrhunderte frei von Wunderzeichen waren. Zwar ist dies nicht mein Spezialgebiet, aber viele, die sich mit den frühen Kirchenvätern auskennen, haben gelesen, dass es sehr wohl auch in den nachapostolischen Jahrhunderten göttliche Heilungen gab. Jesus hat niemals sein Erbarmen mit den Kranken verloren! Und selbst falls es ein Nachlassen an Wunderwirkungen gegeben hat, beweist das gar nichts, denn heute geschehen Heilungen weltweit. Ja, Jesus ist weiterhin fleißig!

Lassen Sie mich meine bescheidene Erfahrung hinzufügen und davon Zeugnis ablegen, was während unserer eigenen Großevangelisationen geschieht. Wir sehen eine Neuauflage der Apostelgeschichte – und mehr als das! Szenen, die vor 2.000 Jahren unmöglich gewesen wären, sind heute eine übliche Erfahrung, weil man mit den modernen Kommunikationsmitteln Zugang zu weit größeren Menschenmengen findet. Zum einen werden wie in der apostolischen Zeit Blinde, Taube, Kranke, Lahme und dämonisch Besessene gesund. Zum andern aber bekehren sich nicht nur wie am ersten Pfingsttag Tausende, sondern Zehntausende und sogar Hunderttausende zu Christus! Täglich werden der Gemeinde Jesu weltweit nicht 3.000-5.000, sondern 150.000 Menschen hinzugefügt.

Zu Dr. Warfields Thesen wage ich noch eine weitere Anmerkung: Als Bibellehrer und Theologe von hohem Rang trichterte er allen ein, dass die Bibel die einzige Lehrquelle ist; selbst aber machte er kirchengeschichtliche Aufzeichnungen zum Kriterium für biblische Wahrheit. Mir kommt das, milde gesagt, sehr fragwürdig vor. Die Bibel als inspiriertes Wort Gottes hat absoluten Vorrang. Sie deutet Geschichte, nicht umgekehrt.[3]

Zurück zum Missionsauftrag

William Carey, „Vater“ der modernen Mission, forderte im 18. Jahrhundert die Baptisten und ihre gängige Theologie heraus. Diese besagte, Gott würde retten, wen er retten wolle, und hätte nicht nötig, dass wir uns dafür einsetzen. Carey hielt dagegen, dass wir die Zusagen im Missionsbefehl nur dann erfahren werden, wenn wir auch den Auftrag ausführen. Damit lag er richtig. Doch was hat der Missionsbefehl mit Zeichen und Wundern zu tun? Ich will es gern erklären.

Die klassische Form des großen Missionsauftrags steht in Matthäus 28,18-20 und gebietet uns: *„Geht nun zu allen Völkern der Welt und macht die Menschen zu meinen Jüngern ...!“* (*gn*) Am Anfang aber steht: *„Jesus trat auf sie zu und sagte: Mir ist unbeschränkte Vollmacht im Himmel und auf der Erde gegeben.* **Darum** *geht nun zu allen Völkern ...!“* (*gn-ü*) Er sandte also seine Jünger erst aus, als Macht – himmlische Autorität – **verfügbar** war. Diese Kraft war nicht nur zur Anwendung in geistlichen Sphären reserviert, sondern Kraft **auf Erden**, also eine Kraft, die physische Resultate hervorbringt.

Der Bericht nach Markus (16,15ff) stellt unmissverständlich klar, dass die Jünger bei der Erledigung ihrer Aufgabe auch Wunder erwarten sollten:

„Er sprach zu ihnen: Geht hin in die ganze Welt und predigt das Evangelium der ganzen Schöpfung! ... Diese Zeichen aber werden denen folgen, die glauben: In meinem Namen werden sie Dämonen austreiben; sie werden in neuen Sprachen reden, werden Schlangen aufheben, und wenn sie etwas Tödliches trinken, wird es ihnen nicht schaden ...“

Wie uns Lukas 24,47ff verrät, gab Jesus seinen Jüngern noch die Anweisung, auf diese Wunderkraft zu warten, bevor sie zu ihrer Mission aufbrachen: *„In* [meinem] *Namen muss Umkehr zur Vergebung der Sünden gepredigt werden allen Nationen, anfangend von Jerusalem ... Und ich sende die Verheißung meines Vaters auf euch. Aber bleibt in der Stadt, bis ihr bekleidet werdet mit Kraft aus der Höhe!“* (*-ü*)

Das Johannesevangelium schließlich drückt Jesu klare Erwartung aus, dass wir die Art von Wundern tun, die er auf Erden tat – und mehr! Ich zitiere (Jo. 14,12; 17,18; 20,21f *hfa*):

„Eins ist sicher: Wer an mich glaubt, wird die gleichen Taten vollbringen wie ich, ja sogar noch größere; denn ich gehe zum Vater."

„Wie du mich in die Welt gesandt hast, so sende ich sie in die Welt."

„Wie mich der Vater gesandt hat, so sende ich euch … Empfangt [den] *Heiligen Geist!"*!

Auch in Apostelgeschichte 1,8 (*-ü*) werden Kraft und Zeugnis einander klar zugeordnet, wenn Jesus sagt: *„Ihr werdet Kraft empfangen, wenn der Heilige Geist auf euch kommt, und werdet meine Zeugen sein … bis ans äußerste Ende der Erde."*

Die apostolischen Briefe offenbaren eine ähnliche Erwartung von Kraft in Verbindung mit der Evangeliumsverkündigung. Dutzende von Stellen wie etwa 1. Korinther 2,4 könnten zitiert werden, wo Paulus an seinen unter Bestätigung des Geistes erfolgten Predigtdienst erinnert. Wenn wir den Missionsbefehl erfüllen, dürfen wir zu Recht erwarten, dass sich auch dessen Verheißungen mit begleitenden Zeichen erfüllen. Wenn **wir** tun, was Gott sagt, tut auch **Gott**, was er sagt!

Das Reich Gottes

Das Übernatürliche zählt zur Handschrift des Reiches Gottes. **Wo sein Reich ist, wird Wunderkraft sichtbar.** Das ist wichtig. Aber zuerst sollten wir uns kurz mit dem Begriff „Reich Gottes" beschäftigen.

Der große Unterschied zwischen den Zeiten vor und nach Christus ist die **bleibende Gegenwart** des Heiligen Geistes. Gelegentlich kam der Geist schon auf Einzelpersonen des Alten Testaments. Zum Beispiel erfuhren Mose, Elia, Elisa, Simson oder Gideon zeitweise die Kraft des Heiligen Geistes; und von ihm bewegt, sprachen die Propheten. Doch keiner hatte die **Taufe im Heiligen Geist** erlebt[4] – bis Jesus kam! Von ihm ging dann auch der herrlichste Wunderstrom aus, den die Welt je sah. Schon vor seinem Tod und der Auferstehung sagte Jesus, er werde seinen Geist für immer zu seinen Jüngern senden (s. Jo. 14,16f). Und wirklich, nach dem Pfingsttag wohnte der Heilige Geist in der Gemeinde Jesu.

Das Ergebnis waren mächtige, nie gekannte Krafttaten. Die Blinden, Tauben und Verkrüppelten wurden wiederhergestellt – Ereignisse, die im Alten Testament nicht einmal erwähnt werden. Auch Dämonen wurden nicht ausgetrieben, bis Jesus (und dann seine Jüngerschar) es per Machtwort tat. Speziell dies belegte die große Wende in der göttlichen Haushaltung. Jesus sagte: *„Wenn ich ... durch den Finger Gottes die Dämonen austreibe, so ist ... das Reich Gottes zu euch gekommen!“* (Lk. 11,20) Als auf Christi Wort hin üble Geister vertrieben wurden, war es nichts Sporadisches, sondern ein Zeichen für das gegenwärtige Gottesreich!

Mit anderen Worten, **Wunder sind ein wesentliches, fortgesetztes Merkmal des Reiches Gottes. Wenn sein Reich unter uns ist, kommt es auch zu Wundern**; und wenn es Wunder gibt, ist Gottes Reich unter uns. Christi Königreich erhielt einen Stützpunkt auf Erden, als er kam und die Kräfte des Reichs zu wirken begannen. Zeichen und Wunder sind wie ein gültiger „Stempel“ des Reiches Gottes – wir sollten sie weder verneinen noch aufbauschen. Längst erlebe ich, wie sie einfach der Wortverkündigung folgen.

Eine Warnung möchte ich allerdings auch anfügen. Alle möglichen Leute schreien heute nach dem Übernatürlichen. Viele rennen von Kirche zu Kirche und Tagung zu Tagung, um hoffentlich Zeichen und Sensationen zu sehen. Aber ist pure Übernatürlichkeit alles am Christentum? Nein, im Evangelium steckt weit mehr als das Kurieren von Krankheit. Die großen Taten Gottes umfassen Errettung, Gemeindeaufbau, offenbar werdende Geistesfrüchte im Leben der Gläubigen und dass man von Tag zu Tag zusehends in Jesu Ebenbild verwandelt wird. Auch die Gemeinschaft der Heiligen zählt dazu, doch ist sie wertlos, wenn wir nur nach Zeichen und Wundern unterwegs sind. Kranke zu heilen bedeutet auch, einander Lasten zu tragen, und dazu müssen wir die Menschen und ihre Bürden **kennen**.

Damit kommen wir zu vier Prinzipien des Reiches Gottes, die für jede christliche Arbeit von großer Bedeutung sind:

1. Jesus „kann“ nur das sein, was er in deiner Verkündigung ist.

Das erste der vier Prinzipien enthält den Keim der andern drei, und ich hoffe, damit gibt dir dieses Buch etwas Kostbares in die Hand: Jesus wartet darauf, dass wir sagen, wer er ist! Bezeuge ihn als Retter, und er rettet; verkünde ihn als Heilenden, und er heilt – wenn du es nicht tust, kann er es gewissermaßen praktisch nicht! Schildere ihn als Vergebenden oder Friedensquelle, dann kann er den Zuhörern all dies werden! Sage das Evangelium, dann wird das Evangelium geschehen!

Wenn du aber eine kleine moralische Abhandlung weitergibst, gesprächig mit dem Ellbogen aufs Pult gelehnt, dann wird das einzig geschehende Wunder die Heilung von Schlaflosigkeit sein, weil eine so „schwungvolle Rede" ausreicht, um jeden einschlafen zu lassen!

Wenn du einen Wunder wirkenden Jesus verkündigst, wird er ein Wunder wirkender Jesus sein. Der Heilige Geist kann nur die Wahrheit segnen, die du ihm zu segnen erlaubst. Er kann niemandem die Wahrheit göttlicher Heilung bestätigen, wenn du nur über die göttliche Erhabenheit sprichst. Wenn du über deinen Glauben sprichst und dabei regelmäßig die Hölle zum Thema hast, begrenzt das den Heiligen Geist. Wenn du keine Salbung spürst, wartet der Heilige Geist vielleicht darauf, dass du etwas sagst, was er salben **kann**: seine klar übermittelte Wahrheit.

2. Gottes souveräner Wille – ausgeführt von uns.

Das Markusevangelium sagt uns, dass Jesus nach der Himmelfahrt mit seinen Jüngern „zusammenarbeitete" (Mk. 16,20). Oft sprechen wir von Gottes erhabenem, souveränem Willen, doch er führt diesen gewöhnlich durch **uns** aus, wobei wir meist **zuerst** etwas tun müssen. Souveränität heißt nicht Geheimsache; das Wort wird oft grob missverstanden und missbraucht, außerdem steht es nicht in der Bibel. Ja, Gott ist unser souveräner Herr, aber er ist nicht unberechenbar. Wenn wir Gottes Willen nicht kennen, sollte sich das dringend ändern[5]! Sein Wort ist sein Wille. Psalm 103,7 führt aus: *„Er hat seine Wege Mose kundgetan, den Kindern Israel seine Taten."* Wäre Gott völlig unberechenbar, könnten wir wohl kaum Vertrauen zu ihm haben. Doch wir dürfen uns auf seinen heiligen, unfehlbar göttlichen Charakter verlassen.

In seiner Souveränität hat Gott geplant, dass wir ein Mitspracherecht haben. *„Sollte ich vor Abraham verbergen, was ich tun will?"* (1. Mo. 18,17) Er geht sogar noch weiter; denn Jesus sagt: *„Ihr werdet bitten, was ihr wollt, und es wird euch geschehen."* (Jo. 15,7) Der einzige Vorbehalt ist, dass wir **in Verbindung mit ihm bleiben**. Gott erzählte Abraham nicht nur, was er vorhatte, sondern hörte auch seine Einwände an und stimmte sogar seinen Wünschen zu – nachzulesen im Bericht von Sodom und Gomorrha (s. 1. Mo. 18,16-33). Auch andere weihte Gott in Geheimnisse ein. Denn *„der HERR … tut nichts, ohne dass er es zuvor seine Diener, die Propheten, wissen lässt."* (Amos 3,7)

Überhaupt sind die Zeiten vorbei, da Gott ohne viel Vorwarnungen, mit Ausnahme solcher Propheten, in die Szene platzte. Hier und da mag es noch einmal unumgänglich sein, war aber nie seine eigentliche Art und Absicht. Und mit der Offenbarung im eigenen Sohn hat Gott letztlich die Periode des Unvorhersehbaren beendet. Es ist sein souveräner Wille, mit unserem Willen zusammenzugehen, der sich natürlich von Gottes Wort prägen lassen muss. Sicher, Gott behält sich das Recht vor, zuweilen unabhängig zu handeln. Doch generell aktivieren wir sein Tun durch unser Tun!

Vielleicht gibt es kein besseres Beispiel für dieses Prinzip als das Leben von William Carey, dem schon erwähnten berühmten Indienmissionar. Er war ein junger englischer Prediger, entzündet von Christi Missionsbefehl. Aber es gab niemanden, der England verließ und aufs ferne, fremde Feld ging. Bei einer Gelegenheit empfahl Carey einer Gruppe von Baptistenpredigern, einmal das Thema zu diskutieren: „Ist der Befehl an die Apostel, alle Nationen zu lehren, nicht bindend für alle Generationen?" Der Vorsitzende jener Gruppe, Elder Ryland, beantwortete den Antrag mit Worten, die seitdem millionenfach als Beispiel für verbohrten Traditionalismus zitiert wurden: „Junger Mann, setzen Sie sich! Sie sind ein Schwärmer! Wenn es Gott gefällt, die Heiden zu bekehren, wird er es tun, ohne Sie oder mich um Rat zu fragen."

Elder Rylands Vorstellungen waren typisch für jene Zeit. Man meinte, Gott tue, was er wolle, ohne sich von jemandem beraten oder drängen zu lassen. Diese Theorie stand auch Pate für die Sicht, Erweckung käme als ein souveräner Akt Gottes, wie, wann und wo seine Gnade es zufällig entschied, ohne erkennbaren Beweggrund oder Anlass. Man vertrat den Glauben, dass Gott plötzlich ein Gebiet heimsuchte, rettete, wen er wollte, und dann zur nächsten Erweckung aufbrach. Carey antwortete mit einer Schrift, die zeigte, dass wir in Sachen Evangelisation und Erweckung keineswegs unserer Verantwortung enthoben sind. William Carey selbst ging 1793 nach Indien.

Ich kann Careys Frustration verstehen. Auch ich war ein Missionar, der seine Aufgaben auf herkömmliche Weise erledigte; dabei wollte ich doch so viel mehr Menschen erreichen, bevor sie starben. Wir benutzten gleichsam Nagelscheren, um die Felder Halm für Halm abzuernten – doch ich spürte, wir brauchten Mähdrescher! Man sagte mir, dass traditionelle Mission ein richtiger Weg und die erprobte, effektivste Methode sei, um die Unerretteten zu erreichen. Dennoch fand meine Seele keine Ruhe, bis ich den Schritt tat, mit dem der Dienst von „Christus für alle Nationen" begann. Bald sollte ich an einem Abend mehr Bekehrte sehen als eine ganze afrikanische Missionsstation in hundert Jahren.[6]

3. Gott wirkt entsprechend dem Maß, das wir verwenden. Unser Arbeitsmaß ist das Seine.

Denken wir an die Witwe und den Ölkrug. Elisa trug ihr auf, sich so viele weitere Gefäße wie möglich zu beschaffen. Da erbat, borgte und füllte sie solche, bis keine mehr aufzutreiben waren. Gott kann so viele Gefäße füllen, wie wir ihm bringen. Er kann so viele Seelen retten und Körper heilen, wie wir ihm die Chance zum Retten und Heilen geben. Er kann eine Kirchturmsicht oder eine Weltsicht bedienen.

4. Gott ergreift stets die Initiative, erwartet aber, dass wir mitziehen.

Er ist der Anführer unseres Glaubens (s. Hb. 2,10 *jb*). Kommen wir noch einmal auf das Johannesevangelium zurück. Wir lesen, dass Jesus Menschen heilte, ohne ausdrücklich darum gebeten zu werden. Was immer er an Wundern tat, es kam aus Gottes eigenem Wunsch: *„Der Sohn kann nichts von sich selbst tun, außer was er den Vater tun sieht; denn was der tut, das tut ebenso auch der Sohn. Denn der Vater hat den Sohn lieb und zeigt ihm alles, was er selbst tut."* (Jo. 5,19f *hfa*)

Unbeeinflusst machte er aus Wasser Wein (vgl. Jo. 2,1-10). Er heilte den Knecht des Hofbeamten anders als gewünscht (4,46-53), den Lahmen am Teich Bethesda, ohne dass der darum bat (5,1-9) und einen Blinden, indem er ihm ohne Genehmigung einen Erdbrei auf die Augen strich (9,1-7). Er wies Marthas und Marias Bitten ab, ihren kranken Bruder zu besuchen, und kam gemäß Zeitplan seines himmlischen Vaters erst, als Lazarus schon vier Tage tot war. Es war Jesu Idee, Lazarus vom Tod zu erwecken, nicht die eines andern (11,1-44). Das Buch Johannes ist eine großartige Illustration für Gottes absolute Unabhängigkeit vom Willen des Menschen[7].

Wenn Gott etwas Neues tut, entsteht es aus seinen, nicht aus menschlichen Gedanken. Aus diesem Grund betonte Jesus, dass, wenn wir in ihm und seine Worte in uns bleiben, er tun werde, was immer wir von ihm erbitten (s. Jo. 15,7). Die Initiative liegt also bei Gott; allerdings geht er erst weiter, wenn wir uns im Glauben bewegen. Durch souverän-spontanes Handeln demonstriert er, was in ihm ist und was er tun möchte; daraufhin erwartet er unsere entschlossene Aktion. Das heißt „im Glauben handeln": Wir trauen Gott zu, dass er so ist, wie er sich uns gezeigt hat. Als Gideon fragte: *„Wo sind denn nun alle seine Wunder …?"* (Ri. 6,13 *gn*), forderte er damit heraus, dass Gott sich erneut als der bestätigen solle, der er schon früher war.

Gott geht auf unser Handeln ein, sobald wir auf **sein** Handeln eingehen. Denn nachdem er uns sein Wesen und Wollen gezeigt hat, sind wir erst mal dran, indem wir seinen Wink aufnehmen und umsetzen.

Paulus sagt, er habe *„den ganzen Ratschluss Gottes"* verkündet (Apg. 20,27). Das Wort für „Ratschluss" kann auch mit „Wille" oder „Begehren" übersetzt werden[8]. Gottes ganzen Ratschluss verkünden heißt, seinen Willen verkünden. Wie aber könnten wir seinen Willen verkünden, wenn er uns auf ewig verschlossen wäre und Gott nur tun würde, was ihm ohne Sinn und Ziel gerade einfiele? Nein, Gott handelt nicht nach Launen. Deshalb sollte der Schrei unserer Herzen dahin gehen, zu erkennen, was der *„gute und wohlgefällige und vollkommene"* Wille Gottes ist (s. Rö. 12,2).

Wer Gottes ganzen Plan verkündet, ohne bestimmte Bibeltexte heilsgeschichtlich auszuklammern, lebt mit einem übernatürlichen Gott. Da Gott Geist ist, wir aber körperlich in einer materiellen Welt leben, kann alle Kenntnis über ihn nur übernatürlich kommen. Wir können den wahren Christus nicht ohne das Übernatürliche[9] predigen.

Anmerkungen:

1 Anderer Arbeitstitel: „Die Suche nach dem historischen Jesus" („The Quest of the Historical Jesus").

2 „Evangelikale" Christen betrachten die Bibel als in Offenbarung und Überlieferung völlig zuverlässiges Wort Gottes.

[3] Was ja nicht heißt, dass historische Kenntnis bei biblischen Details nicht hilfreich sein könnte. Aber für Gottes Heilsoffenbarung gilt (vgl. 1. Ko. 2,14f): Geisterfüllte können Irdisches deuten lernen, umgekehrt aber nicht.

[4] Leben, Geschenk, Freiheit und Erfüllung des (Heiligen) Geistes bilden, neben dem Freikauf durch Jesu Blut, geradezu das Zentrum des durch Jesus erwirkten ewigen Heils (vgl. Wiedergeburt, Gemeinschaft, Gotteskindschaft u. v. a.): Mt. 3,11; Jo. 3,3ff; Jo. 4,23f; Gal. 4,1-7; Off. 22,17 usw.

[5] Gemeint sind hier natürlich nicht sämtliche irdischen Details, Zusammenhänge und Ereignisse (vgl. Mt. 24,36; Rö. 11,33), aber die ewig zuverlässigen Grundzüge seines Willens und Handelns (vgl. Eph. 3,18; 5,17)

[6] Das soll keinerlei Bewertung der Berufung, Dienstgabe und Frucht anderer Missionare sein, sondern höchstens eine noch gesegnetere Ergänzung und Anregung fördern.

[7] Genauso gern aber geht Gott auf die Menschen ein (siehe die Buchabschnitte über Gottes ideenreiche Liebe und Treue). Beides ist kein Widerspruch (entweder – oder), sondern in Gottes Persönlichkeit miteinander verzahnt (sowohl – als auch).

[8] Vgl. den Wortlaut anderer Übersetzungen: *„den ganzen Plan Gottes“* (*hfa*); *„die Heilsabsicht Gottes unverkürzt“* (*gn*).

[9] Diese ganze Palette wunderbarer Hilfe für den Menschen umfasst noch viele andere Geschenke Gottes; man vergleiche z. B. Erkenntnis, Weisheit, Prophetie und manches mehr. (s. 1. Ko. 12,4-11.28; 14,24-26 u. a.)

Kapitel 6

Salbung zur Mission

Der Glaube an den Wunder wirkenden Christus befähigt uns, seine Zeugen zu sein. Dazu sind wir berufen. Als Jesus seinen **Jüngern** den Missionsauftrag gab, sollten sie nicht nur etwas tun, sondern etwas **sein**[1]. Christi Zeugen sind Muster für das, was er tut. Marshall McLuhan prägte das Wort, der Bote sei die Botschaft. In der Tat, Gläubige verkörpern die Evangeliumsbotschaft! Denn über bloßes Wissen hinaus verleiht uns Christus einen brennenden Glauben zum Zeugnis vor der Welt.

Christen sind nicht selbst gemacht. *„Wir sind sein Gebilde, in Christus Jesus geschaffen zu guten Werken."* (Eph. 2,10) Das Wort für „Gebilde" meint wörtlich „Werkstück". Wir sind seine Meisterstücke, als neue Männer und Frauen *„geschaffen in wahrhaftiger Gerechtigkeit und Heiligkeit"* (Eph. 4,24). Der größte Bildhauer formte uns zu seinen Ausstellungsstücken vor der Welt – zu Zeugnissen seines Talents.

Wir sind berufen zum Dienst der **Bekanntgabe**. Der Heilige Geist in uns ist der Geist der Zeugenschaft (s. Jo. 15,26) und wurde uns nicht zur „Kraftmeierei" gegeben. Gottes Kraft will uns zu Geschöpfen seiner Ziele, und nicht der eigenen, prägen; denn Offenbarung 4,11 (*hfa*) stellt klar: *„Du hast alles erschaffen; nach deinem Willen entstand die Welt!"* Zu unserer Berufung gehört auch ein Gespür für unsere ewige **Bestimmung**: Was Gott mit uns begonnen hat, verpflichtet uns zur Erfüllung der damit verknüpften Ziele. Wir sollten die gleiche Einstellung wie Paulus haben:

„Als es aber Gott, der mich von meiner Mutter Leib an ausgesondert und durch seine Gnade berufen hat, wohlgefiel, seinen Sohn in mir zu offenbaren, damit ich ihn … unter den Heiden verkündige, ging ich alsbald nicht mit Fleisch und Blut zu Rate." (Ga. 1,15f)

Man beachte die Formulierung, dass es *„Gott … gefiel, seinen Sohn in mir zu offenbaren"*. Dieser göttlichen Neugeburt entsprechend handelte Paulus sofort. Ein Vogel ist zum Fliegen geboren, ein Fisch zum Schwimmen, ein Mensch zum Gehen und Sprechen, und ein Christ ist zum Zeugnis geboren. Zeugen sollen bezeugen; das ist unsere Natur! Soldaten bekommen ihre Uniform und Waffen nicht für Paraden; ihr wahrer Platz ist das Schlachtfeld.

Obwohl Gott in uns einen Zeugendrang legte, zwingt er uns zu nichts. Wir sind keine programmierten Roboter und er kein Diktator. Es wird nur unsere liebende Ergebung an ihn geprüft. Ob wir Zeugnis geben oder nicht, entscheiden wir; es ist uns überlassen, oder besser, unserer Offenheit für Gottes Wünsche und die verzweifelte Lage sündhafter Menschen. Epheser 4,23 - 5,2 (*jb-ü*) ermutigt uns: *„Erneuert euch … zieht den neuen Menschen an … lebt in der Liebe …!“* **Wir sollten dienen, denn zum Dienen werden wir ausgerüstet.**

Zu Recht wurde gesagt, der Missionsbefehl sei keine Missionsempfehlung. Er ist Einberufung, Priorität, Grundforderung für jede Kirche. Wir könnten die Frage stellen: Hat eine Gemeinde überhaupt das Recht zu existieren, wenn sie das Ziel ihres Daseins nicht erfüllt? Gottes Wort an die gleichgültigen Laodizäer ist deutlich: *„Weil du … weder heiß noch kalt bist, werde ich dich ausspeien aus meinem Munde.“* (Off. 3,16) Jesus sagte nicht: „Wenn es dir nichts ausmacht und du noch freie Zeit übrig hast, könntest du mal darüber nachdenken, etwas für mich zu tun.“ **Gottes Willen tun heißt nicht, ihm einen Gefallen zu tun.** In seine Arbeit berufen zu sein und Christi Dienstkleidung zu tragen, ist die höchste Ehre, die jemand erfahren kann.

Im Herzen Jesu gibt es ein „Muss“, das sich auf die überträgt, die ihm gehören. Wir sind an seiner Stelle hier auf Erden. Er sagte: *„Nicht ihr habt mich erwählt, sondern ich habe euch erwählt und gesetzt, dass ihr hingeht und Frucht bringt und eure Frucht bleibe …“* (Jo. 15,16 *sch*) Unser Auftrag ist nicht Betriebsamkeit, sondern Zeugen zu sein. Wo immer wir sind – **was** wir sind, ändert sich nicht. Ein Amerikaner zum Beispiel ist Amerikaner, gleich, was er tut und wohin er geht. Zwar muss er, wie andere auch, seinen Lebensunterhalt verdienen, vielleicht eine Familie ernähren, ein Geschäft unterhalten und dergleichen. Aber überall in der Welt kann man ihn daran identifizieren, dass er Englisch mit amerikanischem Akzent spricht. In gleicher Weise sind Christen die Zeugen Christi. Wir sind, was wir sind. Immer und überall offenbart unser Lebensstil und Glaubens-Akzent, wem wir gehören. Wir gehören Christus.

Die Salbung rüstet aus

Für die von Christus erhaltene Aufgabe sind wir auch ausgerüstet, gesalbt. Diese Salbung ist überaus wichtig. In 1. Johannes 2,20.27 (*-ü*) lesen wir: *„Und ihr habt eine Salbung von dem Heiligen und habt alle das Wissen ... und die Salbung, die ihr von ihm empfangen habt, bleibt in euch."* Für „Salbung" wird hier das griechische Wort „chrisma" gebraucht, woraus sich „Christus", der Gesalbte, ableitet. Dieses „Chrisma", die Ausstattung mit dem Heiligen Geist, ist das Geheimnis eines wahren Evangelisten.

Selbst Jesus musste die Salbung empfangen, um Gutes tun und Menschen heilen zu können. Warum nur brauchte er, der eingeborene Sohn Gottes, diese Salbung? Weil er aus Fleisch und Blut war, darum – und so auch wir! Es ist die Salbung, die unseren Stimmen und Gebärden eine besondere Qualität verleiht. Kein Schauspieler kann das imitieren. Wenn ein nicht bekehrter Schauspieler in einem Fernsehfilm predigt, wirkt er so künstlich wie die Puppe eines Bauchredners. Es ist keine Seele darin. Wahre Salbung von Gott aber bricht das Joch der Sünde!

„Den Geist löscht nicht aus!" lesen wir in 1. Thessalonicher 5,19. Manche haben betont, der Heilige Geist könne nur allzu leicht ausgelöscht werden. Ich sehe das anders. Gottes Geist ist nicht so empfindlich, sondern äußerst ausdauernd, kraftvoll und in uns tätig. Er ist der Treue, der Bleibende. Wie aber kann man dann den empfangenen Geist „auslöschen"? Nun, er soll uns zu Zeugen machen. Doch wenn wir an seinen Zielen kein Interesse haben, **dann** löschen wir den Geist. Wir haben die Glut zu nähren! Dasselbe griechische Wort für „auslöschen" (sbennynai) wird auch in Matthäus 25,8 gebraucht, als die fünf törichten Jungfrauen das Ausgehen ihrer Lampen beklagen. Demnach **löschen** wir den Geist, wenn wir **aufhören**, für Christus zu scheinen.[2]

Brauchen wir neue Auffüllungen?

Es gibt eine wichtige Frage, die in pfingstlichen Kreisen zu Kontroversen geführt hat: **Müssen wir Gott von Zeit zu Zeit suchen, um die Kraft des Heiligen Geistes wieder aufzufüllen?** Einige unserer Lieder laufen darauf hinaus: „Geist des Lebens, Geist von Gott, fall neu auf mich. Schmelz mich, form mich, füll mich, brauch mich!" Nachdem

Gott uns zerbrochen, geschmolzen, geformt und erfüllt hat –, wie oft muss der Vorgang dann wiederholt werden? Brauchen wir häufig und immer dann einen Zerbruch, wenn wir erfüllt werden wollen?

Dieses Thema ist unter Theologen ausführlich diskutiert worden. Um ihre Ansichten zu untermauern, griffen manche auf griechische Zeitformen zurück. Eine so hohe Schulweisheit beanspruche ich gar nicht; mein Ansatz ist viel einfacher und hoffentlich ebenso qualifiziert:

Wenn ich wüsste, dass ich an Geist und Kraft leer bin, würde ich sicher Gott suchen, um neu erfüllt zu werden. Aber woran wäre meine Leere zu erkennen? Doch wohl an zweierlei: Erstens wäre meine Arbeit wirkungslos, zweitens würde ich mich leer fühlen.

Das erstgenannte Indiz für Kraftlosigkeit ist nicht ganz zuverlässig, denn es gibt geisterfüllte Menschen, die keinen großen Erfolg haben, weil ihre Evangeliumssaat auf Betonboden fällt. Mangel an Erfolg und andere Belastungen mögen sie entmutigen; sie beschuldigen sich selbst und empfinden, für eine neue Fülle müssten sie hart bei Gott arbeiten. Aber dann sind sie sich immer noch unsicher über ihre „Erfüllung", weil sie kein anderes Kriterium haben als plötzliche, verblüffende Durchbrüche im Dienst. Dabei kann einem kein Erfolg – auch nicht Hunderte und Tausende von Bekehrungen – beweisen, dass man geisterfüllt ist. Wenn Sie also erfolgreiche evangelistische Bemühungen zum Maßstab erheben und keine Veränderung im sichtbaren Arbeitsertrag sehen, obwohl Sie gebetet und gefastet, Rüstzeiten besucht und Handauflegung erfahren haben, bleibt Ihnen nur die vage Hoffnung, neu geisterfüllt zu sein. Welch eine gefährliche, entmutigende Art zu leben!

Ehe die pfingstlich-charismatische Erweckung des 20. Jahrhunderts begann, war die Erwartung von Resultaten als Zeichen der Geisterfüllung gang und gäbe. Als der Aufbruch kam, galten „Zungen" als das Zeichen (s. Apg. 2,4): Wenn Menschen in Zungen bzw. Sprachen redeten, wussten sie, dass sie den „Geist empfangen" hatten. Ohne ein Zeichen sind Menschen wohl nie sicher.[3]

Vor der Pfingsterweckung hatte die Kirche viele Lieder des Begehrens und wenige der Umsetzung. In ihnen betete man ständig um Kraft: „Regen des Segens tut Not", „Lass die Tropfen nun fallen auf mich",

„Ein neues Pfingsten wollen wir“, „Beleb’ Dein Werk, o Herr“ oder „Herr, erfüll’ mich“.

Mit jenen „Pfingstlern“ des frühen 20. Jahrhunderts änderten sich die Lieder. Sie sangen: „Ströme, Ströme! Spätregen fällt herab!“ oder „Ist Pfingsten mir im Herz’“. Besonders mag ich: „Er bleibt, er bleibt, der Tröster bleibt bei mir!“

Und die Gefühle?

Vielleicht meinen wir, eine neue Erfüllung zu brauchen. Nur, woher wissen wir das? Offensichtlich durch unsere Gefühle. Wir **fühlen** uns nicht erfüllt. Aber **muss** das der geisterfüllte Christ? Soll man überhaupt nach Gefühlen gehen?

Gefühle sind physisch oder psychisch. Wenn man müde ist, Grippe hat, einen Trauerfall oder einen Verkehrsunfall erlitt, wenn man zusammengeschlagen wurde wie Paulus oft, ist es sehr fraglich, ob man sich voll Heiligen Geistes **fühlt**. Ich kann nicht sagen, dass ich mich 1991 in Nigeria vom Heiligen Geist überfließend fühlte, als uns die Armee vor der gewalttätigen Masse schützen musste.

Viele fragen sich überängstlich, ob Gott auch mit ihnen sei. Sie zimmern sich eigene, angeblich notwendige Grundregeln und verbringen ihre weiteren Tage mit dem Problem eventueller Regelverstöße: Habe ich Gottes Stimme überhört, gesündigt, im Ungehorsam gelebt? Bin ich vom Pfad seines Willens abgewichen? Und wann ist das passiert? Ständig schauen sie über die Schulter, um zu analysieren, ob sie in der Vergangenheit etwa irgendwie den Heiligen Geist verletzt haben könnten. Real bedeutet dies, dass sie sich über ihre Beziehung zu Gott **niemals** sicher sind. Solche Menschen fragen sich auch immer, ob sie demütig genug, liebevoll genug, gut genug sind und ausreichend beten. Sie beten in Hoffnung, nicht im Glauben.

Häufig sind diese lieben Menschen Opfer der eigenen Gesetzlichkeit. Ihr Perfektionismus kommt aus der irrigen Idee, diesseits des Himmels könnten wir alle Gesetzesforderungen erfüllen. Doch Perfektionismus ist nicht Stärke, sondern Stolz. Manche, die sich um das Unerreichbare mühen, suchen nur die Befriedigung einer selbst gemachten Heiligkeit. Gnade hat in ihrem Horizont nur sehr wenig Raum. Bei einigen hat die Gnade überhaupt keinen Platz, außer dass sie durch Gnade errettet sind. Sie leben unter dem selbst auferlegten Gesetz und betrachten die Fülle des Geistes nur als Leistungszeugnis für erreichte Heiligkeit. Es gibt Gläubige, die um Erweckung beten, aber fünfzig Gründe für ihre Verzögerung aufzählen, die alle etwas mit der charakterlichen Qualität der beteiligten Christen zu tun haben. Und wenn die Erweckung immer noch auf sich warten lässt, finden sie mühelos weitere Ursachen; denn keiner ist so perfekt!

Es gibt in der Heiligen Schrift kein Anzeichen dafür, dass Gottes Geist wie eine nervöse Taube verschreckt werden kann. Ich gewinne den umgekehrten Eindruck. Zum Beispiel gab es in der Gemeinde zu Korinth beschämende Fehler, und doch schrieb ihnen Paulus Folgendes:

„Immer wieder danke ich Gott für das unverdiente Geschenk, das er euch in Jesus Christus gegeben hat. Durch ihn seid ihr wirklich reich geworden, denn ihr habt sein Wort und könnt es verstehen. Weil die Botschaft von Christus zum festen Grund eures Glaubens geworden ist, fehlt euch keine der Gaben, die Gottes Geist den Glaubenden schenkt. So wartet ihr darauf, dass Jesus Christus, unser Herr, wiederkommt. Er wird euch die Kraft geben, im Glauben festzubleiben und das Ziel zu erreichen, so dass ihr vor ihm bestehen könnt, wenn er wiederkommt." (1. Ko. 1,4-8 *hfa/gn*)

Bei den Gläubigen im Neuen Testament entdecken wir eine stabile Zuversicht, dass Gott mit ihnen sei. Jene frühen Jünger Jesu waren keine Superheiligen, doch sie hatten offenbar keine Zweifel, dass Gottes Kraft in ihnen wohnte. Diese Männer und Frauen wussten um ihre lauernde Sündhaftigkeit und Schwäche, doch umso fester ergriffen sie Gottes Liebe und Gnade. Wenn moderne Christen nicht so empfinden, dann hat das nichts mit ihrer Ärmlichkeit gegenüber der frühen Kirche zu tun, aber viel mit perfektionistischen, gesetzlichen Lehren.

Heute ermahnt man die Leute viel und mit Recht zu einem Gott wohlgefälligen Leben. Doch das geschieht oft in einem rügenden, richtenden Tonfall und erzeugt beim Zuhörer ein Gefühl geistlicher Minderwertigkeit. Paulus wusste, wie fehlerhaft die frühen Christen waren, und zögerte nicht, das anzusprechen. Gleichzeitig aber betonte er, **was sie in Christus waren**. Er förderte ihr Vertrauen zu Gott, indem er ihnen zusicherte, dass Gottes Geist mit ihnen war.

Wenn man im Heiligen Geist getauft ist, mag manche Frage aufkommen: Reicht das für immer, oder muss ich alle ein bis zwei Wochen neu „getauft" werden? Wenn der Heilige Geist „dahinschwindet", kann ich mich dann immer noch für geistgetauft halten? Hier ist eine Klärung nötig: Die Geistestaufe bedeutet, Gottes Geist empfangen und mit ihm eine ständige Beziehung **begonnen** zu haben. Danach soll die Geisterfüllung zur **beständigen** Erfahrung werden (s. Eph. 5,18); man braucht nur „dran" zu bleiben. Dies aber ist eine Sache des Glaubens, nicht hoher moralischer Anstrengung, wie Paulus im Galaterbrief mit einer äußerst bedeutsamen Frage klarstellt:

„Nur dies will ich von euch wissen: Habt ihr den Geist aus Gesetzeswerken empfangen oder aus der Kunde des Glaubens. Seid ihr so unverständig? Was ihr im Geist angefangen habt, wollt ihr jetzt im Fleisch vollenden?" (Ga. 3,2f -*ü*)

Diesen seltsamen Widerspruch umklammern viele: Sie wollen ihre Geistlichkeit durch Fleischeswerke entwickeln!

Nie in der Geschichte gab es ähnliche evangelistische Resultate wie bei den pfingstlich-charismatischen Gläubigen der letzten hundert Jahre. Was ist ihr Geheimnis? Die Evangelisten hatten völliges Vertrauen, dass Gott mit ihnen war und „ihre" Bekehrten die objektiv gleiche Gewissheit erhalten würden! Sie sprachen in Zungen und **wussten** also um den Empfang des Heiligen Geistes. Seit Jahrhunderten waren selbst die besten Christen von dem Problem beunruhigt, ob sie wirklich „den Geist empfangen" hatten. Hier nun wusste man sicher, dass er beständig mit ihnen war – und darum ging es ihnen. Denn wahre charismatische Anbeter strebten **nie** nach „den Zungen", sondern begehrten den Heiligen Geist.

Anmerkungen:

[1] Nicht umsonst steht in Apostelgeschichte 1,8 auch nicht das Verb „bezeugen", sondern der Ausdruck *„Zeugen **sein**"*.

[2] Genau in diesem Sinne wurde 1. Thessalonicher 5,19 von Hermann Menge übersetzt: *„Den Geist lasst … nicht erlöschen!"*

[3] „Charismatisch" ist eigentlich eine falsche Bezeichnung. In Wirklichkeit sind sie keine **Charismatiker** (Begabte), sondern **Pneumatiker** (Geisterfüllte, Geistesmenschen). Auf solche **geistlichen** Menschen (statt der eventuell mit Gaben beschenkten, aber nur auf Ereignisse und Erfolge o. ä. fixierten **fleischlichen** Personen) zielt Gottes Wirken (vgl. 1. Ko. 3,1 und 12,1). Bei ihnen signalisieren die „Zungen", wie eine herrschaftliche Flagge am Mast: Hier residiert der König!

Kapitel 7

Der Plan für Evangelisation

Wie ein Architekt seine Bauleute mit einem Entwurf für das jeweilige Projekt versieht, hat Gott uns auch für die Evangelisation Prinzipien und Methoden an die Hand gegeben. Ich werde bei den Methoden beginnen, widme mich dann der großen Abhandlung des Apostels Paulus über evangelistische Prinzipien und führe das Gesagte am Schluss noch ein wenig weiter.

Biblische Methoden und Prinzipien

Man debattiert gern über die Effektivität von Evangelisationsmethoden und spielt sie gegeneinander aus. Nachdem ich nun rund um den Globus viele Methoden gesehen habe, weiß ich, dass man viele Faktoren berücksichtigen muss. Und doch gibt es in der Bibel einen Text, der das Grundprinzip für Evangelisation liefert, nämlich: *„Allen bin ich alles geworden, um auf jeden Fall etliche zu retten!"* (1. Ko. 9,22 *jb*)

Planung

Man sagt, Gott gebrauche Menschen, nicht Methoden. Das stimmt. Aber Menschen ohne Methode wird er schwerlich gebrauchen. Welche Evangelisationsform wir auch wählen – ohne eine Planung wird ihre Wirkung geschwächt oder völlig eingebüßt.

Nacharbeit

Als Jesus seinen Jüngern den zweiten großen Fischzug bescherte, wussten sie genau, wie viel sie gefangen hatten – 153 Exemplare, und Jesus sagte: *„Bringt davon her!"* (Jo. 21,10 *kj*). Früher, beim ersten Versuch nach Jesu Anweisungen (s. Lk. 5,1-11), hatten sie so viele Fische gefangen, dass die Netze rissen und die Boote zu sinken begannen. Gottes überwältigende Güte traf sie unvorbereitet, sie waren nicht organisiert für die Ebene, auf der Christus wirkte. Beim nächsten Mal aber waren sie es und behielten jeden Fisch!

Wenn wir Menschen für Christus gewinnen, müssen wir sie auch „behalten“ und zu Jüngern machen, statt sie leichtfertig wieder in die Gewässer der Welt rutschen zu lassen: „Bringt her von den Fischen, die ihr gefangen habt!“ Darum geht es – egal, wie wir evangelisieren: Wir knüpfen Kontakte, registrieren, dass Menschen Christus aufgenommen haben, und müssen uns anschließend um sie kümmern.

Persönlicher Kontakt

Evangelisation ist kein seelenloser Handel. Als Paulus nach Ephesus ging, bekam er Probleme mit der Industrie- und Geschäftswelt, speziell mit den Silberschmieden. Sie fertigten Figuren der Göttin Diana an und machten mit ihrem Verkauf einen exzellenten Profit. Aufschlussreich ist ihre Formulierung in Apostelgeschichte 19,26 (*kj*):

„Dieser Paulus hat viele Leute überredet und verführt, indem er sagt, handgemachte Götter seien überhaupt keine!“

Mancher Leser kann im griechischen Text selbst nachprüfen, was mir gesagt wurde: Dort steht ein Partizip Präsens, so dass der Begriff „handgemachte Götter“ auch zu übersetzen wäre mit „Götter, die durch Hände entstehen“, also eine ständige, tote Handlung. So sah der traurige Glaube jener Menschen aus: Götter, die täglich vom Fließband strömen und alle eintönig gleich sind, eine entpersönlichte religiöse Produktion.

Genau das aber ist der Christenglaube nicht! Bei unseren Evangeliums-Versammlungen möchten wir, dass Menschen in eine warme, liebevolle Umgebung hineingeboren werden. Das ist weit mehr als die Unterschrift auf einer punktierten Linie. Ich mag es, wenn Bekehrte eine Stunde lang mit jemandem an der Seite knien und beten, die Arme um die Schultern gelegt, während die Atmosphäre im Stadion oder Saal sie mit Lobpreis und Anbetung einhüllt. Neue Gläubige dürfen nicht totgeboren sein. Als Erstes nach einer Entbindung müssen Arzt oder Hebamme das Kind zum Atmen bringen. Auch jede neubekehrte Person sollte direkt ermutigt werden, ihren ersten Schrei an Gott loszulassen, d. h. die geistlichen Lungen mit Lob und Zeugnis in Gang zu bringen.

Das Evangelium bedeutet persönliche Kommunikation zwischen Menschen und ihrem Gott. Die heutige Zeit wird immer entmenschlichter und der Einzelne zum Teilchen im Verkehrs- und Wirtschaftskreislauf reduziert. Inzwischen kann man bei uns Bankgeschäfte tätigen, heiße Mahlzeiten kaufen, ins Kino gehen oder sogar einen Fernsehgottesdienst besuchen, ohne auch nur mit einer einzigen Menschenseele Kontakt zu haben. Dienste von Mensch zu Mensch werden zusehends abgeschafft und Robotern übergeben. Mit Schrecken sehe ich technologischen „Durchbrüchen" entgegen, die uns ein noch automatisierteres Dasein und völlige Einsamkeit für Millionen bringen. Viele fürchten die Isolation einer kalten, lieblosen, wissenschaftlichen Zukunft – ebenso bedrohlich wie die Atombombe. Doch Evangelisation ist eine Sache von Herz zu Herz!

Geschäftsmethoden sind kein Ersatz für das Evangelium, gepredigt *„im Heiligen Geist, der vom Himmel gesandt ist"* (1. Pt. 1,12). Wohl aber können Gemeindewachstums-Programme brauchbar sein, um Geschäftsmethoden auf kirchliche Belange anzuwenden; und wenn wir von gewerblicher Effizienz lernen können, sollten wir es tun. Schließlich mahnt Gottes Wort: *„Gib dir Mühe, dich Gott als bewährt zu erweisen!"* (2. Ti. 2,15 *sch*) Für welche Methode wir uns auch entscheiden: Methode braucht Kraft, und Kraft braucht Methode – mit beiden können wir unsere Hingabe und Liebe ausdrücken. Hauptsache, wir erinnern uns daran, dass Gott Menschen bestätigt, nicht Methoden.

Bei jeder Art von Evangelisation sollte in Betracht gezogen werden, dass wir es nicht mit Maschinen oder Feldfrüchten zu tun haben, sondern mit der menschlichen, noch dazu unerneuerten Natur. Das bedeutet, wir müssen flexibel, anpassungsfähig und verständnisvoll sein. Man tut die Menschen ja nicht in eine „Wurstmaschine" – an dem einen Ende gehen Sünder hinein und am andern kommen Heilige heraus! Jede Person vor uns ist ein einmaliges Individuum mit eigenen Ängsten, Hoffnungen und Reaktionen!

Für die großen CfaN-Evangelisationen bilden wir natürlich auch Seelsorger aus. Vor allem aber hoffen wir, dass sie mitfühlen und hinhören können. Methoden müssen sein, doch sie müssen menschlich sein; nie dürfen sie die persönliche Note verlieren. Gott hat so viele verschiedene Kinder, und weil er ein persönlicher Gott ist, möchte er, dass jeder Einzelne Beachtung erfährt.

Die Bibel ist unser Handbuch dafür, wie Menschen andere Menschen berühren können. Wenn wir Bedürftigen im Namen Jesu die Hände auflegen, werden unsere Arme zu seinen Armen, unsere Liebe zu seiner Liebe. Durch seine Gemeinde, die ihn verkörpert, geht Christus weiter umher, zeigt Mitleid und berührt die Unberührbaren, statt nur ein „Wachstumsprojekt zu begutachten". Wir weinen mit den Weinenden und frohlocken mit den Frohen. Die Geschäftswelt mag von ihrer „objektivierten Philosophie" sprechen. Doch Gottes „objektivierte Philosophie" zeigt sich in zwei Armen, die Christus am Kreuz ausstreckte, um die Menschheit vor den Horden der Hölle zu bewahren.

Individuelles Vorgehen

Gott weiß genau, wer wir sind, und hat für jeden einen speziell geschaffenen Platz. Sie sind Sie, du bist du! Wenn Gott dich berufen hat, dann deshalb, weil du in seinen Plänen eine besondere Stelle einnimmst. Keiner ist wie du oder könnte deinen Platz ganz ausfüllen. Wenn du nicht tust, worum Gott dich bittet, vermag es keiner; denn dein Fingerabdruck ist dazu gedacht, ein bestimmtes Gebiet im Reich Gottes zu markieren, und kann unmöglich durch einen anderen ersetzt werden. Für Gott zu wirken, bietet die Möglichkeit, das zu sein, was du wirklich bist – in seinem Dienst kann deine wahre Persönlichkeit hervortreten!

Jeder von uns sollte Gottes Arbeit in seiner einzigartigen Weise tun. Ich habe ein genaues Muster für meine eigenen Großeinsätze, aber das passt eben zu **meinem** Verständnis und **meiner** Persönlichkeit. Sollten wir nicht nachsinnen, welches für jeden von uns der wirkungsvollste Weg der Evangelisation ist? Die beste Art für mich muss nicht die beste für dich sein. Doch ich wiederhole: Was immer du für Gott tun willst, Gott möchte letztlich nicht die Methode, sondern dich gebrauchen.

Pass den Weg den Zielen an!

Die ersten Christen fanden und entwickelten ihre eigenen Methoden. Jesus hinterließ ihnen sein Vorbild, aber kein detailliertes Arbeitsmuster. Der Heilige Geist segnet Mut und Findigkeit beim „Unternehmen" Evangelium!

Nirgendwo in der Heiligen Schrift ist eine spezielle Evangelisationsmethode vorgeschrieben; die frühen Christen holten einfach aus jeder Gelegenheit alles heraus. Die Bibel erzählt, was sie taten, erklärt ihre Methoden damit aber nicht zur heiligen Pflicht für alle Nachfolgenden. Andererseits stehen hinter den frühchristlichen Aktivitäten geistliche **Prinzipien**, die wir sorgfältig zur Kenntnis nehmen sollten.

Gott gab uns ein Gehirn, und wir dürfen es gebrauchen, um Wege und Mittel zu ersinnen, wie wir die heutigen Massen von Unbekehrten erreichen. Dies ist nicht nur Punkt eins der Tagesordnung, es **ist** die Tagesordnung! Eine Rubrik (inklusive „Verschiedenes"), die sich nicht direkt oder indirekt auf Evangelisation bezieht, **hat auf der Tagesordnung nichts zu suchen!**

Man beachte in der Apostelgeschichte, dass die Jünger Methoden wählten, die der Situation entsprachen. Die ersten Bekehrten am Pfingsttag gewann Petrus, indem er die Tatsache nutzte, dass eine Menge Menschen durch das Zungenreden der Jünger angelockt worden war. Petrus passte sich der Situation perfekt an und erklärte anhand von Schriftbelegen nicht nur die „Zungen", sondern gleich auch Jesu Auferstehung. Für seine Predigt, die alle Elemente des Evangeliums enthielt, machte er einfach die Umstände zur Plattform. Petrus und die übrigen Jünger waren so vom Evangelium erfüllt, dass sie es mit einer natürlichen Leichtigkeit jederzeit und überall bekannt machten, als sprächen sie über irgendein anderes, gerade aktuelles Thema.

Das Wesentliche im Blick behalten

Jede Methode sollte Seelen gewinnen und nicht nur Kirchen füllen. Fast überall kann man Kirchensäle füllen. Es gibt allgemeine Attraktionen – Musik, Schauspiel, Pantomime, Bankette, Kinderprogramme, Jubiläen, Weihnachten, Ostern, Festivals, Chöre, bekannte Prediger, Rockgruppen. Immer wird man neue Attraktionen erfinden. Aber wenn die Menschen nicht Gottes Wort hören, wird jede Aktion geradezu sinnlos. Im Neuen Testament wurde keine Gelegenheit ausgelassen; alles drehte sich darum, Gottes Wort auf irgendeine Weise in die Gedanken der Menschen zu bekommen.

Mit Traurigkeit habe ich von Heilungsgottesdiensten gehört, zu denen auch Nichtgläubige kamen, doch es gab keine Heilsbotschaft, nur Singen und einen Aufruf, wegen Heilung nach vorn zu kommen. Offensichtlich predigen manche nur Heilung, nicht Rettung. **Das ist eine Missachtung der Chance und der Verantwortung.** Unser Herr sagte: *„Predigt das Wort, dann werden Zeichen folgen!"* (s. Mk. 16) Die Hauptsache zuerst – das Wort, **dann** die Zeichen!

Petrus nutzte ein Heilungswunder (Apg. 3) als Gelegenheit zur Evangelisation. Damit folgte er **Jesus**, der es genauso tat, wie uns besonders das Johannesevangelium zeigt. In Apostelgeschichte 4 wurden **Petrus und Johannes** verhaftet und vor die Obrigkeit gebracht. Als sie in die düsteren Gesichter ihrer Fragesteller schauten, machten sie aus ihrer Verteidigung eine offensive Evangelisation. **Stephanus**, der erste christliche Märtyrer, nutzte seine Chance, das Wort zu predigen, optimal, selbst als die Feinde sich anschickten, ihn zu töten (s. Apg. 7). **Philippus** evangelisierte bei, wie wir sagen würden, „Heilungsversammlungen" in Samaria, wo Jesus selbst den Weg bereitet hatte (s. Apg. 8)[1].

Paulus ging in die Synagogen, um über Gottes Wort zu diskutieren; und sobald sich eine offene Tür bot, gesellte er sich zu den Männern und legte die Schriftlesungen aus. Auch aus den Philosophenschulen zog Paulus Nutzen. Oft hielten Philosophen Versammlungen auf Straßen oder anderen Freiluftplätzen ab, und dann debattierte Paulus mit ihnen, wie zum Beispiel in der Schule des Tyrannus (s. Apg. 19,9). In Athen holte er die Wissbegierigen ab, indem er ihre eigenen Schriftsteller zitierte (s. Apg. 17,16-32). Er brachte das Evangelium vor Könige, Richter und Mitgefangene, auch an Bord eines Schiffes, wo er von seinem Gott sprach, während alle andern sich vor dem Schiffbruch ängstigten. Und wenn er nicht persönlich an bestimmten Orten sein konnte, schrieb er eben Briefe.

Kirchengebäude

Wir wissen nicht, ob die Christen in jenen frühen Tagen Kirchengebäude hatten. Wenig später war das der Fall; aber weder Jesus noch, wie es scheint, irgendein Apostel hat je in einer christlichen Kapelle o. ä. gepredigt. Sie gingen einfach dahin, wo sich die Menschen ohnehin trafen. Paulus' erste Versammlung in Europa war völlig formlos, wie in Apostelgeschichte 16,13 vermerkt ist:

„Und am Tag des Sabbats gingen wir hinaus vor das Tor an einen Fluss, wo wir eine Gebetsstätte vermuteten; und wir setzten uns nieder und redeten zu den Frauen, die zusammengekommen waren."

Vermutlich noch 20 Jahre nach Pfingsten versammelten sich die Christen im Tempelbereich[2], und man betrachtete sie als jüdische Sekte. Samariter z. B. hätten wohl nie zu Jesus gefunden, wenn die Apostel sie nur zum Tempel eingeladen hätten. Denn dieser Platz war für Samariter tabu! Aus nationaler Tradition hassten sie den Jerusalemer Tempel, der sie von den Juden als Nation absonderte – wobei die Hassgefühle gegenseitig waren. Jesus aber durchbrach die Barrieren und begann in Samaria ein Werk, das später andere fortsetzten.

Wenn wir das Kirchengebäude als einzigen Platz zur Seelengewinnung ansehen, wird unsere Fähigkeit zum Zeugnis erheblich eingeschränkt. Kirchen mögen Christen zufrieden stellen, nicht aber die Gottlosen. In Deutschland z. B. ist es ein geradezu peinliches Bekenntnis, dass man zur Kirche geht – fast so, als hole man sich dort die Seuche. Kirchgang wird als etwas Gefährliches betrachtet, das zu Schwärmerei oder Schwermut führt. Eher gewinnt man die Fußballmeisterschaft in einem Eishockeystadion, als die deutsche Nation in Kirchen für Christus!

Die ersten Apostel kannten, anders als viele moderne Geistliche, nur eine Aufgabe: die Botschaft von Christus jedem Mann und jeder Frau überall zu bringen.

In weiten Teilen des übrigen Europa ist es vielleicht noch schlimmer. Großbritannien etwa erlaubt keine Bekehrungsaufrufe im Fernsehen. Also müssen andere Strategien gefunden werden, um die Verlorenen zu erreichen.

Die Fernstehenden erreichen

Der Missionsbefehl verlangt, dass wir die Menschen mit dem Evangelium konfrontieren, wo immer wir sie finden. Unser Ziel ist umfassend – alle Nationen und ganze Nationen. Das Neue Testament hatte keine „Kirchenevangelisation" vor Augen; denn Kirchen existierten damals nicht. Die Situation war eine völlig andere.

Heute wird ein Gemeindepastor schnell zum Billiglohn-Psychiater und Dienstleistenden – er berät, traut, beerdigt, segnet Babys und so weiter. Kein Apostel hat wohl je solch ein Programm gehabt. Die ersten Apostel kannten nur eine Aufgabe: die Botschaft von Christus jedem Mann und jeder Frau überall zu bringen.

Ein wichtiger Punkt zur Einschätzung eines Dienstes ist, welche Auswirkung die Evangeliumsverkündigung auf eine Kommune oder Nation hat. Schon in meinen frühen Jahren als Missionar fragte ich mich, ob Gott damit zufrieden war, dass wir hart arbeiteten und eine Hand voll Seelen pro Jahr gewannen. Irgendwie konnte ich das nicht akzeptieren und war frustriert. Sicher kannte Gott noch einen anderen Weg. Ich zog mit meinem Akkordeon los und predigte den Menschen an der Busstation. Dann versuchte ich, unseren Missionsrahmen zu erweitern, indem ich einen Bibel-Korrespondenzkurs mit 50.000 eingeschriebenen Personen aufbaute. Dies würde nach üblichen Maßstäben als erfolgreiche Unternehmung gelten. Aber wir dürfen unsere Arbeiten nicht danach beurteilen, wie erfolgreich wir sind, sondern ob wir eine maximale Auswirkung auf die Gesellschaft insgesamt haben.

Ein Ansporn ist mir, was manche in diesem oder anderen Ländern unternehmen. Sie studieren die Wurzelprobleme und wollen herausfinden, was durchschlagend wirken könnte, wie man dem Widerstand gegen das Evangelium beikommt und wie man die Aufmerksamkeit derer packt, die das alles schon gesehen und gehört haben, aber unbewegt blieben. Wenn wir unseren Verstand für etwas einsetzen sollten, dann wirklich hierauf! Jesus hat gesagt: *„Die Söhne dieser Welt sind klüger als die Söhne des Lichts gegen ihr eigenes Geschlecht.“* (Lk. 16,8)

Anziehungskraft

Die meisten Leute können allem widerstehen, nur nicht der Versuchung. Ist das Christentum eine Versuchung für die Menschen? Oder wird das Brot des Himmels in ungenießbarer Form angeboten? Tatsächlich ist manche Präsentation alles andere als attraktiv und verlockt höchstens Personen mit einer masochistischen Neigung, solche also, die sich auch der Fremdenlegion anschließen würden und immer meinen, Bestrafung verdient zu haben. Doch diese Art Religion ist weder von Christus noch

„puritanisch“. Zwar gingen die Puritaner als prüde, freud- und humorlos in die Geschichte ein, in Wirklichkeit aber waren sie sehr glückliche Leute.

Nein, Jesu Nachfolger laufen in einer Prozession des Lebens, mit dem Lebensfürsten an ihrer Spitze! Einst waren sie blind, doch jetzt sehen sie, waren verloren und sind gefunden, waren tot und sind lebendig, und sie *„folgen dem Lamm überallhin“* (Off. 14,4 *gn*). Sie folgen seiner Spur wie ein breiter Lichtstrom.

Manchmal wird meine Botschaft als „populistisches Evangelium“ bezeichnet. Ich sehe darin nichts Schlechtes, wenn es im Kontrast zu einem Dienst mit „akademischem Lack“ steht. Der Hinweis auf Jesus sei erlaubt: *„Und die Menschenmenge hörte ihn gern.“* (Mk. 12,37) „Die Menge“ aber besteht vor allem aus gewöhnlichen Leuten. Abraham Lincoln sagte: „Der Herr bevorzugt gewöhnlich aussehende Leute, darum hat er so viele davon geschaffen.“ Es ist keine Tugend, das Christentum in einem Rahmen des Intellektualismus und der schönen Künste zu präsentieren, es sei denn, man erreicht damit Menschen für Christus.

Leider verwechseln viele die erhabenen Gefühle, die durch große Kunst hervorgerufen werden, mit der Gegenwart Gottes. Sie gehen durch eine hochgewölbte Kathedrale und sagen, dass sie Gottes Nähe empfinden. In Wirklichkeit würden sie solche Gefühle wohl auch bekommen, wenn diese Kirche ein Museum wäre, und oft ist sie auch nichts anderes. Man verspürt Ehrfurcht vor der Architektur, aber Gott *„wohnt nicht in Tempeln, von Händen gemacht“* (Apg. 7,48 *sch*). Nicht jeder mag die schönen Künste – können deshalb nur „kultivierte“ Menschen gerettet werden? Müssen wir Johann Sebastian Bach und Gregorianische Gesänge bevorzugen, um uns für den Einlass im Himmel zu qualifizieren? Paulus sagt, sein Ziel sei, *„auf alle Weise etliche zu retten“* (1. Ko. 9,22 *kj*).

Hierüber gibt es manche Verwirrung, und deshalb sollten wir klarstellen: Form und Inhalt des Evangeliums sind zweierlei! Es kann vom Erzbischof in der Kathedrale gepredigt werden oder vom bekehrten Drogenhändler im Zelt. Aber an seiner Schlichtheit dürfen beide nichts verändern. Mag sein, dass die Leute vom Erzbischof eine gehobenere, feierlichere Sprache hören, aber das wäre nebensächlich. Denn nur im Evangelium selbst steckt Gottes Größe, Kraft, Majestät und Wunder, bei **allen** Gelegenheiten. Paulus sagte, er sei *„willig, auch euch, die ihr in Rom* *seid, das Evangelium zu verkündigen. Denn ich schäme mich des Evangeliums von Christus nicht, ist es doch Gottes Kraft zum Heil …"* (Rö. 1,15f *-ü*) **Das Evangelium ist mächtig im Munde eines jeden Verkündigers.**

In Afrika predige ich das denkbar klarste und direkteste Evangelium, und es hat die erstaunlichste Wirkung. Mit der Frische einer Ozeanwelle flutet es in Herzen und Sinne der Menschen. Ich benutze keine Techniken, Massenpsychologie oder Tricks, und wir verwässern auch nichts. Was ich predige, ist das Evangelium über Himmel oder Hölle, Umkehr und Glauben, Sünde und Vergebung.

Methoden und Prinzipien im 2. Korintherbrief

Zum Thema „Dienst für den Herrn" ist der 2. Korintherbrief eine wunderbare Quelle. Paulus selbst stand hier in Problemen mit einer Gemeinde und Menschen, die etwas darstellen wollten. Meine Methoden in der evangelistischen Praxis basieren auf Einzelheiten dieses Lehrbriefes.

„Daher erlahmt unser Eifer nicht in dem Dienst, der uns durch Gottes Erbarmen übertragen wurde. Wir haben uns von aller geheimen Schande losgesagt; wir handeln nicht hinterhältig und verfälschen das Wort Gottes nicht, sondern lehren offen die Wahrheit. So empfehlen wir uns vor dem Angesicht Gottes jedem menschlichen Gewissen." (2. Ko. 4,1 *eü-ü*)

Paulus war sich tief bewusst, dass Gesandte Christi ein Modell für ihre eigene Botschaft sein müssen, und spricht besonders die charakterliche Eignung an. Das Geheimnis des Evangeliums liegt in der Person, nicht in irgendeiner fremden, mystischen Handlung Gottes. Dazu bringt Paulus später noch Einzelheiten (s. 2. Ko. 6,3-13). Wir halten fest:

- Die selbst empfangene Barmherzigkeit sieht Paulus als Haupttriebfeder für Evangelisation und will jedem von diesem wunderbaren Geschenk Gottes erzählen.

- Darum wird er nicht abtrünnig und gibt nicht auf.

- Auch führt er kein Doppelleben, einerseits das Evangelium zu predigen und andererseits mit heimlicher Schande umzugehen.

- Er verfälscht das Wort Gottes nicht und predigt genau das ihm aufgetragene Evangelium, nicht seine eigenen Einfälle.

- Hierdurch bekommt er zumindest die Anerkennung im Gewissen der Mitmenschen; sie können sagen, dass er ein aufrichtiger Mann Gottes ist.

Stolpersteine

Mehr als irgendjemand sonst kann ein Pastor oder Evangelist zum Stolperstein werden und Menschen zu Fall bringen. Seine Position kann zu ebenso schönen wie schädlichen Auswirkungen führen.

Der Unterschied zwischen einem erfolgreichen Menschen und einem weniger erfolgreichen mag – im Geschäft wie im Dienst – oft eine kleine Sache sein. Doch diese kleine Sache kann Zuwendung oder Antipathie hervorrufen, Zusammenarbeit oder Verweigerung, Motivation oder Unlust, Harmonie oder Missklang. Ich könnte Dutzende von pastoralen Charaktereigenschaften auflisten, die Menschen von Gemeinden wegtrieben, ganz abgesehen von kapitalem Versagen in Moral oder Lehre. Was nützt es, wenn Evangelisation die Leute hereinbringt, aber gedankenlose Leiter sie wieder wegscheuchen? *„Wer nicht mit mir sammelt, der zerstreut."* (Lk. 11,23 *sch*)

Doch Paulus hat eine Antwort: **Liebe** (s. 1. Ko. 13)! Liebe sichert uns rundum; sie ist das Geheimnis aller Weisheit. Viele Fehler sind unter christlichen Leitern einfach nicht möglich, wenn sie ihre Leute wirklich lieben. Paulus sah allerlei solche Dinge. Seine Briefe wollen erziehen, mit Menschen richtig umzugehen und sie nicht abzustoßen.

Uns selbst empfehlen?

Paulus schreibt ungeniert: *„In allem empfehlen wir uns als Gottes Diener."* (2. Ko. 6,4) Zu Recht sagen wir, dass Eigenlob keine Empfehlung ist (s. Spr. 27,2). Aber weder bläst Paulus hier seine eigene Trompete noch rät er uns zu so etwas. Er empfiehlt sich nicht mit Übertreibungen oder billiger Reklame – protzige, aufbauschende Werbung entwertet nur das Bild der Evangelisation. Wie Charles H. Spurgeon gern anmerkte, hat David einen Löwen und einen Bären erlegt, ohne darüber zu reden; doch manche Leute veranstalten einen Triumphzug, wenn sie eine Maus getötet haben.

Und was tut Paulus? Statt mit glänzenden Erfolgsberichten empfiehlt er sich durch **Ausdauer. Sie steht ganz oben auf seiner Liste.** Denn im Dienst ging er durch Bedrängnisse, Nöte, Kummer, Schläge, Gefängnis, Tumulte, harte Arbeit, schlaflose Nächte und Hunger (s. 2. Ko. 6,4f).

Sich *„in allem … als Gottes Diener"* zu empfehlen, ist aktiv, nicht passiv. Wenn Nöte kommen, finden manche es wohl geistlich, dazusitzen, gequält zu lächeln und alles zu ertragen. Paulus tat das offenbar nicht! Er fand Wege, um Ausdauer in Aktivität zu übersetzen und ein Vorbild für Gottes bewahrende, aufrechterhaltende Gnade zu werden. Seine Briefe an die Epheser, Philipper und Kolosser schrieb der Apostel aus dem Gefängnis in Rom. Wenn körperliche oder gedankliche Prüfungen kamen, raffte er sich auf, hieß sie willkommen und machte daraus das Beste zu Gottes Ehre. Denn er hielt auch Nöte für Gelegenheiten, das mächtige Werk Gottes in seinem Leben abzubilden.

Elemente eines wahren Dienstes

In 2. Korinther 6,6f skizziert Paulus Grundelemente eines echten geistlichen Dienstes: Reinheit, Erkenntnis, Langmut, Güte, Gegenwart des Heiligen Geistes, ungeheuchelte Liebe, wahrhaftige Rede, Kraft Gottes und, als einzige Waffe, Gerechtigkeit in beiden Händen, was Arroganz und Streit ausschließt.

Unabhängigkeit von der öffentlichen Meinung

In den Versen 8-10 desselben Kapitels redet Paulus von seiner Unbestechlichkeit gegenüber allen öffentlichen, behördlichen, religiösen, privaten oder sonstigen Reaktionen auf seine Arbeit. Willig und ehrlich beurteilt sich der Apostel selbst. Er akzeptiert keine Schmeicheleien; denn er weiß, was er ist und was nicht.

Paulus ist selbstkritisch. Wenn er in einer Stadt schlechte Zeiten hatte, sagt er das auch und gibt nicht vor, es sei wundervoll gewesen. Er beschreibt die Wahrheit über sein Werk und sich selbst; dann zeigt er die entgegengesetzte Sichtweise der Welt. Unabhängig von Ehrung oder Diffamierung macht er weiter; es ist ihm einerlei, ob die Berichte schlecht oder gut sind. Er ist offen und glaubhaft, wird aber wie ein Hochstapler behandelt; als ein Niemand und doch berühmt; als erledigt und doch aktiv; geschlagen und doch nicht tot; wie ein Leidtragender, aber immer freudig; abgeschrieben als Armer, doch ständig Tausende (jetzt Millionen) reich machend; als mittellos, doch alles besitzend.

Natürlich war Paulus nach Jesus **der** Pionier des Evangeliums, von Gott für dieses besondere, strahlende Vorrecht erwählt. Aber mit ihm gab uns der Herr auch ein menschliches, nachzuahmendes Vorbild für Gottesdiener. Als solcher sagt er den Korinthern weiter: *„Wir haben unsere Herzen weit für euch geöffnet!"* (s. Vers 11) Hier zeigt sich mir das Geheimnis einer der größten Persönlichkeiten, die je lebten und Gott dienten: Als man versuchte, sein Herz zu brechen, „schlug" er nur mit Händen voller Hilfe und Heilung zurück.

Wenn wir als Zeugen Eindruck schinden wollen, wird es nichts weiter sein als künstlich und dünkelhaft. Denn wir sind nicht berufen, unsere eigene Brillanz oder Korrektheit darzustellen – wir sollen **des Herrn** Zeugen sein und die Menschen an Jesus selbst erinnern, dessen Leiden an unserer Stelle das letztendliche Beispiel zur Nachfolge ist. Wie Petrus sagt, gingen wir *„in die Irre wie Schafe"*, sind aber *„jetzt zurückgekehrt zu dem Hirten und Aufseher"* unserer Seelen (s. 1. Pt. 2,25).

Einer der denkbar feinsten Evangeliums-Lehrgänge wäre vielleicht, uns für einen Tag zurückzuziehen, jeden einzelnen Punkt aus der Empfehlungsliste von 2. Korinther 6 neben unser eigenes Leben zu halten und zu sehen, wie unsere Prioritäten dabei abschneiden. Sind wir uns selbst und unserem Auftrag treu?

Nur wenn wir ehrlich zu uns selbst sind, können wir es auch zu Gott sein. Das ist die beste Methode, die jemand befolgen kann.

Anmerkungen:

1 Näher beschrieben in unserem Kapitel 3.

2 Gemeint sind die regelmäßigen öffentlichen Versammlungen (neben Haustreffen, wie in Apg. 5,42 und 20,20 beschrieben).

Kapitel 8

Apostelgeschichte: Gemeinde in Aktion

Wir können auf Pläne schauen, diskutieren und sogar beten, aber letztendlich müssen wir handeln. Tun wir es, evangelisieren wir! Smith Wigglesworth befand sich auf einer Schiffsreise und brachte den Passagieren in seiner typischen Art bei, wofür er stand. Ein Geistlicher beanstandete dieses draufgängerische Vorgehen, doch Smith antwortete nur gewohnt knapp: „Die Taten der Apostel wurden aufgeschrieben, weil die Apostel etwas taten!"[1]

Die Apostelgeschichte zeigt Gemeinde in Aktion. Weil wir daraus viel Motivation und Weisheit gewinnen können, betrachten wir die „Taten der Apostel"[2] in den nächsten zwei Kapiteln etwas ausführlicher. Beginnen möchte ich mit einigen Grundbeobachtungen zu diesem großartigen Buch und seinen Menschen.

Resultate erzielen

Einfach gesagt: Wenn wir tun, was die Apostel taten, werden wir erreichen, was sie erreichten! Heute sagt man, die Apostelgeschichte schildere das Modell für Erweckung. Aber dort ist nicht alles einfach **nur geschehen** – die Jünger **machten es geschehen**! Im Obersaal vom Geist entflammt, gingen sie die Welt entflammen.

Dazu brauchten die Jünger keine weitere Erfahrung als die Hingabe an Gebet und Gottes Wort. Sie blieben nicht im Obersaal, um ihr Erlebnis zu feiern oder zu verlängern. Auch kamen sie nicht ständig zurück, um mehr vom Heiligen Geist zu bekommen. Gottes Geist ist nicht zur religiösen Völlerei gegeben. Nein, erfüllt mit seiner Kraft gingen die Jünger hinaus und verkündigten die herrliche Wahrheit über all das Empfangene. Und was geschah? Gott tat die gleichen Dinge überall! Diese Erfahrung sprach Petrus später auch deutlich aus: dass z. B. die Neubekehrten in Samaria dieselbe Gabe empfangen hatten wie zu Anfang die Apostel (s. Apg. 11,15-17).

Menschen der Tat

Die Jünger beteten nicht nur, saßen herum und warteten, dass Gott das „Spielfeld“ betrat, um die Welt im Alleingang und direkten Kontakt mit Ungläubigen zu bekehren. Vielmehr war es **ihre** Aufgabe, die ersten Kontakte herzustellen. Sie gingen in die Welt, damit der Heilige Geist in die Welt gehen konnte. Markus 16,20 sagt: *„Der Herr wirkte mit ihnen.“* Es heißt nicht, dass sie mit dem Herrn gingen. Sie gingen, und er ging mit.

Wenn wir wirklich Jesus folgen, folgt er uns. Wann und wo die Apostel sich in Bewegung setzten, tat Gott es auch. Natürliche Bemühung löst göttliche Bemühung aus; der Heilige Geist arbeitet, wo wir arbeiten. Nicht alle Evangeliumsverkündigung führt zu Erweckung, aber es gab noch keine Erweckung ohne Evangeliumsverkündigung. Der Mensch braucht Gottes Kraft, und Gott braucht Menschenkraft[3].

Methoden voll ausschöpfen

Die apostolischen Methoden wurden nicht aufgeschrieben, um uns genau zu sagen, wie man jeweils vorgeht – sie sind keine hochheiligen und endgültigen Vorschriften. Aber sie lehren uns, dass die Apostel ihre Verkündigung den Umständen ihrer Tage anpassten. Dasselbe müssen wir im Zeitalter der Telekommunikation tun. Die Menschen des Internet-Zeitalters denken anders als frühere Generationen. Der Bibeltext bringt die Wahrheit, doch es ist unsere Aufgabe, ihn zu übermitteln – und zwar wirkungsvoll.

Lebensart der geistlich Reichen

Seien wir ehrlich: Die Apostel taten Dinge, die wir uns heute normalerweise nicht erträumen.

Zum Beispiel **warfen sie das Los**, um herauszufinden, wer Judas Iskarioth als Zwölfter ersetzen solle (s. Apg. 1,23-26). Ich weiß von keiner heutigen Glaubensrichtung, die es wagen würde, diesem Beispiel zu folgen. Man stelle sich nur vor, leitende Personen würden gewählt, indem man die Münze wirft oder Strohhalme ziehen lässt!

Ein weiteres Beispiel: Die Gläubigen in Jerusalem **legten ihren Besitz zusammen**. Auf Dauer aber lief das wohl nicht so gut und wurde schließlich eingestellt. Als Paulus den judäischen Christen helfen wollte, gab es in anderen Gemeinden keinen Hilfsfonds, so dass er einen kräftigen Spendenaufruf an Heidengemeinden richten musste (Apg. 4,33f; 11,29f; 2. Ko. 8,7.11; Rö. 15,25f). Ihre Gütergemeinschaft konnte also die Christen in Judäa nicht vor Armut bewahren. (Vielleicht war sie sogar der Auslöser?) Ich kenne Gläubige, die immer noch probieren, nach dem Gemeinschaftsprinzip zu leben. In ihren Augen ist der damals gescheiterte Versuch für uns heute bindend. Doch die Apostel lehrten nie, dass gemeinschaftliches Leben eine gottgegebene Regel für alle künftigen Generationen sei.

Andere haben die Vorstellung, es gebe eine zwingende göttliche Anordnung, dass die **Christen einer Stadt ein einziges organisiertes Gemeindezentrum** zu bilden hätten. Aber damals gab es keine organisierten kirchlichen Gruppierungen, wie wir sie heutzutage kennen, und Mitgliederlisten hätte man wohl für revolutionär gehalten.

Wenn Paulus einer örtlichen Gemeinde schrieb, hatte sie keine Postadresse. Und wenn er von Gemeinde sprach, dachte er an alle Christen in diesem Gebiet. Sie mögen sich hier und da in Gruppen aufgeteilt haben, die nach einem Leiter benannt waren (siehe Korinth). Aber Paulus sah in ihnen allen „die Gemeinde“. Die Städte waren im Vergleich zu heute sehr klein. Selbst Rom, sagt man, hatte nur eine Million, Jerusalem normalerweise (anders bei großen Festen) nur 50.000 Einwohner. Christliche Gruppen trafen sich in Häusern, und jede hatte einen eigenen „Ältesten“. Und heute? Bei unseren Großevangelisationen kommen in einer Stadt die Christen aus verschiedensten Benennungen einmütig zusammen, um uns zu helfen. Auf Englisch würde man sagen: „Unity is not uniformity“, Einheit ist nicht Gleichförmigkeit! In der Bibel umfasst Einheit Vielfalt.

Ein Gott der Vielfalt

Was Menschen tun, ist eine Sache, was Gott tut, eine andere. Die Apostelgeschichte dokumentiert uns seine Segensprinzipien und Wirkungen des Heiligen Geistes. Darauf dürfen auch unsere heutigen Erwartungen gründen; denn was Gott **getan hat**, wird er **immer tun**. Allerdings mag er es anders tun als beim ersten Mal, wie auch Jesus die Kranken auf vielerlei Art heilte. Gott ist keine Vervielfältigungsmaschine und sein Wort keine Computer-Datei, die beim Öffnen jedes Mal dasselbe anzeigt. Gott bringt Veränderungen, ohne seinen Charakter zu ändern.

Er ist der Gott der Vielfalt und Abwechslung. **Wir** können ein Eichenblatt von dem einer Rosskastanie unterscheiden, bei **Gott** aber sind keine zwei Eichenblätter gleich. Wenn er eine Sache nochmals tut, kommt dabei nie nur eine Fließbandkopie früherer Aktionen heraus. Gott hat unveränderliche Ziele, verfolgt sie aber auf vielerlei Wegen und mit vielen Ideen. Gott möchte keine leeren Zugaben oder wiederholte Vorführungen. Er ist eifrig bemüht, uns da zu begegnen, wo wir jeweils sind, so wie er schon den Menschen 2000 Jahre vor uns begegnete.

Die Rolle Jesu

„In meiner ersten Schrift habe ich alles berichtet, was Jesus begonnen hat zu tun und zu lehren.“ (Apg. 1,1 *gn-ü*)

Aus diesem Satz dürfen wir folgern: Jesus hatte erst angefangen, die Dinge zu tun, von denen Lukas im Evangelium schrieb, und setzte sie auch nach seiner Himmelfahrt fort. Tatsächlich gibt es keine Grundlage für die Behauptung, Jesus habe damit je aufgehört. Zwar hat er diese Welt körperlich verlassen, führt sein Werk aber weiter. Und was tun **wir**? Wir lesen sein Wort, um die Art seines Wirkens herauszufinden, schauen uns um, erwarten, dass wir es auch erleben – und es geschieht! Jesu Abwesenheit von der Erde ist nicht die gleiche wie meine, wenn ich nicht in Deutschland bin. Er arbeitet mit seinen Dienern, wo immer sie sind, und hält sein wunderbares Versprechen: *„Ich bin bei euch alle Tage bis zur Vollendung des Zeitalters!“*

Wenn Christus **sein** Werk fortsetzt, dann muss er das letzte Wort bei unserem Tun haben. Er sendet seine Knechte und Mägde, um spezielle Aufgaben auszuführen. *„Jeder hat seine eigene Gnadengabe von Gott!“* belehrt uns 1. Korinther 7,7. Keiner kann etwas sein, außer der Herr beruft ihn: *„Nicht ihr habt mich erwählt, sondern ich habe euch erwählt und gesetzt, dass ihr hingeht und Frucht bringt … Getrennt von mir könnt ihr nichts tun.“* (Jo. 15,16 *sch*; 15,5) Natürlich können wir ohne ihn predigen – und leider tun das viel zu viele –, aber unsere Bemühungen werden am Ende auf nichts hinauslaufen.

Jesus sagt weiter: *„Wir müssen die Werke dessen wirken, der mich gesandt hat* [d. h. der Vater], *solange es Tag ist; es kommt die Nacht, da niemand wirken kann. Solange ich in der Welt bin, bin ich das Licht der Welt."* (Jo. 9,4f) Das grundlegende Werk des Vaters war die Schöpfung. Er vollbrachte sie nicht im Dunkeln, sondern sagte zuerst: *„Es werde Licht!"* (1. Mo. 1,3) Sogar die Sonne und den Mond erschuf er im Licht. Jesus greift dies als Gleichnis auf: Er ist das Licht der Welt, und während das Licht scheint, sind Wunder möglich. In Johannes 9 zum Beispiel wurde der blinde Mann sehend.

Aber es kam die Nacht. Jesus lag drei Tage im Grab. Das Licht der Welt schien in der Dunkelheit einer staubigen Gruft zu erlöschen. Christus ging für uns in die Nacht. Er schritt durch den Vorhang des Todes, hinein in die ewig finstere Unterwelt. Aber dort zündete er für immer seine Lichtfülle an.

Zu Beginn seines Evangeliums schreibt Johannes: *„Und das Licht scheint in der Finsternis, und die Finsternis hat es nicht erfasst."* (Jo. 1,5) Johannes benutzt das mit „erfassen" übersetzte griechische Wort (katalambanein) nur noch ein zweites Mal, und wieder in Verbindung mit Dunkelheit: *„Geht euren Weg, während ihr das Licht habt, damit die Dunkelheit euch nicht überfällt!"* (Jo. 12,35 *gn-ü*) Anders formuliert: Solange man im Licht geht, kann einem die Dunkelheit nichts anhaben.

Nie kann Dunkel über Licht siegen. Auch die Finsternis von Hölle und Tod konnte das Licht vom Himmel nicht verschlucken. Keine noch so große Finsternis bringt eine Kerze dazu, nicht mehr zu leuchten. Zeitweilig löschte Jesu Tod seinen Lehr-, Heilungs- und Befreiungsdienst aus, und vom Moment seiner Verhaftung bis zum Kommen des Heiligen Geistes taten die Jünger keine Heilungswunder. Dann aber schien das Licht wieder, und sie setzten Jesu Werk fort.

Die Rolle der Jünger

Diejenigen, die Jesus aussendet, sind seine **bevollmächtigten** Vertreter. Wir lesen von Momenten, wo Jesus seine Jünger auf Mission schickte, um seine eigene Arbeit zu erweitern. Matthäus 10,1 berichtet: *„Und als er seine zwölf Jünger herangerufen hatte, gab er ihnen Vollmacht über unreine Geister, sie auszutreiben, und jede Krankheit und jedes Gebrechen zu heilen."* In Lukas 10,19 steht, dass er sie ausdrücklich anwies, die Kranken zu heilen, und weiter sagte: *„Siehe, ich habe euch die Macht gegeben, auf Schlangen und Skorpione zu treten, und über die ganze Kraft des Feindes, und nichts soll euch schaden.“* Doch als Jesus gestorben war und sich nur gelegentlich als der Auferstandene zeigte, konnten die Jünger offenbar nichts tun. Erst als er seinen Heiligen Geist an Pfingsten sandte, ging sein Werk durch sie weiter.

Heute, da Jesus physisch von der Welt abwesend ist, bildet die Gemeinde seinen sichtbaren Leib. Die Gläubigen besitzen Vollmacht, an seiner Stelle und in Fortsetzung seines Dienstes zu handeln. Christus hat uns zu Vollzugspersonen aller möglichen Pflichten ernannt. Seine mächtigen Hilfsquellen und Vorräte befähigen uns, die Arbeit zu schaffen. Gott sei Dank, wir müssen nicht unbewaffnet und schwach in die Welt gehen.

Jesus versichert: *„Was irgend ihr den Vater bitten werdet in meinem Namen, er wird es euch geben!“* (Jo. 16,23 *sch*) Diese Verheißung bezieht sich auf Gottes Werk. Er verspricht, unseren Ruf zu beachten, wenn wir seinem Ruf gehorchen. Wir können bitten, was wir wollen, solange es in Übereinstimmung mit seinem Willen ist.

Sein Versprechen bedeutet natürlich nicht, dass er auf Befehle von uns wartet. Er ist nicht unser Kellner oder dienstbarer Geist, den wir durch Reiben an einer magischen Lampe herbeirufen können. Gott verspricht nicht, unsere Brieftaschen und Bankkonten zu füllen. Nie wollte er seine Diener steinreich machen, mit blinkenden Ringen am Steuer ihrer Luxusautos. Was wir erbitten, ist **für sein Reich**. Jesus hat gesagt, wir sollten uns nicht auf Dinge konzentrieren, sondern auf Gottes Reich. Man möge mich nicht missverstehen: Wohlstand ist für Christen nicht falscher als Sonne und Regen, aber die materiellen Besitztümer haben keinen Ewigkeitswert. Wichtiger ist die Erkenntnis, dass *„nur Güte und Gnade … mir folgen alle Tage meines Lebens“* (Ps. 23,6). Güte und Gnade jedoch folgen uns nur, wenn wir dem Herrn folgen.

Der Name Jesus

Unsere Vollmacht gilt im Umfang aller Aufträge, die Jesus uns erteilt. Wir sind autorisiert, in seinem Namen zu handeln, und wir stehen in diesem Namen (s. Jo. 14,14; 16,23f)! Allerdings ist sein Name keine Formel, die bei jeder Handlung wiederholt werden muss. Nicht, dass etwas daran falsch wäre, die Worte „im Namen Jesu" zu sagen; ich betone ja nur die Grundlage unserer Vollmacht. Aber wir selbst **erzeugen** keine Kraft und verwenden keine Zauberworte. Wir **haben** die Kraft, alles zu tun, was Jesus uns aufträgt. Glaube im Namen Jesu heißt Glaube an die **Person** Jesus, und das genügt!

Illustriert finden wir dieses bedeutende geistliche Prinzip bei der ersten apostolischen Heilung, beschrieben in Apostelgeschichte 3. Hier sagte Petrus (V. 6 *sch*): *„Im Namen Jesu Christi von Nazareth stehe auf und geh!"* Doch bei späteren göttlichen Heilungen ging er anders vor:

Petrus heilte einen Gelähmten, indem er sagte: *„Äneas! Jesus Christus heilt dich! Steh auf."* Und was geschah? *„Sogleich stand er auf."* (Apg. 9,34) Jesus wurde klar als die Quelle der Heilung benannt, aber Petrus griff nicht zurück auf das formelle „Im Namen Jesu".

Ein andermal führte man ihn zu einer Frau namens Tabita, die schon zum Begräbnis aufgebahrt lag. Er weckte sie vom Tod auf, ohne den Namen Jesus überhaupt zu erwähnen. Nachdem er sich zum Gebet niedergekniet hatte, *„wandte er sich der Toten zu und sagte: Tabita, steh auf! Sie öffnete die Augen, und als sie Petrus erblickte, setzte sie sich auf."* Das Resultat? *„Viele kamen zum* ***Glauben an den Herrn****."* (Apg. 9,40.42 *gn-ü*) Die Leute glaubten an den Herrn, nicht an Petrus, auch wenn dieser den Namen des Herrn nicht nannte, als er Tabita auferweckte. Jesu Markenzeichen ist unverkennbar.

Predigen – lehren – heilen[4]

Die drei Dienstbefehle Christi kann man zusammenfassen mit „Predigt, lehrt, heilt!" Seine Autorität umfasst sowohl Lehre als auch Heilung. Wir sind ausgesandt, das zu lehren, was Christus lehrte, und zu tun, was Christus tat. Wir tun dies „in seinem Namen", d. h. als seine autorisierten Vertreter. Er lehrte und handelte im Namen des Vaters, und wir lehren und handeln in Jesu Namen.

Manchmal heilen wir in Jesu Namen, predigen aber in unserem Namen. Doch **unser Wort** ist nur **unsere Meinung**, zu deren Verbreitung wir nicht gesandt sind. Wir verkünden **sein Wort**, nicht das eigene. Unsere Vollmacht beruht auf seiner Vollmacht. In Apostelgeschichte 4,2 wird uns berichtet, dass die Apostel *„das Volk lehrten und* ***in Jesus*** *die Auferstehung aus den Toten verkündigten."* Als sie verhaftet wurden, ließen die Ratsmitglieder *„sie rufen und geboten ihnen, überhaupt nicht mehr in dem Namen Jesu zu reden noch zu lehren."* (Apg. 4,18 *sch-ü*)

Wissen wir eigentlich, was „predigen" bedeutet? Schauen wir auf Jesus: Er ging umher, *„**lehrte** in ihren Synagogen, **predigte** das Evangelium des Reiches und **heilte** jede Krankheit und jedes Gebrechen unter dem Volk."* (Mt. 4,23) Was wir „predigen" nennen – die sonntägliche Ansprache in der Kirche zu einer regelmäßigen Versammlung – dürfte eher das sein, was die Bibel „lehren" nennt. **Biblische Predigt aber ist kein Vortrag, sondern die Proklamation durch einen Boten!**

Als Botschafter haben wir kein Recht, den Leuten unsere eigenen Ideen aufzuerlegen; wir besitzen nur das Recht, anzukündigen, was unser König sagen will. Wesentlich ist: Wir sind Herolde mit der Autorität, Gottes Wort zu verkündigen. Unsere Arbeit ist, die Wahrheit des Evangeliums zu proklamieren.

Das wiederum ist der Grund, warum Jesus sagen kann: *„Wenn … meine Worte in euch lebendig sind, könnt ihr den Vater um alles bitten, was ihr wollt, und ihr werdet es bekommen."* (Jo. 15,7 *gn*) Anders ausgedrückt: Wenn das Evangelium in uns lebendig bleibt, dürfen wir seiner Verkündigung zuliebe alles erbitten, was wir wollen. Brauchen wir Kraft, Geduld, Mut, Stärke und Weisheit, um Jesu Auftrag zu tun? Lasst uns bitten und empfangen!

Ich habe die **Vollmacht** angesprochen. **Sie wird nicht durch Lautstärke und Gestikulieren erzeugt.** Ich habe nichts gegen Zeichen von Leben! Aber Vollmacht ist ein **verborgenes Geheimnis** in unseren eigenen Herzen. Wir wagen vollmächtige Äußerungen, weil wir von ihrer Wahrheit tief überzeugt sind – nicht in Rechthaberei, sondern im Vertrauen zum Heiligen Geist, dass er auch die Zuhörer überführt. **Vollmacht beruht auf dem Glauben an Gottes Wort und einem tiefen Wissen um den Heiligen Geist in uns.**

Das Wort tun

Jeder in der Kirche stimmt zu, dass wir Jesu Lehrdienst fortsetzen müssen; aber wir können nicht nur lehren und das, was er **tat**, weglassen. Wir müssen ebenso heilen wie lehren. Wenn nicht, dann ist es keine wirkliche Weiterführung von Christi Dienst, sondern erst die Hälfte der Aufgabe: *„Geht … und macht die Menschen zu meinen Jüngern … und lehrt sie, alles zu befolgen, was ich euch aufgetragen habe!"* (Mt. 28,19f *gn*)

Wir haben nicht die geringste Befugnis, Jesu Lehre von seinem Heilungsdienst zu trennen. Eins unterstützt das andere. Er lehrte auch durch das, was er tat, und sagte sogar: *„Wenn ich nicht die Werke meines Vaters tue, so glaubt mir nicht!"* (Jo. 10,37) Die Autorität seiner Lehre entsprang seinen Wundern und die Wunder entsprangen der Lehre. Wenn wir lehren, was er lehrte, werden wir tun, was er tat, oder unsere Lehre wird lediglich theoretisch sein. Jesus hat uns zugesagt: *„Wer an mich glaubt, wird … noch größere Taten vollbringen, denn ich gehe zum Vater."* (Jo. 14,12 *gn-ü*) Er verbrachte die Hälfte der Zeit mit Heilen. Wenn man seinen Tod zum Schlusspunkt dieses Dienstes erklärt, ist das eine Missachtung des unwandelbaren Christus.

Lehren und Tun – nur so wird Gemeinde zur Verkörperung Christi in einer bedürftigen Welt. Sein Mitleid fließt durch unsere Herzen, es ist in unseren Augen zu sehen und bewegt unsere Füße, wie es seine bewegte. Unsere Hände werden seine Hände, unsere Stimme seine Stimme; unsere Liebesarme sind die einzigen Arme, die er auf der Erde einsetzen kann. Wir können nichts ohne ihn tun, und er will nichts ohne uns tun.

Lebendige Wahrheit

Die Evangeliumswahrheit ist lebendige Wahrheit und keine Sammlung von Vorschlägen. Wir sprechen vom „einfachen Evangelium". Es kann schon aus einem halben Dutzend Bibelstellen gebildet werden, von denen uns jede erzählt:

Du bist ein Sünder. • Du gehst zur Hölle. • Christus übernahm deine Sünden. • Glaube! • Empfange Vergebung! • Dann gehst du zum Himmel!

All diese Aussagen sind wahr. Andere Religionen mögen ihre Theorien daneben stellen, aber das Evangelium ist keine Formel, kein Glaubensbekenntnis oder eine Reihe sachlicher Feststellungen und Definitionen. Es ist **Kraft!**

Seinen angemessenen Ausdruck findet das Evangelium ebenso in Werken wie in Worten, und zwar nicht allein **unseren** Werken, sondern denen des Heiligen Geistes. Noch einmal: Um zu lehren, was Jesus lehrte, müssen wir tun, was Jesus tat. Wenn wir ein Evangelium ohne Wunder predigen, „entmannen" wir die Wahrheit. Jakobus ermutigt uns, *„Täter des Wortes"* zu sein (s. Jk. 1,22), und Johannes ruft uns zu einer Liebe nicht nur *„mit Worten noch mit der Zunge, sondern in Tat und Wahrheit"* (1. Jo. 3,18).

Gipfel und Konzentrat aller Morallehren ist die Lehre Jesu Christi. Aber ohne das Element der Wunder wäre sie tot. Die Leute reden von christlichen Grundsätzen, vergessen aber Christi größten Grundsatz, nämlich dass er kam, um Gottes Leben in die Welt zu bringen! Sie haben die Pointe verpasst. Denn keine noch so intensive Morallehre könnte die Bekehrungen hervorbringen, die wir heute weltweit sehen, darunter unzählige Übeltäter, Zauberer, Diebe, Gewalttäter usw. Ich **muss** mich also absolut auf die Wunderkraft des Wortes Gottes verlassen. Was die Heilungen betrifft, treten sie zurück hinter den mächtigen Auswirkungen des Evangeliums auf die Menschenleben selbst.

Christliche Moral und Wunder[5] gehen Hand in Hand. Ohne die Offenbarung eines aktiven Gottes sind Ethik und Moral nur eine leere Hülle – kalte, mechanische Gesetzlichkeit. Doch alles an Jesu Lehre war eine warme, lebende Offenbarung des Vaters. Jesus sagte, er tue nur solche Dinge wie der Vater auch (s. Jo. 5,19), Heilung eingeschlossen. Wie ihn der Vater sandte, so sendet Jesus uns; es ist ein übertragenes Mandat. Somit besteht unsere Arbeit nicht nur darin, den Menschen zu sagen, dass sie gut und nett sein sollen. Wir müssen ihnen helfen, eine **Beziehung mit Jesus** zu beginnen, wie er sie mit seinem Vater hatte – daraus kann sich dann alles Übrige ergeben.

Mehr als Verstand

Das Evangelium ist viel mehr als nur intellektuell. Es hat eine erregende innere Wirkung, so etwas wie Ergriffensein[6], Feuer in der Seele! Wir lesen die Bibel nicht richtig, wenn wir sie emotionslos lesen. Das Wort muss uns bewegen dürfen; etwas spricht in uns und sagt: **Das ist wahr!**

Evangelisation erfordert einiges mehr als nur akademisches Wissen. Das Evangelium kann man sich nicht wie einen Lernstoff einprägen; es ist, über bloße Information hinaus, die Stimme der Wahrheit, die sich in der Seele verstärkt.[7]

Ebenso wenig bedeutet der christliche Glaube eine pure Darlegung historischer Fakten oder eine Liste von Glaubenssätzen. Denn Jesus ist mehr als eine historische Person, und sein Evangelium hat Leben spendende Kraft. Daher muss es gleichermaßen mit dem „inneren" Menschen wie mit dem Verstand aufgenommen werden. Wenn Evangelisation nicht die Herzen erreicht, ist sie selbst bei korrektester Lehre nutzlos. Der Erfolg ihrer Botschaft beruht nicht auf Logik. Christlicher Glaube hat der Logik oder griechischer Philosophie nichts zu verdanken. Christi Lehre durchkreuzt die Weisheit dieser Welt, ob es nun Aristoteles, Plato, Buddha oder Laotse sei.

Als frühere christliche Lehrer demonstrieren wollten, dass das Christentum ein rationales System sei, begingen sie einen schweren Fehler. Denn die Gegner behandelten das Evangelium gerade so und versuchten es vernunftmäßig zu widerlegen. Aber Jesus kam nicht, um uns ein Verstandessystem zu geben, sondern um uns in den Quellen unseres Lebens zu berühren und zu retten. Menschen werden nie allein durch den Verstand zum christlichen Glauben gelangen, sondern nur, indem sie ihre Herzen für Gottes Stimme und Offenbarung öffnen. Wir glauben, was wir glauben, weil es wahr ist; es berührt und bewegt uns. Unsere Glaubensüberzeugungen sind wie himmlische Musik und Poesie, die die menschliche Logik übersteigen. Das Evangelium besteht aus Liebe, purer Liebe, und in gewisser Weise ist nichts weniger vernünftig als die Liebe. Sie wurde schon als eine Form der Verrücktheit bezeichnet, und doch hält nicht Logik, sondern Liebe die Welt in Gang.

Evangelisation ist nichts weniger als dies: Gott liebt die Menschen durch uns! Am Beginn der Kirche stand eine Ausgießung des Geistes, der zunächst die Apostel bewegte und dann auch die Menschen, die Petrus predigen hörten. Das Einzige, was diese Leute wussten, war, dass sie vor sieben Wochen Jesus gekreuzigt hatten und nun des Mordes an ihm angeklagt wurden.

Petrus war ja mit Jesus gewesen; er verehrte ihn, eiferte ihm nach und hatte, denke ich mir, auch seinen Akzent übernommen. Doch eins scheint klar: Obwohl Petrus die Menge anklagte, hat er nicht ihre Wut erregt! Sein Tonfall war nicht feindselig, er erklärte ihnen nicht den Krieg. Vielleicht waren seine Worte vorwurfsvoll, aber er sprach die Wahrheit mit dem Feingefühl der Liebe. Diese Menschen hatten seinen besten Freund getötet, doch er predigte, dass Gott ihnen vergeben und ihre Sünden wegwaschen würde.

Ich frage mich, warum jene Leute die Anklage hinnahmen und Petrus glaubten, dass Christus zur rechten Hand Gottes erhöht worden war. Nur weil Petrus es sagte? Einfach so? Offensichtlich war Gottes Geist da, kein blankes Dogma oder laute Behauptungen. Petrus' Worte bohrten sich wie Enterhaken in ihre Seelen. Ja, Christ sein ist Herzensglaube, keine Verstandesakrobatik.

Hier war das Geheimnis: Gottes Geist legte das, was Petrus sagte, den Herzen seiner Zuhörer aus. Denn dass dieser Jesus auferstanden und zum Herrn und Christus eingesetzt worden sei, war ja nicht die leichteste Kost für weltliche wie religiöse Gemüter. So müssen sich alle Evangeliumsverkündiger auf den großen „Dolmetscher" verlassen. Es ist nicht gut, wenn man seinen Standpunkt durchboxt und die Unbekehrten einzuschüchtern versucht. Das klingt für sie, als hätte man eine ganz schwache Sache vorzubringen. Argumentiere, und sie werden denken, das Ganze sei eine Frage der Diskussion. Verkünde wie Petrus die Wahrheit, und die Menschen sind froh, Ruhe für ihre Seelen zu finden!

Es ist Zeit, der Welt zu sagen, dass unser Universum nicht nur naturwissenschaftlicher Art ist und die Naturgesetze nur eine Seite der Medaille bilden. Die Welt wurde aus Liebe, zur Liebe, gegründet auf die Liebe und zur Freude des Sohnes Gottes erschaffen. Daher bringt uns die Mathematik der Wahrheit keinen Deut näher. Mein Alter, Gewicht und andere statistische Daten zu wissen, besagt noch lange nicht, dass man mich kennt. Mein wahres Ich leuchtet nur zeitweise in dem auf, was ich tue. So ist es mit der Wahrheit: Die eine Seite mag man durch rationale Verfahren, im Laboratorium, durch Chemie oder Physik untersuchen, aber es gibt mehr! Männer und Frauen tragen in sich eine Natur, die vom chirurgischen Skalpell nicht offen zu legen ist. Unsere Persönlichkeiten sprechen auf die Kraft hinter der Schöpfung, die Liebe Gottes, an! So sind wir geschaffen, und darum trifft uns das Evangelium zutiefst.

Ein Evangelium des Feuers

„Zugleich sahen sie etwas wie züngelndes Feuer, das sich auf jedem Einzelnen von ihnen niederließ. So wurden sie alle mit dem Heiligen Geist erfüllt, und sie redeten in fremden Sprachen; denn der Geist hatte ihnen diese Fähigkeit gegeben.“ (Apg. 2,3f *hfa*)

Feuer – uns gehört ein Evangelium des Feuers! Feuer in Männern und Frauen bedeutet Wärme, Spannung, Energie, Begeisterung. Die Jünger hatten einen bejahenden, lebendigen Glauben voll pulsierender Energie und den Wunsch zu „gehen“. Sie waren weder von Gott beherrscht noch besessen, aber sie brannten vor Eifer und Liebe.

Was ist nur mit dem modernen Christentum passiert? Warum ist es so kühl kalkulierend, so „nüchtern“ und schicklich? Wenn im Zeitalter der Vernunft und Toleranz Menschen ihren Feuereifer zeigen und von ihren Erfahrungen mit dem Herrn sprechen, wird ihr Zeugnis allzu oft als blanke Schwärmerei verspottet – sie seien etwas unausgewogen und ausgeflippt. Die Welt durfte verrückt sein, aber die Kirche musste so würdevoll und „normal“ sein. Sie war nicht mehr der Ort des Feuers. Gottes Volk lernte, sich vernünftig und selbstbeherrscht zu zeigen. **Dabei sucht die Welt etwas, wofür sie sich begeistern kann!**

Warum sollte Christentum identisch sein mit stetiger Stille, schläfriger Ruhe und müder Milde? Warum nennen viele ihr Gebet nur „Stille Zeit“? In der Apostelgeschichte war das Beten wohl weniger eine stille Zeit. Mindestens zweimal folgte auf Gebet ein Erdbeben (Apg. 4 und 16). Wären wir dort gewesen, als das Haus zu schwanken begann, hätten wir sicher eine Auskunft verlangt: „Was, bitteschön, ist das? Was tun denn die da oben?“ Sie beteten „nur“.

Die Welt kann es nicht verstehen, was wie ein Feuersturm durch unsere Seelen geht. Aber ich tue ihr nicht den Gefallen, meine Freude zu ersticken. Wenn sie nicht zustimmen, sage ich: Lass sie nur schmecken und sehen, dass der Herr gut ist (s. Ps. 34,8)!

Anmerkungen:

[1] Wörtlich sagte Wigglesworth: „The Acts of the apostles were written because the Apostles acted.“

[2] „Taten der Apostel“ – so lautet der griechische Originalname der „Apostelgeschichte“.

3 Gleichzeitig ein Wortspiel (engl. „manpower“ heißt „Arbeitskraft“): „Man needs God's power and God needs manpower.“

4 Schön griffig klingt dies im Englischen: „Preach – teach – heal!“

5 Engl. „morals and miracles“

6 Das Wort „Emotion“ (lat.) drückt ja auch viel mehr aus als ein schwankendes „Gefühl“; eher eine kraftvoll bewegende Empfindung (vgl. Loko„motive“ und Tat„motiv“); vgl. engl. „motive“, „move“.

7 Und damit kann die Information zur Transformation (Umgestaltung) werden.

Kapitel 9

Gewöhnliche Menschen, außergewöhnliche Botschaft

Die Heilige Schrift kommt mir vor wie ein bleiverglastes Fenster: Wir erkennen erst bei näherem Hinschauen, wer sich dahinter befindet – es ist niemand anders als der Herr selbst!

So ist auch dies hier keine wissenschaftliche Studie. Denn ich schätze zwar das Wissen gelehrter Leute und nehme von ihnen mit, was ich nur kann – aber für göttliche Dinge ist noch eine andere Seite nötig, so etwas wie geistliches Verständnis.

Wer sein Interesse allein auf das Intellektuelle reduziert, klammert einen wesentlichen Aspekt göttlichen Lebens aus. Da müssen Dinge gesagt werden, die man nicht im Klassenzimmer lernen kann, so dass der Geist rät: *„Wer ein Ohr hat, höre!“* (Off. 2,7)

Dementsprechend möchte ich meinen Lesern gewisse Dinge mitteilen, von denen ich glaube, dass Gott sie heute sagen will.

Evangelisation in der Urgemeinde

Für Evangelisation ist die Apostelgeschichte das Schlüsselbuch der Bibel. Sie zeigt, wie der Befehl, aller Schöpfung das Evangelium zu predigen, von Christi Jüngern in Angriff genommen wurde. Was hieß dies damals? Nun, sicher haben sie kein Zelt aufgebaut oder durch Presse und Rundfunk eingeladen. Aber schauen wir uns einmal an, worauf Jesus sie verpflichtet hatte.

Die Botschaft

Man muss beachten, dass die Urgemeinde sich an etwas wagte, was seit Bestehen der Welt keiner getan hatte: **evangelisieren**! Das heißt, die Jünger machten ihr **Evangelium**, die „Gute Nachricht“, zum Lebensstil, bahnten den Weg für ein Konzept, das zum Aufbau der weltweiten Gemeinde Jesu führte. Damit waren sie nicht nur die ersten Missionare, sondern geradezu „Erfinder“ der Mission.

Nie zuvor hatte jemand einen Gott gehabt, der es wert war, dass man ihn groß erwähnte oder gar anderen Nationen bekannt machte. Die Götzen der Völker waren zumeist Unterdrücker oder schlimme Parasiten. Mit Baal, Apollo, Diana und anderen verband man keinerlei Zuneigung. Sie wurden als zwiespältige Tyrannen angesehen, die man besser beschwichtigte und zufrieden stellte. Die Behörden einer Stadt taten nichts, ohne dem einen oder anderen Gott die gehörige Anerkennung zu geben. Unterließen sie es, riskierten sie die göttliche Rache.

Die Boten

Wer waren die Jünger eigentlich? Ganz gewöhnliche Menschen, „Niemande", irgendwelche Personen. Deshalb – wenn Jesus etwas aus ihnen machte, kann er das mit jedem von uns, auch dir und mir. Sie waren weit davon entfernt, etwas Besonderes darzustellen: Als Jesus am Ufer entlangging, sah er ein paar ortsansässige Burschen. Er war ihnen schon einmal begegnet, aber an diesem Morgen, scheinbar zufällig, suchte er sie sich aus (s. Mt. 4,18ff) Warum auch nicht? Es kam weniger darauf an, wer sie waren, als was Jesus aus ihnen machen würde. So ist das bei ihm. Allerdings, bevor Jesus seine zwölf Apostel bestimmte, verbrachte er die Nacht im Gebet (s. Lk. 6,12). Wir erfahren nicht, was oder wie er gebetet hat. Allgemein vermutet man, dass er den Vater fragte, welche unter den rund 70 Jüngern er auswählen solle. Ich bezweifle das. Brauchte Gott eine ganze Nacht, um seinem Sohn ein Dutzend Namen zu nennen? Sagte er ihm überhaupt Namen? Hätten es nicht **irgendwelche** Menschen sein können, wenn sie sich von Gott rufen und bevollmächtigen ließen? Womöglich stand Jesus nur wieder in dem Kampf, Gottes Weg statt menschlicher Größe zu wählen. Wühlte in ihm die Versuchung, **keinen** aus diesem niederen Volk zu berufen, sondern Männer von höherem Kaliber und Bildung, wie zum Beispiel Nikodemus, Joseph von Arimathäa oder einen der Top-Rabbis? Dass Jesus die Zukunft aller Menschen mit dieser Gruppe roher, unerfahrener Gesellen entscheiden sollte, ist tatsächlich ein Schwindel erregender Gedanke!

Selbst als Jesus verhaftet und gekreuzigt wurde, waren ihm die Zwölf gar keine Hilfe. Sie ließen ihn alle im Stich und flohen, wobei ihr Anführer sogar fluchte, schwor und leugnete, Jesus von Nazareth überhaupt zu kennen. Und in die Hände solcher Leute gab Christus den Missionsbefehl?![1]

Tatsächlich könnte man meinen, mit solchen Aposteln sei die Verbreitung des christlichen Glaubens von Beginn an aussichtslos gewesen. Sie hatten weder Beziehungen noch Ahnung von der großen Welt, ihrer Politik und Philosophie. Die Griechen prahlten mit ihrer Bildung, die Römer besaßen Macht. Was konnte da eine so bunte Schar, meist Leute vom Lande oder ungebildete örtliche Fischer, ausrichten, um diese Welt zu erobern? Sie sprachen nicht mal eine akzeptable Mundart. Obendrein schickte Jesus sie ohne Geld los und untersagte ihnen, etwas anzunehmen. Nein, die Chancen standen haushoch gegen sie.

Sie ließen Jesus fallen, als es zur Krise kam. Selbst als er vom Tod auferstanden war, glaubten sie nicht, was ihre Augen sahen. Wie sollten **sie** andere zum Glauben führen?

Und doch haben sie Jerusalem und schließlich das ganze Römische Reich auf den Kopf gestellt, oder besser auf die Beine – bewundernswert! So etwas ist nur mit Jesus möglich. Seine Stärke vollendet sich in unserer Schwäche. Er beugt das Protzige durch das Hinfällige. Gott wählt Benachteiligte, um zu zeigen, dass er alles in allen ist.

So etwas tut der Herr mit Vorliebe! Nehmen wir einmal Gideon (s. Ri. 6-8). In Israels bedrängter Lage wollte er wissen, wo denn nun der wundermächtige Jahwe sei, der sie einst aus Ägypten geführt hatte. Gott antwortete und führte Gideon zum Sieg über eine große arabische Armee – mit 300 Mann, deren einzige Waffen Fackeln, Trompeten und Krüge waren! Es zählt nicht, wie groß jemand ist, sondern ob Gott ihn **ganz** hat.

Unverfälschte Wahrheit

Man klagte die Apostel an, altehrwürdige Bräuche ändern zu wollen (s. Apg. 21,21). Das stimmte auch, war aber ein gefährliches Unterfangen! Schon der berühmte Philosoph Sokrates war unter dem Vorwurf hingerichtet worden, er sei gottlos, d. h. er glaube nicht an die Götter. Die Apostel hatten einen Riesenberg zu versetzen – einen Berg falscher Traditionen und Haltungen, die sich über die Jahrtausende zu Völkergesetzen entwickelt hatten. In Wahrheit aber bedeutete das Evangelium weit mehr, als Eigenart und Sitten zu ändern. Es krempelte die antiken Denkmuster um und durchdrang die Herzen, Seelen und Gedanken von Männern und Frauen. Zwölf „ungelehrte"[2] Männer – man stelle sich das vor!

Unsere Aufgabe ist nicht, das Evangelium der Welt „akzeptabel“ zu machen. Natürlich reden wir die Welt in ihrer eigenen Sprache an. Verkündigung muss Gottes Wort für moderne Hörer aufschließen. Das hat aber nichts zu tun mit der alten „liberalen“ Idee, man müsse das Evangelium dem **Muster** der Welt anpassen: Wenn die Welt nicht länger an das Übernatürliche glaube, sei die Lösung, ein davon „befreites“ Evangelium zu predigen. So etwas ist ein Verrat, eine Veruntreuung der christlichen Botschaft! Wir können da keine Kompromisse eingehen. Um die Welt zu verändern, müssen wir anders als die Welt sein. Wir fordern das Denken der Menschen heraus; aber wenn sie nicht glauben, passen wir uns ihrem Unglauben nicht an.

Die Apostel predigten den gekreuzigten Christus. Durch nichts hätten sie ein Scheitern ihrer Mission wahrscheinlicher machen können. Denn die Strafe der Kreuzigung galt nur den schändlichsten Verbrechern, den Allerletzten. Hatte man jemanden ans Kreuz gehängt, dann verspottete ihn jeder. Ein gekreuzigter Jesus war alles andere als eine Idealfigur, um Juden oder Griechen anzusprechen. *„Er war der Allerverachtetste“* (Jes. 53,3 *lu*). Doch dies ist der Jesus, den die Apostel kannten, der **einzige** Jesus, den sie predigten. Und mit dieser Verkündigung eroberten sie die Welt!

Die Menschen müssen sich dem „anpassen“, wie Gott ist. Wir predigen keinen Gott nach dem Bild der Menschen, sondern den Jesus der Evangelien – kein populäres Ideal, sondern den Jesus von Golgatha. Wenn er in unserer Verkündigung nicht mehr ist als der heilende und angenehme, nette Jesus, dann haben wir die Wahrheit verheimlicht. Wir können nicht erlauben, dass unsere Botschaft von öffentlicher Zustimmung, menschlichen Meinungen oder Vorurteilen beeinflusst wird.

Jeremia begegnete vielen populären Propheten, die glatte, für die Ohren der Leute angenehme Dinge weissagten, und rief ein betrübtes *„Wehe ihnen …!“* aus (s. Jer. 23). Wer sich nicht den Tatsachen stellt, muss auf die harte Weise lernen. Jesus ist der biblische Jesus; wir können ihn nicht einfach nach dem Geschmack der Welt ummodeln.

Selbst Johannes der Täufer fand, dass Christus von Israels allgemeinen Messias-Erwartungen abwich. Doch Jesus ließ sich nicht verbiegen, auch wenn er damit Johannes, seine eigene Familie oder sonst jemand enttäuschen musste. Er blieb, was er war, und ließ Johannes sagen: *„Glückselig* *ist, wer sich nicht an mir ärgern wird!"* (Mt. 11,6) Wir sind keine Modellierer oder „Macher" der Botschaft. Paulus sagte, dass Gott ihm Verantwortung für das Evangelium übertragen habe – als Verwalter, nicht als Erfinder. Wir sind Haushalter der Wahrheit, und von diesen wird Treue erwartet (s. 1. Ko. 4,2). Ein allseits beliebter „Mag-sein"-Christus kann uns nicht retten.

Evangelium ist nicht Religion

Das Evangelium hat die **Religion abgeschafft** und **Jesus eingeführt**. Was die Welt kannte, waren Eroberer, die Feindesland überfielen, um zu plündern, zu töten und zu verwüsten. Andere eroberten in der Absicht, die einheimische Bevölkerung zu neuen Sitten und Religionen zu zwingen. Aber nie war jemand unter höchsten Gefahren in fremde Länder gereist, nur um die Menschen zu lieben, zu heilen, zu segnen und aus ihrem Elend zu ziehen.

Als Paulus in Athen predigte, sagten die Leute: *„Er scheint ein Verfechter fremder Gottheiten zu sein!"* (Apg. 17,18 *kj*) Doch die Apostel plädierten nicht bloß für einen Austausch der Götter, also Christus für Diana oder Ähnliches. Jesus ist nicht nur ein anderer, netterer Gott. Für die meisten Griechen waren Götter ja einfach Statuen auf dem Markt. Man huldigte ihnen ein wenig und vergaß sie dann. Die Apostel aber unterrichteten die Nationen über einen Gott, den man den ganzen Tag lieben kann und nie vergessen soll. Christ sein bedeutete eine neue Lebensweise, nicht ein paar Riten und Zeremonien. Jesus war in einer Weise Teil des menschlichen Lebens, wie es die Götter nie sein konnten.

Es ist natürlich viel bequemer, ein bis zwei Rituale vor einer Statue zu verrichten und dann mit der eigensinnigen Lebensweise fortzufahren. Diese Sünde hatte Israel oft begangen und Gott verlassen; darum mahnten die Propheten: *„Denkt an den Herrn!"* (s. Neh. 4,8) Die Heiden vergaßen ihre Götter, sobald sie ihnen eine kleine Verehrung erwiesen hatten, doch den Herrn konnte man nicht so behandeln. Das Kernstück des jüdischen Glaubens wurde in dem einen großen Gebot zusammengefasst: *„Du sollst den Herrn, deinen Gott, lieben mit deinem ganzen Herzen und mit deiner ganzen Seele und mit deinem ganzen Verstand!"* (Mt. 22,37)

Wechsel der Werte

Christliche Evangelisation forderte nicht nur die vorherrschenden religiösen Anschauungen heraus, sondern auch die sittlichen Werte. Ein paar Stichworte: Jesu Botschaft hieß **Versöhnung**, die antike Welt aber (und viele Kulturen bis heute) befürwortete Rache. Für Christen war **Hoffnung** einer der größten Lebenswerte, für die Heiden nur ein Gefühl schwächlicher alter Frauen.

Die Jünger sahen im **Blutvergießen** ein großes Übel, die griechisch-römische Welt feierte ihre Kriege und Eroberungen.

Zu den ältesten Dichtungen der Welt zählen die Werke Homers, besonders seine Erzählungen über den Trojanischen Krieg und dessen „ruhmreiche" Gemetzel. Der darin enthaltene schreckliche Geist von Rache und Töten fesselte Griechen und Römer, aber für Nachfolger Jesu wurden solche Dinge zur Abscheulichkeit. Ihre Mitmenschen waren geradezu verwirrt; denn die Apostel untergruben alle gängigen Ideen von dem, was bewundernswert und edel sei.

Christi Jünger stießen auf eine hoffnungslose Welt, aber das hielt sie nicht ab. **Wenn sie es schafften, warum nicht wir?** Natürlich hätten diese einfachen Männer nichts erreicht, wenn nicht Gott selbst ihr Rückhalt gewesen wäre. Sie propagierten ja keine Religion, die die Leute ließ, wie sie waren, sondern eine Lebensweise, die alles Bekannte auf den Prüfstand und in Bewegung brachte. Die Jünger verfochten eine neue Weltordnung mit neuen Menschen – und hatten Erfolg. **Das ist der Maßstab für Gottes Kraft durch den Heiligen Geist;** so etwas kann das Evangelium bewirken!

Wir schulden diesen Pionieren Dank für ihr Lebenswerk. Sie boten einem dunklen Heidentum die Stirn, veränderten die Weltkultur und machten unsere Arbeit leichter. Alles wurde derart tief davon berührt, dass wir heute in einer anderen Welt leben als sie damals. Jesus sagt: *„Ich habe euch zum Ernten … geschickt, wo ihr nicht gearbeitet habt. Andere haben sich vor euch abgemüht, ihr braucht ihre Arbeit nur weiterzuführen."* (Jo. 4,38 *gn-ü*) Jene frühen Evangelisten haben das Fundament für uns gelegt.

Die Menschen heute sagen gern, man könne auch ohne christlichen Glauben ein „anständiges“ Leben führen. Mag sein, aber ohne christliche Evangelisation wüssten sie nicht einmal, was ein sogenanntes anständiges Leben ist. Erst die Kenntnis von Christus hat Rücksichtnahme eingeführt, und daran sollten wir beim Evangelisieren erinnern. In einer Zeit, in der Pistolen und Pillen es immer leichter machen, den Nächsten zu liquidieren, kann Barmherzigkeit nur vom Evangelium kommen.

Das Zeitalter des Heiligen Geistes

Die ersten Jünger begaben sich daran, die Welt mit Waffen zu erobern, die man nie zuvor gesehen hatte; hinter ihnen standen geheime Kräfte:

„Die Waffen, die wir bei unserem Feldzug einsetzen, sind nicht irdisch, aber sie haben Macht, Festungen zu schleifen …“ (2. Ko. 10,4 *eü*)

Ich habe den enormen geistlichen Wandel aufgezeigt, der mit dem Kommen Christi stattfand. Als einer der Ersten merkte dies ein Blinder, dessen Augenlicht durch Jesus wiederhergestellt worden war. Er sagte: *„Solange die Welt steht, hat man nicht davon gehört, dass jemand einem Blindgeborenen die Augen aufgetan hätte.“* (Jo. 9,32 *alb*) Ihm war klar, dass seit Beginn der Welt noch keiner Dämonen ausgetrieben und den Tauben, Fiebernden, Mondsüchtigen und Verkrüppelten Heilung gebracht hatte. Doch mehr als das: Nie war jemand mit einer Botschaft aufgetreten, welche die kulturellen Normen total umkehrte und menschliche Persönlichkeiten verwandelte!

Das Zeitalter des Heiligen Geistes war gekommen. Als der himmlische Vater ihn in die Welt sandte, war dies ein unumkehrbares kosmisches Ereignis. Es schuf völlig neue Voraussetzungen und Möglichkeiten, weit über das hinaus, was seit den Tagen Adams und Evas bekannt war. Eine neue Form des Lebens, das **Auferstehungsleben**, war aufgetan. Die Apostel besaßen das Geheimnis dieses neuen Lebens und traten hinaus, um es allen vorzulegen – als erste Menschen dieser Welt. Heute, da im Buch der Apostelgeschichte ein weiteres Jahrtausend aufgeschlagen ist, entdeckt Jesu weltweite Gemeinde dieses Geheimnis offenbar neu. Allein in meinen bisherigen Lebenstagen haben sich schon zweimal so viele Menschen bekehrt, wie zur Apostelzeit auf der ganzen Welt lebten!

Das erste Wunder nach Pfingsten, die Heilung eines Gelähmten durch Petrus und Johannes, deutete zum einen das Ausmaß der nun verfügbaren göttlichen Mittel an und war zum andern ein Zeichen für die von Jesus versprochenen, noch größeren Dinge. Der Heilige Geist ist nämlich gesandt worden, um **weit mehr** als Heilungen zu bewirken. Das muss, meine ich, klar gesagt werden. Heilung ist nur eine von neun Geistesgaben, die in 1. Korinther 12 erwähnt werden. Sie ist eine wichtige Segnung, die wir in eine leidende Welt tragen sollen, aber sie ist nicht der Gipfel der Kraft des Heiligen Geistes. Das Sensationelle ist kein Gradmesser für die Größe einer göttlichen Kundgabe. Die spektakulärsten Ereignisse müssen nicht die gewaltigsten Taten Gottes sein. Gleichwohl zeigen seine Heilungen, welche Kraft uns zur Verfügung steht.

Als man die Elektrizität entdeckte, wurde sie von den meisten Beobachtern als amüsante Neuigkeit abgetan. Vor 200 Jahren begriffen nur wenige etwas von der möglichen Kraft der Elektrizität, Industrien anzutreiben und ganze Städte zu erleuchten. Ähnlich ist das Sprechen in anderen Zungen (s. Apg. 2,4) ein Zeichen für das Potenzial, das in der Kraft des Heiligen Geistes steckt. Als Christus *„durch den Finger Gottes“* Dämonen austrieb, sagte er den Menschen, dies sei ein Hinweis auf etwas Größeres, nämlich, dass Gottes Reich zu ihnen gekommen sei (s. Lk. 11,20). Aus jeder Kundgabe des Geistes können wir Zuversicht für das gewinnen, was Gott noch alles tun kann. Gottes Geist will nicht auf isolierte Einzelfälle begrenzt werden, sondern unseren gesamten Dienst durchdringen – wenn wir ihn lassen.

Gottes Geist wird unseren ganzen Dienst durchdringen, wenn wir ihn lassen.

Die größeren Werke, die Christus verheißen hat, umfassen mehr als körperliche Hilfe. Das Allergrößte war, dass die Jünger seine **Zeugen** wurden. Die Athener nannten Paulus zwar einen „Schwätzer“, aber etliche ließen sich von der Wahrheit dessen, was er sagte, überzeugen und bekehrten sich (s. Apg. 17,18-34). Das Zeugnis der Apostel hatte Hochspannung, überführte und wirkte Bekehrungswunder.

Die mitgeteilte Evangeliumsbotschaft setzte Gottes Geist für die Zuhörer frei. Die Apostel waren nicht mehr nur Menschen, sondern Geistesmenschen: Wenn sie beteten, geschah etwas. Wenn sie verfolgt wurden, konnten sie sich freuen. Wenn sie predigten, taten sie es in Kraft und Bestätigung des Geistes. Wenn sie Kranke berührten, kam Genesung. In Not oder Wirren verzagten sie nicht, bei Unsicherheit ließen sie sich leiten. Waren sie niedergeschlagen, dann doch nicht zerschlagen. Mussten sie Märtyrer werden, „düngte" ihr Blut die gelegte Saat. Die Apostel waren in ihren Konflikten und Mühen mehr als Überwinder (s. Rö. 8,31-39).

Diese Zeugen Jesu überragten die Heiden im Denken, Leben und Sterben – denn sie kannten die Quelle wahrer Kraft. Paulus sagte, er werde durch Gottes Geist *„mit Kraft gestärkt am inneren Menschen"*, er sei Gottes Diener geworden *„nach der Wirksamkeit seiner Kraft"* und völlig gekräftigt *„nach der Macht seiner Herrlichkeit, zu allem Ausharren und aller Langmut, mit Freuden"* (s. Eph. 3,16 *-ü*; Eph. 3,7; Kol. 1,11).

Tatsächlich waren die Urchristen eine neue Gattung des „Homo sapiens", die ersten Geistesmenschen auf Erden, Neuschöpfungen in Christus (s. 2. Ko. 5,17). Vom Widerstand der Welt blieben sie so unbeeindruckt, wie niemand sonst es vermocht hätte. **Und alles, was ich hier über sie gesagt habe, gilt auch heute für Tausende von Gottes Dienern rund um die Welt.**

Jedem heutigen Christen steht dasselbe Kraftpotenzial wie damals offen. Wie groß unser Bedarf auch sei und welche Erfordernisse unser Dienst mit sich bringen mag: Gottes Kraft reicht aus, um sie zu stillen. Dabei benutzt Gott keine Maßeinheiten, er schneidert seine Kraft also nicht nach unserem vermutlichen Bedarf zurecht. In Christus hat jeder von uns **jegliche** Vollmacht. Für alle, die Gott dienen, sind die gleichen Reserven da (vgl. Jo. 3,34; 1. Ko. 12,27).

Die Vorstellung, dass wir in dem Maß an Kraft gewinnen, wie wir beim Beten und der Heiligung vorankommen, sehe ich nirgendwo in der Heiligen Schrift. Die Jünger waren keine mega-heilige Gruppe, die Gott deshalb besonders ausrüstete. Gerade sie haben uns ermutigt, dass die Verheißung auch *„allen … in der Ferne"* gilt (Apg. 2,39). An dieser Stelle erwähnt die Bibel auch mich; denn ich bin einer jener „Fernen". Wenn wir also wie die Apostel gehorsam, mutig und gläubig handeln, dann handelt Gott! Wenn Jesus sagt: *„Getrennt von mir könnt ihr nichts tun!"*, folgert Paulus: *„Alles vermag ich durch ihn, der mich kräftigt!"* (Jo. 15,5; Ph. 4,13 *-ü*)

Es gibt eine Begabung für jeden Gläubigen, nämlich Zeugnis zu geben. Doch Gabe heißt auch Aufgabe. Wir hören heute manches über Gaben; viele wünschen sich natürlich Wunder. Dabei liegt **die höchste Gabe** in jedem (wiedergeborenen) Christen – Christus in uns, das *„unsagbar große Geschenk"* (2. Ko. 9,15 *gn*), das jeden von uns zum Zeugen macht.

Wie schon erklärt, **redet** ein Zeuge nicht nur; der Mensch **ist** auch die Botschaft. Das betrifft auch die geistlichen Talente: Wenn jemand Wundergaben besitzt, aber nicht das Kreuz verkündigt, fällt seine Mitarbeit im Reich Gottes dürftig aus. Denn damit verschweigt er die **Quelle** seiner Kraft. Christi Zeugen sind Zeugen seiner Auferstehung! Wir dokumentieren keine außerordentlichen Fähigkeiten, Erfahrungen oder unsere eigene Person, sondern Jesu Tod und Auferstehung, indem wir der Sünde abgestorben sind und in Christi Lebenskraft der Gerechtigkeit folgen. Wenn Jesus lebt, leben auch wir, und das sollten die Leute früher oder später merken.

Die Welt vor Gericht

Als Johannes und Petrus vor Gericht kamen und Stephanus vor seine Ankläger, gaben sie kaum Plädoyers für sich selbst oder für das Evangelium. Die Gute Nachricht war für sie keine Streitsache, sondern Wahrheit, die sie zu verkünden hatten, und das taten sie. Die Apostel pflanzten die Flagge des Reiches Gottes auf und entrollten das Banner des Kreuzes. Sie kamen als Botschafter zu einer ausländischen Macht und überbrachten die Friedensbedingungen. Standhaft drehten sie den Spieß um und verkündeten den irdischen Herrschern ihre Rechenschaftspflicht vor Gott.

Das Himmelreich ist die Supermacht schlechthin und fordert die Kapitulation. Paulus sagte den weisen Männern von Athen: *„Gott … lässt jetzt verkünden, dass überall alle umkehren sollen"* (Apg. 17,30 *eü*). Die frühen Christen präsentierten das Evangelium als Botschaft, worin Gott die Welt mit ihrer Sünde konfrontierte. Das sollten auch wir tun. Wir bieten keinen Warenkorb, sondern die einzige Alternative! Das Evangelium bringt die ganze Welt vor den Gerichtshof der Wahrheit. Wo immer die Jünger hingingen, fühlten sich die Richter und Herrscher selbst angeklagt. Das begann schon, als Jesus vor Pontius Pilatus stand. Später erhob Paulus, von der Wahrheit beflügelt, sogar als Gefangener den Arm und

„verhörte" den ihn richtenden Herrscher: *„König Agrippa, glaubst du den Propheten?"* (Apg. 26,1.27 *gn-ü*) Evangeliumsverkündung ist nicht der Platz für Entschuldigungen. Das Evangelium will einfach ausgerufen werden; verteidigen kann es sich selbst.

Die Predigten der Apostelgeschichte zeigen wenig Spuren eines Streitgesprächs. Sie sind voll sicherer, überzeugter Aussagen – ein aufbauendes Evangelium. Natürlich findet sich der Ausdruck *„Verteidigung des Evangeliums"* in Philipper 1,7 und 1,16[3], doch Paulus war zu dem Zeitpunkt ja auch praktisch Kriegsgefangener. Wie ein Angreifer aus dem Reich Gottes war er ins Territorium des Teufels eingedrungen. Aber was für eine Verteidigung gebrauchte er? Einzig das positive Evangelium vom gekreuzigten Christus, dessen er sich nicht schämte! Paulus war eigentlich nie in der Defensive, sondern immer in der Offensive.

Gott sucht weniger nach Verteidigern, vielmehr verteidigt er uns. Wir können uns doch wohl nicht umdrehen und zu Gott sagen: „Herr, mach dir keine Sorgen, ich bin ja da. Ich werde dich beschützen, fürchte dich nicht!" Gott steht nicht mit dem Rücken zur Wand. Er ist nicht der „arme alte Gott", dessen Projekte im Sterben liegen. Es sind die Menschen, die sterben. Auch ist Gott keine wohltätige „gute Sache" sondern genau umgekehrt – für die Not von Männern und Frauen bezahlte er alles, was er hatte! Daher ist der beste Weg zur Verteidigung des Evangeliums, es zu predigen!

Paulus tat dies, indem er den „Krieg" ins Lager des Feindes trug. Seine Verteidigung war ein guter Angriff: der Angriff des Kreuzes. Zur Ausbreitung des Evangeliums war ihm das Gefängnis ebenso recht wie jeder andere Ort. Hier konnte er dem „Fürsten der Welt" sogar besonders schaden, wie auch Simson einst das Feindeshaus zum Einsturz brachte. Paulus kümmerte sich nicht um die Motivation anderer oder die Umstände. Es gab eine weit wichtigere Sorge: *„Was tut es? Wenn nur auf alle Weise, sei es zum Vorwand oder in Wahrheit, Christus verkündigt wird, so freue ich mich darüber und will mich auch freuen!"* (Ph. 1,18 *sch*) Obendrein empfahl er den Mitgläubigen, seine Haltung zu übernehmen: *„Lasst euch von den Gegnern in keiner Weise einschüchtern! Gott will ihnen durch eure Standhaftigkeit zeigen, dass sie verloren sind, ihr aber gerettet werdet."* (V. 28)

Jemand hat gesagt, wir seien wie Anwälte vor Gericht und versuchten, ein günstiges Urteil über Christus zu erreichen. Aber Moment mal, Christus steht nicht vor Gericht, er ist der Richter! Was Leute über ihn denken, ist also völlig unwichtig, außer für ihr eigenes Ergehen. Menschen, die leugnen, dass es Gott gibt, sollten aufpassen. Man stelle sich vor, sie würden nie erfahren, dass er existiert, und all diese Ungläubigen und Zweifler wären zusammen an einem Ort! Ich kann mir kaum eine schlimmere Hölle denken, als von solchen Personen umgeben zu sein. Eine über Gott diskutierende Frau sagte zu dem großen Schriftsteller und Historiker Thomas Carlyle: „Ich akzeptiere das Universum." Er entgegnete: „Madam, das ist auch angebracht!" Was mich betrifft, habe ich lieber eine Meinungsverschiedenheit mit den 100 Milliarden Sternen der Milchstraße als mit ihrem Schöpfer.

Was können wir lernen?

Apostelgeschichte 10 ist ein besonderes Kapitel: Es berichtet die Bekehrung des ersten „Westlers" oder Europäers, eines Italieners, wie wir heute sagen würden. Ich bin sicher, dass der Leser die Geschichte kennt.

Zwei Männer hatten eine Vision und handelten danach, was weitreichende Folgen hatte. Zunächst sah Kornelius, römischer Hauptmann in Cäsarea, einen Engel, der ihn aufforderte, aus Joppe einen gewissen Simon Petrus herbitten zu lassen. Entschlossen schickte Kornelius eine dreiköpfige Gesandtschaft auf die Reise.[4] Auch Petrus bekam eine Vision, in deren Anschluss Gott ihn auf den nahenden Besuch vorbereitete und dazu ermunterte, mit ihnen zu ziehen. Er gehorchte, kam nach Cäsarea und predigte das Evangelium. Daraufhin wurden Kornelius und seine ganze Hausversammlung die ersten uns bekannten europäischen Christen. Aus diesem Ereignis leite ich folgende Gedanken ab: **Alle brauchen das Evangelium**.

Kornelius brauchte das Evangelium, auch wenn er ein so vortrefflicher, beliebter Mann war. Er wird als fromm und gottesfürchtig beschrieben – einer, der an die jüdische Religion glaubte, großzügige Almosen gab und ständig zu Gott betete. Vers 22 erwähnt seine Gerechtigkeit. Bei den Juden genoss er große Achtung, seine Liebesgaben und Gebete erregten Gottes Aufmerksamkeit, und er brachte seinen ganzen Haushalt auf den Weg der Frömmigkeit. Dennoch – Kornelius brauchte Jesus!

Ich weiß, dass Drogenabhängige, Alkoholiker, prügelnde Ehemänner und Kriminelle Jesus brauchen, aber auch die „anständigen" Leute, die blitzsauberen Jugendlichen und der Nationalheld. Wenn Gott einen Engel sandte, um selbst dem ehrenhaften Kornelius zu zeigen, dass er das Evangelium hören müsse, heißt die Schlussfolgerung: **Alle** brauchen das Evangelium! Und wir sind verpflichtet, es ihnen zu geben.

Jeder Christ ist vom Herrn berufen, ein Vollzeit-Zeuge zu sein – eine Gabe, die nicht vernachlässigt werden darf.

Wir können nicht einfach annehmen, dass Menschen das Evangelium schon kennen, sondern haben die Verantwortung gegenüber Christus, uns davon zu überzeugen. Ein rechtschaffenes Leben ist kein Beleg für Heilsgewissheit[5]. Um uns her gibt es ein Meer an geistlicher Unwissenheit. Verstärkte Bildung ist wirklich ein Fortschritt, doch ohne Glauben an Gott endet Erkenntnis nur im Minuskonto. Wissen *„bläht auf"*, wie uns die Bibel sagt (1. Ko. 8,1).

Der Herr hat uns als Partner eingestellt, alle Nationen zu lehren, aller Kreatur zu predigen. **Jeder Christ sollte in der speziellen Fähigkeit Evangelisation ausgebildet werden.** Damit meine ich keine Seelsorgeschulung für evangelistische Einsätze, sondern ein Training, wie man Erstkontakte herstellt. Einmal verstanden, wie, könnte es jedem Christen zusehends leichter fallen, das Evangelium selbst bei flüchtigen Begegnungen weiterzugeben. Jeder wiedergeborene Mensch ist vom Herrn berufen, Vollzeitzeuge zu sein. Das ist eine Gabe, die wir nicht vernachlässigen dürfen.

Das Evangelium wird durch Menschen verkündigt

Zurück zu Apostelgeschichte 10 und dem Bericht von Petrus und Kornelius. Ist uns aufgefallen, dass es ein Mensch war, der beauftragt wurde, diesem europäischen Haushalt das Evangelium zu bringen? Der Engel sagte noch ergänzend zu Kornelius: *„Simon mit dem Beinamen Petrus … wird Worte zu dir reden, durch die du errettet werden wirst, du und dein ganzes Haus."* (Apg. 11,13f) Vermutlich hätte der Römer auch von dem Gottesboten alles sachlich Richtige über Jesus erfahren können; aber das geschah nicht. Denn das Evangelium ist **unsere** Aufgabe, nicht die der Engel! Ich hätte gedacht, Engel könnten das Wort effektiver verbreiten, doch Gott in seiner Weisheit erwählte die Gemeinde! Erlöste haben eben zur Erlösungsbotschaft eine ganz andere Beziehung. (Dazu gleich noch mehr.)[6] Es ist unser Privileg, die Gute Nachricht von Jesus Christus auszubreiten; und Gott verteilt seine Privilegien wohl überlegt. Denn Gottes Plan für diese Welt hängt von der menschlichen Mitarbeit ab.

Was meine ich damit?

Eines Tages werden wir uns einer gerechten und sündlosen Welt erfreuen, und Christus wird für immer regieren. Dieser Prozess hat schon begonnen, ist aber noch nicht vollendet. Natürlich könnten Engel die Gerechtigkeit mit Gewalt durchsetzen und Sünder auf ihren Wegen stoppen. Sie könnten auftreten und der ganzen Welt die Realität von Himmel und Hölle, Gericht und Gott beibringen. Aber sie tun das nicht. Stattdessen hat Gott das *„Schwache"* dieser Welt erwählt, um das *„Starke"* zu vereiteln (s. 1. Ko. 1,27). Jesus hätte, um dem Kreuz zu entgehen, zwölf Legionen Engel herbeirufen können (s. Mt. 26,53), doch gerade das Kreuz war der von Gott erwählte Weg, um der Welt Rettung zu bringen. Gott möchte, dass Menschen von der Sünde überführt werden und sich ihrem Heil, seinem Sohn, zuwenden – jedoch aus der Kraft der Liebe, nicht durch erzwungenen Glauben oder Einschüchterung. Würde Gott die „Holzhammer"-Methode gebrauchen, käme er mit falschen Mitteln zum richtigen Ende, doch nicht zum gewollten Ziel.

Die Macht der Liebe

Langsam, aber sicher wird die Liebe siegen. Das Evangelium ist ein Ausdruck der Liebe, und Evangelisten sind Kanäle dafür – Gott liebt durch sie. Würden Engel die Menschen lieben, wäre es nicht dasselbe! Es ehrt Gott, dass der Kampf auf menschlichem Niveau, von einem menschlichen Sohn Gottes geführt worden ist.

In uns selbst sind wir nicht viel, nur zerbrechliche Gebilde. Wenn Gott diesen Planeten nicht auf richtiger Temperatur hielte, würden die Menschen schnell verschwinden. Unser Intellekt ist begrenzt. Wir sind gefallene Kreaturen. Unser Charakter ist sündengeschädigt und befleckt. Wir müssen errettet werden. Trotzdem ist die Menschheit der Schlüssel zu Gottes ungeahnten Plänen für alle Ewigkeit.

Durch uns will Gott dem Bösen und dessen Architekten, dem Teufel, ein Ende machen. **Ein Teil dieses Endsieges ist das Mandat der Evangeliumsverkündung** – es bildet momentan sogar den **Hauptteil** des Plans. Noch übersteigen Gottes Fernziele unser Begriffsvermögen, aber wenn wir jetzt nicht unseren Part erledigen, hemmen wir diese wunderbaren Absichten Gottes.

Kulturübergreifende Evangelisation tut Not

Petrus und die Bekehrung der Kornelius-Sippe war ein erster Akt kulturübergreifender Evangelisation – folgenschwer, neuartig und einschneidend für die damalige Welt. Hier die schlichte jüdische Kultur eines Petrus, dort der erlesene Wohlstand des römischen Beamten – eigentlich war die Kluft so groß wie der Grand Canyon.

Normalerweise gingen Juden nie in ein heidnisches Haus. Doch der Herr half Petrus durch die erwähnte Vision, seine strikten jüdischen Voreinstellungen zu ändern und mit falschen Tabus oder Traditionen zu brechen (s. Apg. 10,10-17). Petrus begann, Gottes weites Herz und Absichten zu verstehen; und als die Boten aus Cäsarea eintrafen, war er bereit, sie zu begleiten.

Diese Wende im Leben des leitenden Apostels wies den Weg zu einer Weltrevolution – einem neuen Zeitalter, wo Unterschiede der Rasse oder Herkunft nichts mehr galten, außer dass sie das Leben bereicherten. Petrus musste sich anpassen – Jesus hatte dies bereits getan, wie wir im Philipperbrief lesen:

„Er war in allem Gott gleich, und doch ... gab er alle seine Vorrechte auf und wurde einem Sklaven gleich. Er wurde ein Mensch in dieser Welt und teilte das Leben der Menschen. Im Gehorsam gegen Gott erniedrigte er sich ... tief ...“ (Ph. 2,6-8 *gn*)

Auf ähnliche Weise müssen sich Gottes Diener mit den Menschen identifizieren – wohin der Herr sie auch schickt. Als Hananias nach Damaskus ging, um den Christenmörder Saulus aufzusuchen, der durch Jesu Lichtglanz erblindet war, sprach er ihn mit „Bruder Saul“ an (s. Apg. 9,17). Diese Art Versöhnung wollte Gott so gern für die ganze Menschheit. Für Petrus oder Hananias war es ein recht kleiner Schritt, aber für die Menschheit ein Riesensprung – und übertrifft auch den 20. Juli 1969, als Neil Armstrong aus der Raumkapsel von Apollo 11 stieg und den Mond betrat.

Hudson Taylor (1832-1905) war nicht der erste Chinamissionar. Aber nach seiner Ankunft in diesem Land sah er, dass die christlichen Missionare ein europäisches Auftreten pflegten, europäische Häuser bewohnten und europäische Kleidung trugen. Auf die Chinesen wirkte das wie eine fremde Invasion. Taylor verstand und handelte. Um die Akzeptanz der Menschen zu gewinnen, übernahm er die chinesische Art der Kleidung und anderer Lebensformen. Paulus hatte ein ähnliches Ziel vorgelebt:

„Ich bin den Juden wie ein Jude geworden, damit ich die Juden gewinne; denen, die unter Gesetz sind, wie einer unter Gesetz, obwohl ich selbst nicht unter Gesetz bin – damit ich die, welche unter Gesetz sind, gewinne; denen, die ohne Gesetz sind, wurde ich wie einer ohne Gesetz, obwohl ich nicht ohne Gesetz vor Gott bin, sondern unter dem Gesetz Christi – damit ich die, welche ohne Gesetz sind, gewinne. Den Schwachen bin ich ein Schwacher geworden, damit ich die Schwachen gewinne. Ich bin allen alles geworden – damit ich auf alle Weise einige errette." (1. Ko. 9,20-22)

Quer durch Afrika gibt es englisch aussehende Gemeinden, die englische Kirchenlieder singen, und in Lateinamerika singen amerikanisch aussehende Gemeinden amerikanische Gospels. Aber seit einiger Zeit ändert sich das. Die Völker dieser Nationen bilden ihre eigenen Gemeinden mit eigenen Liedern, und das Evangelium verbreitet sich wie ein Buschfeuer.

All dies läuft darauf hinaus: Wenn das Ziel wirklich erreicht wird, „auf alle Weise" viele zu erretten, dann werden damit auch alle sauber eingesetzten „Weisen" bestätigt. Die größte verändernde Kraft aller Zeiten ging nicht darauf aus, Kulturen zu verändern, sondern aus ihnen den Teufel zu verjagen!

Die Botschaft ist Jesus

Werfen wir noch einen näheren Blick auf die Heilsbotschaft, mit der Petrus zu Kornelius gesandt wurde:

„Wahrhaftig, jetzt begreife ich, dass Gott keine Unterschiede macht! Er liebt alle Menschen, ganz gleich, zu welchem Volk sie gehören, wenn sie ihn nur ernst nehmen und tun, was vor ihm recht ist. Seinem Volk Israel hat er die Botschaft verkünden lassen, dass er Frieden gestiftet hat durch Jesus Christus, der ja der Herr über alle ist! Ihr habt sicherlich erfahren, was sich im jüdischen Land zugetragen hat, beginnend in Galiläa, nachdem Johannes zur Taufe aufgerufen hatte. Ihr wisst von Jesus aus Nazareth, den Gott zum Retter bestimmt und mit seinem Geist und seiner Kraft erfüllt hat. Wo er hinkam, tat er Gutes und heilte alle, die der Teufel in seiner Gewalt hatte; denn Gott stand ihm bei. Wir können alles bezeugen, was er im jüdischen Land und in Jerusalem getan hat. Man tötete ihn, hängte ihn ans Kreuz, an das Fluchholz. Aber Gott hat ihn am dritten Tag vom Tod auferweckt und sichtbar erscheinen lassen – nicht vor dem ganzen Volk, sondern vor den Zeugen, die er im Voraus dazu bestimmt hatte. Wir, die Apostel, sind diese Zeugen; wir haben mit Jesus gegessen und getrunken, nachdem er von den Toten auferstanden war. Und uns gab Jesus den Auftrag, dem Volk Israel zu verkünden und zu bezeugen, dass er von Gott zum Richter über die Lebenden und die Toten eingesetzt ist. Alle Propheten haben von ihm gesprochen; sie bezeugen, dass durch die Macht seines Namens alle Menschen die Vergebung ihrer Schuld empfangen sollen, alle, die auf ihn vertrauen."
(Apg. 10, 34-43 *gn-ü*)

Zweifellos ist dies eine Zusammenfassung der Rede; aber aus ihr erkennen wir, dass Petrus nur über Jesus gesprochen hat. Politische, nationale und soziale Themen, die damals die Menschen erregten, werden hier nicht einmal erwähnt. Petrus predigte Jesus und sagte direkt, dass dieser der Herr über alle ist. Genau das war und bleibt der springende Punkt jeder Thematik.

Die vergleichende Religionswissenschaft ist in Wirklichkeit eine Sache der Gegensätze; denn da gibt es wenig zu verknüpfen. Nehmen wir z. B. die Gründer von Islam und Buddhismus: Sie erklärten selber, nur Kanäle zu sein. Mohammed sprach von seinen Visionen und Buddha von seiner Erleuchtung. Jesus erwähnte keins von beidem. Er behauptete nie, ein Prophet zu sein, sondern **der, von dem alle prophezeit haben**. Die christliche Wahrheit ist kein System von Behauptungen, ethischen Vorschriften und religiösen Pflichten. Jesus ist die Wahrheit, und Christentum ist Christus!

Warum sollten wir den Islam oder andere Religionen angreifen, warum die Lebensweise von Leuten im Westen, Osten, Norden oder Süden attackieren? Lasst die Menschen nur den wahren Jesus sehen! Sie sollen, von uns ermutigt, selbst *„probieren und sehen, wie gut der Herr ist“* (s. Ps. 34,9)! Jesus bleibt immer Sieger, die Menschen können nichts gegen ihn sagen. Keiner sonst rettet, heilt, befreit vom Teufel und füllt mit Freude. Aber all das weiß man erst, wenn man ihm begegnet.

Um es noch anders zu sagen: Nirgendwo ist festgelegt, wie Gottes Sohn zu sein habe. Jesus ist nicht das Produkt systematischer Theologie, auch wenn viele ihre Meinung darüber sagen, was Gott sein oder tun sollte; aber das ist absurd. Für Miss World oder Mr. Universum können wir vielleicht Normen aufstellen, nicht aber für Gott oder den Sohn Gottes. Die Gelehrten, die über den historischen Jesus schreiben, betreiben dieses Spiel: Erst entwerfen sie ihr eigenes Jesus-Modell, dann suchen sie in den Evangelien nach passenden Bruchstücken. Im Grunde versuchen sie nur, ihn und die Bibel ihrem selbst produzierten Gottesbild anzupassen. Seit langem mühen sich diese Forscher um einen kollektiven Jesus ohne Wunder, formen ihn nach ihrer rationalistischen, vorgefassten Meinung. Aber selbst in über hundert Jahren haben sie kein überzeugendes Bild zusammenbekommen.

Jesus ist zu groß für unsere beschränkten Gedanken. Er passt in keine Schablone und brachte die Gelehrten schon während seiner Erdenzeit durcheinander. Einst wurde die Königin von Saba beim Anblick von Salomos Pracht schwach und bekannte: *„Nicht die Hälfte hat man mir gesagt!“* (1. Kö. 10,7 *lu*) Wie viel mehr gilt das für Jesus! Wir nennen ihn nicht Gottes Sohn, weil er unseren Erwartungen entspricht. Alle Wahrheit über Jesus ist von ihm selbst abzuleiten, und sein Antlitz überstrahlt alles.

Ich gehe nach Afrika nicht mit einem Buch voller Lehrmeinungen. Evangelisation dort ist leicht, wenn ich mich nah ans Buch der Bücher halte. Mein Ziel ist, Menschen in eine persönliche, kraftvolle Beziehung mit Jesus Christus zu bringen. Dafür ist nur eins nötig: die Präsentation der Wahrheit. Dann fliehen die Dämonen und Krankheiten verschwinden, böse Herzen werden rein und Hexenmeister werden Heilige.

In einer früheren Predigt sagte Petrus: „*Und es ist in keinem andern das Heil, auch kein anderer Name unter dem Himmel den Menschen gegeben, der uns rettet.*“ (Apg. 4,12 *kj*) Solange diese Behauptung nicht widerlegt wird, sind Debatten zwecklos. Wenn **er** rettet, warum sich anderswohin wenden oder gar abschauen, was andere Leute glauben? Wenn der Boxweltmeister aller Klassen und ich einen Kampf vereinbaren würden, könnten die Fachleute sicher gemeinsame Punkte finden: Beide sind wir Männer, haben Ohren, Füße und Hände. Aber was sollen alle Vergleiche der Welt vor dem Kampf, wenn ich doch seiner Schnelligkeit und Kraft real nicht gewachsen bin? Und genau das ist der Fall, wenn es um Jesus geht! **Keiner kann sich mit ihm messen.**

Natürlich mag man einiges an Moral und Ethik auch im Hinduismus finden.[7] Aber rettet der Hinduismus? Gibt er uns Vergebung, Freude und Wiederherstellung? Haben Hinduismus, Islam oder Buddhismus einen Erlöser wie Jesus, den Sohn Gottes? Wenn nicht, gerät jeder Dialog zur Zeitverschwendung. Derartige Diskussionen beschäftigen sich nämlich mit oberflächlichen Themen und nicht mit dem, was wirklich zählt. Wenn es keinen zweiten Christus gibt, ist eine Debatte nicht mal möglich.

In seiner Predigt an Kornelius hatte Petrus drei Hauptpunkte:

1. Jesus Christus war mit Kraft gesalbt, alle zu heilen und zu befreien, die vom Teufel unterdrückt wurden.
2. Er wurde gekreuzigt.
3. Er ist wieder auferstanden.

Aus diesen Schlüsselpunkten zog Petrus sein Fazit[8]: „*Ihm geben alle Propheten Zeugnis, dass jeder, der an ihn glaubt, Vergebung der Sünden empfängt durch seinen Namen.*“ (Apg. 10,43 *-ü*) **Wenn diese Botschaft für die Welt des neuen Millenniums nicht relevant ist, dann weiß ich nicht, welche es sein wird.**

Beachten wir, dass die Gute Nachricht ein untrennbarer Teil wirklicher Geschehnisse war und keine Sammlung von Gedanken, Visionen oder Erleuchtungen. Gottes Botschaft beruht auf Tatsachen. Er hat sich nie mit ausschließlich philosophischen Konzepten befasst. Er verbreitet keine abstrakten Ideen über Wahrheit und Güte, sondern sandte Jesus als personifizierte Wahrheit und Güte, die wir mit eigenen Augen sehen und ergreifen sollen.

Zuerst ist wichtig, dass du selber Jesus kennst. Dann stellst du ihn anderen vor. In irgendeiner Weise wirst du von ihm erzählen, wenn du ihn liebst. Tatsächlich, wer Jesus erst einmal kennt, kann von ihm[9] nicht mehr schweigen!

Anmerkungen:

1 Ihr Vorzug war allerdings, dass sie ihr Herz auf dem rechten Fleck und an Jesus verschenkt hatten. Diese treue Grundentscheidung wurde zur Basis dessen, was sie dann mit Jesu Hilfe geworden sind (vgl. Jesu großes prophetisches Lob an sie in Lk. 22,28ff).

2 Allerdings war ihr Meister Jesus mehr als drei Jahre lang wohl kein schlechter Lehrer.

3 Auch sonst ist das Argumentieren an sich ja, **quer durch die Bibel**, eine völlig gesunde Lebensäußerung und gehört durchaus zum Wesen göttlicher Kommunikation (vgl. 1. Mo. 4,6f; Jo. 18,23; Apg. 2,15; Off. 3,14-22 und ungezählte andere Stellen).

4 Die einfache Strecke zwischen Cäsarea und Joppe (heute Jaffa) betrug gut 50 km, eine Tagesreise.

5 Heilsgewissheit: das innere Zeugnis des Geistes, durch den Glauben an Jesus gerettet zu sein (vgl. Rö. 8,9.16; 1. Ko. 2,16).

6 Zudem (siehe den weiteren Verlauf des Kapitels) übertrifft die göttliche Bestimmung der erlösten Menschheit jene der ehrenwerten Engel bei weitem; somit wären die Engel auf Dauer mit der Verbreitung, Verwurzelung und Begleitung des Evangeliums völlig überfordert: 1. Petrus 1,12! Man vergleiche die Zusammenhänge anhand dieser Bibelstellen: 1. Mo. 1,27; 2,23 (Ebenbild: Gott – Adam – Eva; vgl. 1. Ko. 11,7); Jo. 1,14; Hb. 1,3-14; 2,5-18 (Identifikation Jesu Christi mit den Menschen-Geschwistern [„Brüder"] in stellvertretender Erniedrigung und vorauseilender Krönung); 2. Ko. 11,2; Eph. 5,25-27.31f; 1. Jo. 3,1-3; Off. 19,6-10 (innige Beziehung Christi mit seinesgleichen, den Erlösten, der Braut …).

7 Schließlich haben ja alle Menschen noch Spuren der göttlichen Herrlichkeit, Sehnsüchte und edle Wünsche … (aber ohne Jesus scheitern diese an der Realität unerlöster Sündhaftigkeit); vgl. Rö. 1,19f; 3,23f; 7,22-25.

8 Eigentlich kam Petrus gar nicht zu einem „ordentlichen" Abschluss seiner Predigt, weil jetzt unter seiner Botschaft der Geist Gottes die Hörenden schon mächtig erfasste, segnete und Christi Heil erleben ließ (Apg. 10, 44-48).

9 Denn wenn Jesaja schon „um Zions willen nicht schweigen" konnte (62,1), dann kann ich es um Golgathas willen erst recht nicht!

Kapitel 10

Evangelium und das Thema Sünde

Etwas, was ich noch nicht angesprochen habe, ist die **Sünde**. Wir können nicht evangelisieren, ohne ihre Existenz ernst zu nehmen. Sünde ist die grundlegende Tragödie der Menschheit, und die Antwort darauf ist das Evangelium. In der Welt spricht man über kaum etwas anderes, und wenn die Zehn Gebote nicht ständig gebrochen würden, gäbe es kaum Nachrichten. Der öffentliche Appetit verlangt die „Würze" irgendwelcher Skandale.

Doch um das Thema **Sünde und Evangelisation** biblisch zu behandeln, sollten wir die enge Beziehung der Evangelien zum Alten Testament verstehen, das die Verfasser des Neuen Testaments prägte.

Altes Testament und Evangelien

Das Markusevangelium beginnt so:

„Anfang des Evangeliums Jesus Christi, des Sohnes Gottes." (Mk. 1,1)

Welch seltsame Formulierung! Wer beginnt denn ein Buch, einen Artikel oder eine Rede mit: „Dies ist der Anfang"? Haben meine Leser nicht auch das erste Kapitel dieses Buches von selbst gefunden?

Natürlich bringt Markus hier keine leere Phrase, sondern stellt fest, von wo aus **das Evangelium** startet: Er verweist auf das Alte Testament, indem er den Propheten Jesaja zitiert. Wir haben seine Eröffnung (1,1f) wohl so zu lesen: *„Anfang des Evangeliums Jesu Christi, des Sohnes Gottes, wie* [schon] *im Propheten Jesaja geschrieben ..."* Denn das Alte Testament mit der darin enthaltenen Offenbarung war tatsächlich der Anfang des Evangeliums!

Offensichtlich gibt uns Markus zu verstehen, dass die Gute Nachricht von Jesus Christus kein jäher Ausbruch göttlicher Besorgnis war, sondern immer bestand – die Propheten hatten die Botschaft bereits durchsickern lassen. Was Markus in 16 Kapiteln ausführt, wurzelte also in den Heiligen Schriften, die er kannte (also dem Alten Testament). Im Römerbrief äußert Paulus das Gleiche:

„Preis und Dank sei Gott! Er hat die Macht, euch in eurem Glaubensstand zu festigen. So bezeugt es die Gute Nachricht, die ich verkünde, die Botschaft von Jesus Christus. Sie offenbart den geheimen Plan, der seit Urzeiten verborgen gehalten, jetzt aber enthüllt worden ist. Auf Befehl des ewigen Gottes ist er in prophetischen Schriften bekannt gemacht worden, damit alle Völker sich Gott im Gehorsam unterstellen und ihm vertrauen.“ (Rö. 16,25f *gn*)

Daraus ergeben sich vier wichtige Punkte für unseren Auftrag, die Welt zu evangelisieren:

- **Die Evangelien sind die Quelle des Evangeliums**

Wenn wir **die** Evangelien nicht kennen, kennen wir **das** Evangelium nicht. Ohne die vier Evangelisten wissen wir nicht, wovon wir sprechen. Ein guter Verkäufer „versteigert“ nicht nur; er muss über seine Ware Bescheid wissen. Übertragen gilt das auch für jeden, der evangelisiert, Zeugnis gibt oder lehrt – und das Handbuch dafür sind die vier Evangelien.

- **Die Evangelien machen uns mit Jesus bekannt, und Jesus ist das Evangelium**

Das Evangelium ist nicht einfach Vergebung, Heilung und Gott als Wunscherfüller wie Aladins Lampengeist. Kern der Botschaft ist auch nicht, was der Glaube vermag, sondern was **Jesus** für uns tun kann.

Zahlreiche Videos, Kassetten, Bücher usw. beschäftigen sich mit dem Imposanten, Übernatürlichen und zielen auf einen Glauben, der etwas geschehen lässt. In einem Katalog mit Kassetten internationaler Prediger stellte ich fest, dass sie alle nur ein Thema hatten: die übernatürliche Auswirkung des Glaubens. Diesen Kurs hatten die ersten Christen nicht. Sie strebten nach Heiligung und Rettung der Verlorenen – worauf Zeichen und Wunder **folgten**. Sie suchten nicht Kraft, um zu beeindrucken, zu erschrecken oder Aufmerksamkeit zu bekommen. Ihr Ziel war nicht die Sensation, sondern Jesu Liebe; nicht persönlicher Gewinn, sondern Gottes Ehre.

• Evangelisation ist Predigt *des* Wortes *durch* das Wort

Es gibt Berge von christlichen Büchern, Artikeln und Predigten. Doch allzu oft enthalten sie nur das, was Schreiber oder Prediger **denken**, aber wenig mit der Bibel zu tun hat. **Wir sollen Diener des Wortes, nicht moralischer Thesen sein.** Viele predigen gute, weise, interessante Dinge und tragen ihre eigenen Ideale zusammen, aber dies kann zur gefährlichen Unart werden, in der man sich verliert.

Mit Gottes Wort zu dienen bedeutet, täglich damit umzugehen wie mit einem engen Freund. Disziplin, Lernen, Nachsinnen, Konzentration auf das Wort zu entwickeln, bringt einen immensen Gewinn. Ich weiß, das ist nicht jedermanns Sache, doch man kann ja auf Menschen zurückgreifen, die diese besondere Begabung haben. Mit dem, was sie für uns bereitstellen, können wir sowohl den eigenen Hunger stillen als auch unsere „Mitschafe“ versorgen. **Immer** aber muss das, was wir sagen, sein Leben aus dem Wort Gottes ziehen. Psalm 104,16 (*kj*) sagt: *„Die Bäume des Herrn sind voll Saft“*, nicht „Schmalz“[1] – bloße Geschichten oder Schnulzen. Illustrationen sollten das Wort veranschaulichen, nicht die Zuhörer unterhalten. Es ist das Wort, das zur Bekehrung führt.

• Die ganze Bibel ist das Evangelium

Unsere Berufung ist, den ganzen Ratschluss Gottes zu verkünden (s. Apg. 20,27), nicht nur einen einzelnen Aspekt, den wir Evangelium nennen. Oft wird das Evangelium als ein halbes Dutzend abstrakter Ideen mitsamt Belegstellen angeboten. Aber wir sind durch das **volle** Wort Gottes wiedergeboren! Schauen wir in diese Schriftstelle: *„Ihr seid wiedergeboren – nicht aus vergänglichem Samen, sondern aus unvergänglichem, durch das lebendige und bleibende Wort Gottes. Denn alles Fleisch ist wie Gras und alle seine Herrlichkeit wie des Grases Blume. Das Gras ist verdorrt, und die Blume ist abgefallen, aber das Wort des Herrn bleibt in Ewigkeit. Dies aber ist das Wort, das euch als Evangelium verkündigt worden ist.“* (1. Pt. 1,23)

Petrus zeigt, dass Gottes Wort das Evangelium ist. Dabei ist zu beachten, dass Gottes Wort für Petrus hauptsächlich das Alte Testament war; das Neue Testament war erst in der Entstehung. Jedes von beiden ist Gottes Wort, zusammen sind sie **das** (geschriebene) Wort Gottes.

Wir halten fest: Das Wort Gottes ist das Evangelium, und das Evangelium ist das Wort Gottes. Es ist kein Extrakt aus der Bibel, sondern die ganze Bibel. **Die vier Evangelien kommen, „eingewickelt" in die Seiten des Alten Testaments, zu uns.** Mit anderen Worten: Unsere Botschaft an eine gottlose Welt ist in das gesamte Wort Gottes gebettet.[2]

Fall und Wiederherstellung des Menschen

1. Mose 3,1-24 berichtet vom Fall des Menschen. Ein Bindeglied zwischen Altem Testament und Evangelien ist das Thema Sünde. Ohne dessen Behandlung wäre jedes Buch über Evangelisation unvollständig. Das von mir gepredigte Evangelium ist, dass Jesus uns von Sünde rettet! Auf der ganzen Welt sehe ich, wie tief die Sünde in der menschlichen Natur sitzt. Sie ist wie Aussatz, wie ein Virus im Blut und hat ihre hässlichen Symptome in jederlei Verbrechen. Das Symptom verschwindet nur, wenn die Krankheit geht.

Ich denke an Naeman (s. 2. Kö. 5). Er war Würdenträger in Syrien, aber ein mit dem Tod dekorierter Würdenträger, begleitet von seinem Tross aus Pferden, Wagen und Fahnen, im strahlenden Glanz seines militärischen Ranges. Aber unter der prachtvollen Uniform wurde sein Körper von eiternden Leprageschwüren zerfressen. Dieses Bild trifft auf die pompöse Eitelkeit dieser Welt zu.

Die Leute geben hier und da einen Fehltritt oder Fehler zu, suchen vielleicht auch Vergebung für dies und jenes. Doch das wird nicht reichen. Es ist, als wolle man Lepra mit ein paar Bandagen beheben. Wir reden hier nicht über ein, zwei Schönheitsfehler, sondern über Legionen von Übeln! Das Alte Testament lehrt uns, dass hinter unseren Sünden **die Sünde** steckt – ein Trieb zum Sündigen, der uns alle verleitet (s. Jes. 59,7f u. a.). Sünde ist eine dunkle Wolke, die jede gute Gabe in uns neutralisiert und eine destruktive Neigung auslöst. Viele sind daran gewöhnt, ihre Sünden zu bekennen und Absolution zu erhalten. Meine Botschaft ist mehr als Absolution, **sie ist Befreiung!** Ehre sei Gott! Sein Heil gibt uns nicht nur eine saubere Vergangenheit, sondern es öffnet Gefängnistüren!

Unsere Natur trägt den Samen der eigenen Zerstörung in sich. Paulus sagt darüber: *„Ich will das Gute tun, bringe aber nur Böses zustande."*

(Rö. 7,21 *gn*) Das Alte Testament ist die größte je geschriebene Enthüllung menschlichen Scheiterns. Von 1. Mose bis Maleachi deutet es auf Männer wie Frauen und erklärt sie für gründliche Versager. Denn Adams Rasse ist eine gefallene Rasse! Das beweist ihr Wahnsinn und Elend seit dem Garten Eden. *„Da ist keiner, der Gutes tut, auch nicht einer."* (Ps. 14,3)

Das Evangelium geht an die Wurzeln dieses Problems. Der Mensch sündigt, weil er so ist; deshalb braucht er eine Wesensveränderung. Die Erdenbürger sündigen nicht nur manchmal; sie sind Sünder durch Vererbung. Es ist ein **Stammbaum der Mangelhaftigkeit**. Schwache Gesundheit, Armut, Unwissenheit sind Übel, aber nur eine Folge. Sie sind die bitteren Früchte der Wurzel „Sünde". Man beseitigt die Ursache nicht durch Kuren, Bildung oder Umverteilung des Reichtums. Zwar sollten wir zur Milderung dieser Probleme tun, was wir können, aber in erster Linie müssen wir bedenken, dass sie vom **Wesen** der Menschen herrühren. Üble Dinge entstehen nicht wie Nebel am See; wir **lassen** sie entstehen.

Das Dilemma ist: Wir düsen „solo" durchs Leben, obwohl unsere Lizenz es nicht erlaubt. Dann passieren Unfälle infolge schlechten Fahrens, das schlechte Fahren aber, weil wir es ohne Führung oder Kopiloten tun. Viele thronen gottlos auf dem Fahrersitz ihres Lebens; dabei bedeutet das Urteil des himmlischen Gerichts nicht nur ein paar Verkehrs-Strafpunkte. Jeremia, der sein Leben lang beobachten musste, wie ganz Israel ohne Gott den Herrn drauflos lebte, rief aus: *„Ich habe erkannt, HERR, dass der Weg des Menschen nicht in seiner Macht steht …!"* (Jer. 10,23)

Über das menschliche Herz gibt es laut „Strong"-Konkordanz über 800 biblische Hinweise, davon 700 im Alten Testament. Jeremia (17,9 *-ü*) zieht sein Fazit: *„Unheilbar trügerisch ist das Herz …; wer kennt sich mit ihm aus?"* Die Sünde steckt im Wesen – unsere Herzen **sind** verkehrt. Jesus nennt einen weiteren Zusammenhang: Wenn unser Auge verdunkelt ist, wird unser ganzer Leib verfinstert (s. Mt. 6,23)! Die Menschheit ist geistlich augenkrank. Was uns richtig scheint, ist nicht richtig. Kein Wunder: Ohne Gott haben wir eine verzerrte Sicht vom Leben.

Regierungen können Übeltäter bestrafen, aber sie können nichts gegen unser Grundproblem tun.
Die Sünde ist ein Virus, das die Medizin nie ausrotten kann.

Es wird so getan, als wären wir engelhafte Wesen, die nur gelegentlich ausrutschen. Unsere Methode ist, gut zu sein, wenn es dem eigenen Vorteil oder Gewissen passt. Deshalb werden Regierungen nur Gesetze gegen „Irrtümer" erlassen und solche bestrafen, die schlimm „ausgerutscht" sind, aber sie wollen und können nichts gegen unser Grundproblem tun. Die Sünde hat sich im menschlichen Leben eingenistet. Sie ist ein Virus, das die Medizin nie ausrotten kann.

Paulus rief aus: *„Ich elender Mensch! Wer wird mich retten von diesem Leibe des Todes? Ich danke Gott durch Jesus Christus, unseren Herrn!"* (Rö. 7,24f) Eine alte Liedzeile dagegen sagt: „Ich bin nur ein Sünder, durch Gnade gerettet!" Das kann ich nicht vorbehaltlos singen. Gläubige sind nicht länger **nur** Sünder, sondern Kinder Gottes – erlöst, mit einer neuen Natur, die der Sünde widerstrebt. Wir können noch sündigen, aber wir sind keine „Sünder" mehr; d. h. die Sünde ist nicht mehr unser schicksalhafter Lebensstil. Wenn wir einst auf den goldenen Gassen des Himmels spazieren gehen, werden sich die Engel keineswegs zuflüstern: „Jetzt sehen sie fein aus, aber du hättest sie in ihrer eigentlichen Beschaffenheit sehen sollen. Der Herr hat nur alles überdeckt." Nein, wenn wir vor Gott kommen, haben wir nicht allein Vergebung, sondern auch die Rechtfertigung durch Glauben empfangen, als ob wir nie gesündigt hätten. Wir werden in Weiß gehen, in Herrlichkeit, in Christus! *„Jeder, der aus Gott geboren ist, tut nicht Sünde, denn sein Same bleibt in ihm; und er kann nicht sündigen, weil er aus Gott geboren ist."* (1. Jo. 3,9)[3]

Stephanus wurde zum Märtyrer, weil er bis zum Herzen der menschlichen Natur vordrang und sagte, dass der Kern aller Sünde im Widerstand gegen Gott liegt (s. Apg. 7,51). Weil er sie damit konfrontierte, hassten ihn die religiösen Führer. Und doch ist es wahr. Wenn wir von „dämonisierten" Menschen sprechen, sollten wir erst recht das Wort „sündisiert" einführen. Adam und Eva haben nicht nur die verbotene Frucht gegessen; sie lösten sich planmäßig von Gott und flohen vor seinem Angesicht. Satans große List war, die Menschheit auf ihren Weg der Selbst-Abhängigkeit[4] zu schicken – Götter in sich selber. Aber das Evangelium geht dem Teufel an den Kragen:

- Das Evangelium ist keine Botschaft der Selbsthilfe, sondern Botschaft für Hilflose.
- Es tauscht nicht Vorstellungen, sondern verändert Herzen.

- Es ist nicht die Kraft positiven Denkens.
- Es ist mehr als eine Ermutigung, wie Kinder Gottes zu handeln.
- Es ist keine Einbildung.
- Es ist subjektiv und objektiv.
- Es ist kein psychologischer Dreh, sondern ein göttliches Wunder.

Wenn wir lichtechte Christengemeinden wollen, sollten sie aus **befreiten** Menschen bestehen. Der schlimmste Persönlichkeitsdefekt ist aufgeblasener Stolz auf unsere Unabhängigkeit und Qualität. Das ist gottlose **Sünde**! Denn *„wir sind allesamt geworden wie Unreine und alle unsere Tugenden wie ein beflecktes Kleid. Wir sind alle verwelkt wie die Blätter, und unsere Sünden führen uns dahin wie der Wind.“* (Jes. 64,5 *sch*)

Oft schließen sich Menschen einer Gemeinde an, weil es dort so nette Leute gibt, feine Musik, ein gutes Programm, Aktivitäten für Kinder, viele Freunde, gesellige Zusammenkünfte, liebenswerte Leiter und sogar Glauben an Heilung. All das ist auch richtig, aber in erster Linie hat **Christsein** mit dem **Retter** zu tun! Wir können nur zu Gott kommen, wenn dieser Retter uns geborgen hat. Wenn wir ihm nicht die Verantwortung für unser Leben übertragen, werden wir am Gerichtstag ungeschützt für unser Leben und unsere Sünden haften müssen, insbesondere für die Ablehnung Christi. Um ihn zu kennen, müssen wir seine Retterkraft kennen. Sünder, durch Christi Macht gerettet, das zeichnet lebendige Gemeinden aus.

Wenn wiedergeborene Gläubige sündigen, gibt es einen Unterschied: Sie bleiben in der Familie Gottes. Johannes schließt seinen ersten Brief mit den Worten:

„Wenn jemand seinen Bruder sündigen sieht, eine Sünde nicht zum Tod, soll er bitten, und er wird ihm das Leben geben, denen, die nicht zum Tod sündigen. Es gibt Sünde zum Tod; nicht im Hinblick auf sie sage ich, dass er bitten solle.“ (1. Jo. 5,16)[5]

Was meint Johannes hier? Er spricht über den Unterschied zwischen einem punktuellen Sündigen als Christ und der Sünde als Prinzip. Dieses Lebensprinzip beschreibt er zuvor als das Wesen des Antichristus: Absage an den Herrn. Es ist „die Sünde“, nämlich Rebellion.[6] Epheser 2,2 nennt die gefallene Menschheit *„Kinder des Ungehorsams“*, Söhne und Töchter der großen Weltrevolte.

Vor Christus wurden Sünden (durch das Blut von Opfertieren) zugedeckt, doch es blieb ein Rest von Entfremdung. Dann kam **er**. Sein Werk war **Versöhnung**. Am Kreuz schloss er Frieden und versöhnte die Welt mit Gott. Er stellte sich der Rebellion, machte uns zu seinen Kindern und brachte uns heim.[7] Das bringt uns die schöne Herausforderung: Obwohl Sünde noch vorkommen mag (und bereinigt wird), muss sie nicht mehr über uns herrschen. Wenn ein Dieb einen Stein in Ihr Fenster wirft, ist er ein Krimineller; wenn Ihr eigener Junge es tut, ist er das nicht. Eine Lehre aber sei uns jener Mann, der in den Gebetsstunden immer dasselbe Anliegen vorbrachte: „Herr, mach Hausputz in mir, entferne die Spinnweben!" Schließlich hatte ein anderer Gläubiger genug von den Spinnweben und rief aus: „Herr, töte die Spinne!"

Die gottgefälligsten Personen des Alten Testaments sprachen über Vergebung, wussten aber, dass ihr grundlegendes Bedürfnis die **Beziehung mit Gott** war. Das ist das „Geniale" am hebräischen Religionsverständnis! Die Heiden hatten davon auch nicht den leisesten Ansatz[8]. Israel erstrebte vor allem, dass Gottes Angesicht sich nicht abwandte. In der Tendenz sorgten sie sich mehr darum, dass Gott mit ihnen war, als um eine oberflächliche Vergebung für Übeltaten. Mit dem Alten Testament bereitete der Herr Israel auf das Evangelium vor. Einmal im Jahr, am großen Versöhnungstag[9], trat der Hohepriester in Gottes Gegenwart (s. 3. Mo. 16,34). Wenn er wieder erschien, schöpfte das Volk Gewissheit: Gott war noch in ihrer Mitte.

Und doch war dies erst ein **Schatten** des Guten, das folgen sollte (s. Hb. 10,1). Die **Realität** kam dann in der **Person Christi**. Christen treten auf einem neuen, lebendigen Weg und mit Freimut in Gottes Gegenwart! Jesus sagt ja: *„Ich bin der Weg!"* (Jo. 14,6) Als das Fleisch unseres Herrn Jesus am Kreuz zerrissen wurde, riss der Vorhang im Tempel mit Macht entzwei (s. Lk. 23,45) – das Allerheiligste lag offen, für jedermann zugänglich. Jesus hatte die wahre Versöhnung vollbracht![10]

Wenn wir das Alte Testament lesen, tritt ein Mann wie David hervor. Seiner Zeit voraus, wurde ihm die Tatsache, dass Gott mit ihm war, zur tiefen Offenbarung und Überzeugung. Wohl nur wenige haben dies damals ähnlich erfasst wie er. Doch das christliche Verständnis darüber ist noch größer: Christus verzeiht nicht nur, sondern er versöhnt. Er bringt nicht nur Vergebung von Sünden, sondern bringt uns heim zu Gott und gießt seine Liebe in unsere Herzen aus durch den Heiligen Geist (s. Rö. 5,5). Indem er uns lieben lässt, was wir hassten, und hassen, was wir liebten, reißt er die uns von Gott trennenden Mauern ein. Diese herrliche Wahrheit fehlt total in allen Religionen der Erde, bis auf den christlichen Glauben. Er ist einzigartig – Evangelium, wie es wirklich ist: Es tritt **der Sünde**, nicht nur Sünden, entgegen.

Anmerkungen:

[1] Engl. Wortspiel: „The trees of the Lord are full of **sap**", not „**sop**".
Andere Übersetzungsmöglichkeit: „Die Bäume des HERRN trinken sich satt."

[2] Wir mögen die Geschichten des Alten Testaments nur als Illustration des Evangeliums gebrauchen, aber so war es nicht gemeint. Die Geschichten sind nicht bloß Sinnbilder der Wahrheit. Alles, was wir dort lesen, spricht auch für sich und enthält seine eigene Aussage, seine Offenbarung von Wahrheit. Wir sollten nicht nachträglich überall neutestamentliche Gedanken hineinpressen; vielmehr fügt sich das Ganze zusammen zur Wahrheit in Christus.

[3] Die „Gute Nachricht" übersetzt: *„Wer Gott zum Vater hat, sündigt nicht, weil das Erbgut seines Vaters in ihm wirkt."*

[4] Sich selbst meist als „Freiheit" eingeredet, ist es in Wahrheit eine zweifelhafte „Unabhängigkeit" (Gottlosigkeit) und führt zur sterilisierenden und versklavenden Selbstbezogenheit …

[5] Vgl. auch das beim Sündigen zurechtbringende Hilfsangebot durch Mitgläubige: Mt. 18,15ff; Mt. 5,23f; Jk. 5,20; (1. Pt. 4,8) u. a.

[6] Zum weiteren Verständnis der Ur- und Endsünde, Rebellion gegen Gott, Sünde gegen den Heiligen Geist, Sünde zum Tode hilft die zusammenhängende Kette folgender Bibelstellen: Mk. 3,29; Jo. 15,26; Jo. 16,9; 1. Jo. 5,16.

[7] Zur Versöhnung gehören allerdings zwei; daher mahnt Paulus: *„Lasst euch versöhnen!"* (vgl. 2. Ko. 5,18-21).

[8] Das ist bis heute so geblieben, auch für das „christliche" Heidentum!

[9] Yom Kippur, Tag der Sühne

[10] Im Englischen ein Wortspiel mit dem Begriff „Versöhnung": Aus „atonement" wurde „at-onement" (at one = „an Einem, an sich") mit der Aussage: Erlösung = „Einer für alle" – Jesus (s. Rö. 5,18). Ähnliches deutsches Wortspiel: für „Versöhnung" (vgl. „Sühne") „Ver-sohnung" – durch Gottes **Sohn** zur Gottes**kindschaft**; vgl. Gal. 4,4-6).

Kapitel 11

Evangelisation in den Evangelien

Der Vater in Jesu erhabener Geschichte vom verlorenen Sohn schenkte dem Heimgekehrten nicht nur Vergebung, sondern auch Wiederaufnahme in die Familie. Er hätte dem Burschen für seine schlimme Dummheit auch nur verbal verzeihen können, ohne ihn aber je wieder über die Türschwelle zu lassen; etwa so: „Ich vergebe dir. Und nun geh wieder zu deiner Schweinefarm. Ich werde über das, was du getan hast, hinwegsehen." Doch stattdessen rannte der Vater los und küsste ihn – ja, laut griechischer Wortform hat er ihn mit Küssen überhäuft (s. Lk. 15,20). Er nahm seinen Sohn mit nach Hause, kleidete und speiste ihn und stellte ihn gefühlsmäßig wie rechtlich wieder her. **Dies ist ein atemberaubendes Bild dafür, wie Gott ist.**

Seine Vaterliebe wird uns auch im Alten Testament zugesagt, schimmert dort aber nur wie durch Vorhänge hindurch. Obwohl sie von Beginn an da ist, muss man genau hinschauen. Im Neuen Testament dagegen wird die Liebe zur lodernden Wahrheit, das Sündenprinzip aber erstirbt: *„Die Sünde wird nicht über euch herrschen!"* (Rö. 6,14) Nicht nur diese oder jene Sünde – wir mögen sogar eine hartnäckige Sünde haben, doch wenn uns Christus gerettet hat, ist sie wurzellos. Dies ist das Evangelium, das wir in die Welt tragen!

Wie sieht ein Evangelist die **vier Evangelien**? Für mich sind sie Gottes Offenbarung über seinen Sohn Jesus! In der ganzen Welt gibt es kein Buch wie sie. Weit über eine reine Jesus-Biographie hinausgehend, sind diese vier Werke Sonderanfertigungen des Heiligen Geistes, um uns alles Wichtige über Jesus zu zeigen. Natürlich kann er auch andere Bücher und Mittel gebrauchen. Doch für alle Offenbarung Jesu Christi sind die Evangelien wie der Sprühkopf des Springbrunnens.

Wie schon besprochen, wird Christus auch durch Wunder bestätigt. Aber welcher Christus? Den wahren Sohn Gottes und seine Herrlichkeit erkennen wir nur durch diese vier im Geist zu erschließenden Urkunden, die Evangelien.

Das Evangelium nach Matthäus

Das Matthäusevangelium legt zwei große, verwandte Themen vor: **Gottes Reich** und die **Autorität Jesu Christi**.

Jesu Herrschaft

Kernstück der frühchristlichen Botschaft war: **„Jesus ist Herr!“** Tausende sind gestorben, weil sie wagten, dies zu sagen. Sie predigten, dass Jesus **jetzt** Herr ist. Nicht in einer unbestimmten Zukunft wird er gekrönt – er **ist** schon der Herr und kann sagen: *„Alle Autorität im Himmel und auf Erden ist mir gegeben!“* (Mt. 18,18 *kj*)

Wir haben ihn nicht gekrönt. Der Größere krönt den Geringeren, nicht der Geringere den Größeren. Er kann **uns** inthronisieren, nicht wir ihn. Zum König wird er nicht durch unsere Entscheidung oder demokratische Wahl. Auf dem Thron ist er durch sein eigenes Recht als Schöpfer und Retter. Er allein ist würdig, niemand sonst![1]

Evangelisation heißt, Jesus als Herrn auszurufen. Er kann retten, denn er ist Herr aller Dimensionen und Sphären. Die Welt mag widerstehen, doch am Ende muss sie kapitulieren. Jedes Knie wird sich beugen und jede Zunge bekennen, dass Jesus Christus Herr ist (s. Phil. 2,10f). Aufgrund dieser Tatsachen, so sagt Paulus in 2. Korinther 5,18-20, sind wir Gesandte mit der Botschaft: Versöhnung!

Jesus sandte zweimal Jünger aus, zuerst die Zwölf (s. Mt. 10,1) und dann die Siebzig (s. Lk. 10,1). Durch sie dehnte er seinen irdischen Machtbereich aus, bis ihre Missionsreisen im Lande erfüllt waren. Am Pfingsttag wurde diese Ausbreitung erneuert, stetig und global.

Entsprechend predigte Paulus in Athen: Gott ist der Herr von Himmel und Erde und gebietet allen Menschen überall, Buße zu tun. Denn er hat einen Tag festgesetzt, an dem er die Welt in Gerechtigkeit richten wird durch den Mann, den er bestimmt hat (s. Apg. 17,30f).

Dies ist die brennende Wahrheit der ersten Evangeliumsprediger: Kehrt um – Jesus ist Herr, sein Königreich wird die Welt einnehmen, und er kommt zurück, um als Herr aller Herren zu regieren! *„Küsst den Sohn,* *damit … ihr nicht umkommt auf euerm Weg! Denn bald wird sein Zorn entbrennen. Heil allen, die bei ihm Zuflucht suchen!"* (Ps. 2,12 *alb*) Ob die Welt ihn als Herrn anerkennt oder nicht, er **ist** Herr.

Das Reich Gottes

Jesus gab Petrus die Schlüssel des Himmelreichs (s. Mt. 16,19). Damit meinte er nicht die goldenen Schlüssel der Perlentore. **Der Schlüssel zum Reich Gottes ist das Evangelium!** *„Wer nicht neu geboren wird, kann nicht in Gottes Reich kommen."* (Jo. 3,3 *hfa*)

Petrus erhielt nicht als Einziger von uns diese Schlüssel[2], aber als Erster benutzte er sie am Pfingsttag (s. Apg. 2). Auch führte er als Wegbereiter einen Europäer (Kornelius) ins Gottesreich (s. Apg. 10). Petrus öffnete die Tore für Juden und Heiden.

Was hat es mit dem Reich Gottes und seiner Geschichte auf sich?

„Aber von den Tagen Johannes des Täufers an bis jetzt wird dem Reich der Himmel Gewalt angetan, und Gewalttuende reißen es an sich. Denn alle Propheten und das Gesetz haben geweissagt bis auf Johannes." (Mt. 11,12f)

Ich weiß, dieser Vers gilt als schwierig. Aber so viel ist klar: Bis zu Johannes dem Täufer war das Reich Gottes nicht präsent. Johannes predigte nämlich: *„Bekehrt euch, denn die Königsherrschaft der Himmel steht unmittelbar bevor!"* (Mt. 3,2 *br*), und mit der gleichen Botschaft eröffnete Jesus seinen Dienst (s. Mt. 4,17). Diese brandneue Nachricht[3] vom Reich Gottes ist es, von der Matthäus so oft spricht.

Das Evangelium vom Reich ist auch **unsere** Botschaft, aber sie hat mit Golgatha und dem leeren Grab eine andere Qualität bekommen: Als Kinder des Reichs (vgl. Mt. 13,38) rufen wir auch alle andern auf, sich reumütig Christus zu unterstellen und so Zugang in sein unvorstellbar schönes Reich zu gewinnen. Wir dreschen keine Phrasen, sondern vollziehen eine historische Ankündigung, Ernennung, Proklamation. Das Evangelium proklamiert Jesus zum König!

Das ist nicht nur Zukunftsmusik; denn Kinder Gottes leben schon hier unter einer neuen, Christus-zentrierten Ordnung:

„… der euch dazu befähigt hat, an dem Erbe der Heiligen im Licht Anteil zu empfangen. Er hat uns errettet von der Macht der Finsternis und versetzt in das Königreich seines Sohnes, den er liebt.“ (Kol. 1,12f *alb*)

Die Welt ist wie ein von Rebellen besetztes Gebiet; einst stand sie ganz unter satanischer Gewalt (s. 1. Joh. 5,19). Doch als Jesus das Feld betrat, begannen die Streitkräfte des Reiches Gottes sich durchzusetzen. Erstmals wurden Dämonen per Machtwort ausgetrieben, ein Zeichen der königlichen Vollmacht Christi! Aufgrund seines bahnbrechenden Sieges entmachten wir nun den Teufel und werden mehr als Überwinder durch den, der uns geliebt hat (s. Rö. 8,37). Evangelisation ist geistlicher Kampf: Je mehr wir das Evangelium vorantreiben, desto stärker drängen wir die Kräfte der Finsternis zurück.

In unserem Kampf (s. 2. Ko. 10,3-5) bezeichnet Paulus das Wort Gottes als **die** Waffe. Den Teufel im Gebets-Nahkampf zu attackieren, ist der Bibel fremd. Wenn uns der Apostel auffordert, Gottes *„ganze Waffenrüstung“* anzuziehen (Eph. 6,11-17), dann sind alle erwähnten Teile – Helm, Brustpanzer, Schild, Gürtel, Schuhwerk – **beschützend**, außer dem Schwert des Geistes, dem Wort Gottes (V. 17). Zwar *„ringen“* wir gegen diese geistlichen Mächte (V. 12), doch nirgends sagt uns die Schrift, dass Gebet allein den Sieg bringt. Das Beten hat einen wesentlichen Platz, wird aber nicht als Angriffswaffe bezeichnet.

Wir erschaffen uns durch Gebet keine eigene Kraft und Vollmacht. Diese haben wir schon in Christus bekommen, durch seinen Sieg. In Offenbarung 12,10f (*br*) lesen wir: *„Hinausgeworfen ist der Verkläger unserer Brüder*[4]*, der sie vor unserem Gott Tag und Nacht verklagte. Sie haben ihn besiegt durch das Blut des Lammes und durch das Wort ihres Zeugnisses …“* Wir überwinden durch das **Wort** unseres Zeugnisses, nicht durch unser Zeugnis allein. Das Wort unseres Zeugnisses ist Zeugnis **für** das aktive Wort Gottes (vgl. Hb. 4,12).[5]

Wir kommen als Diener des Königs, der Herr über Himmel und Erde ist. Durch Gottes Wort, vom Heiligen Geist gesalbt, verkünden wir das Evangelium und rufen mit einer durch Zeichen und Wunder bestärkten Vollmacht zur Umkehr. Das ist die Identität und Berufung eines Evangelisten.

Matthäus liefert uns das klassische Modell zur Erfüllung des großen Missionsauftrags.

Das Evangelium nach Markus

Als einziges der vier Evangelien nennt sich der Markus-Bericht selbst „Evangelium" (Gute Nachricht), während Johannes den Begriff nicht einmal gebraucht. Inhaltlich zielt Matthäus auf die *„Gute Nachricht vom Reich"* (4,23), Markus aber auf die *„Gute Nachricht von Jesus Christus, Gottes Sohn"* (1,1). „Reich Gottes" klingt als Konzept eher unpersönlich und abstrakt, Markus aber streicht das Persönliche heraus: Die Gute Nachricht handelt von **Jesus**!

Das Markusevangelium ist durchweg auch ganz direkt, obwohl der Autor kein Apostel war und Jesus vielleicht nie selbst getroffen hat.[6] Laut einem frühchristlichen Schreiber hat Markus das notiert, was er von Petrus hörte. Tatsächlich gibt es viele Hinweise, dass da jemand den Herrn ganz nah und vertraut erlebt haben muss. Wenn Markus z. B. oft Ausdrücke wie „sofort" und „direkt" gebraucht, klingt das nach Petrus; denn ihn hat dieser Aspekt an Jesu Dienst immer besonders fasziniert. Petrus war ja selbst eine spontane Person und sah, dass Jesus nicht herumhing, sondern zielstrebig vorging. Der Unterschied: Petrus war oft unbeherrscht, doch Jesus handelte in vollkommener Weisheit.

Matthäus und Lukas beginnen mit Jesu Geburt und Johannes mit dem „Wort von Anfang" – ganz anders Markus: Keine Hirten, Weisen oder Engel; er zitiert die Propheten Jesaja und Maleachi.

Wie schon erläutert, beginnt die Gute Nachricht im Alten Testament. Auch wenn die Propheten gewöhnlich über Israels Probleme und Schuld sprachen, gab es mitten in allem Übel gute Nachricht:

„Tröstet, tröstet mein Volk! spricht euer Gott. Redet zum Herzen Jerusalems und ruft ihm zu, dass sein Frondienst vollendet, dass seine Schuld abgetragen ist! Denn es hat von der Hand des Herrn das Doppelte empfangen für all seine Sünden. Eine Stimme ruft: In der Wüste bahnt den Weg des Herrn! Ebnet in der Steppe eine Straße für unseren Gott! … Und die Herrlichkeit des Herrn wird sich offenbaren, und alles Fleisch miteinander wird es sehen. Denn der Mund des Herrn hat geredet." (Jes. 40,1-3.5)

Wir sehen: Schon im Keim ist die Gute Nachricht keine neue Lehre oder Gabe, sondern ein Mensch, der ausruft, man möge sich auf das Kommen des Herrn selbst vorbereiten. Die Heilsbotschaft ist persönlich: Jemand kommt! Das ist typisch für Gott. Er schickt den Menschen nicht nur Ideen, sondern Personen. Gott sandte Jesus, und er sendet **uns**.

Das Evangelium ist Herzenssache, nicht Prinzipiensammlung. Damit Menschen zu Christen **werden**, müssen sie in Christus, nicht in ausgefeilten Lehren verankert werden.[7] Jesus sagt: *„Wer zu mir kommt, den weise ich nicht ab!"* (Jo. 6,37 *gn*) Im Christentum steht **Be**ziehung vor **Er**ziehung, Glaubensverbindung vor dem Bekenntnis. Daraus folgt, dass die Evangelisten oder Zeugen als Personen wichtig sind. Ihr Charakter und Christus wirken hier zusammen. Darum ist bei uns Evangelisten oder Zeugen der Charakter so wichtig, mit dem sich Christus verbindet. Johannes der Täufer war ein Prophet, der Jesus vorstellte. Wir mögen einfache Leute sein, doch wir tun das Gleiche. So ist Evangelisation eine Frage der Persönlichkeit: Männer und Frauen stellen **ihn**, den Menschen Christus Jesus, vor. Welches Mittel wir auch gebrauchen, um das Evangelium zu kommunizieren – Radio, Kassetten, Fernsehen – die persönliche Note ist unverzichtbar. Hier darf das erste persönliche Pronomen „ich" ruhig in Mengen vorkommen, denn durch uns Originale enthüllt der Heilige Geist den lebendigen Jesus.

Klare Rechenschaft über Christus als die Wahrheit bewegt die Seele eines rechten Evangelisten, im Kontrast zum Schwefel-und-Feuer-Missionsstil, der die Zuhörer mit drohendem Finger anpredigt. Markus hat nichts dergleichen getan. Er erzählt die Geschichte und lässt es damit gut sein. Unsere Aufgabe ist, die Wahrheit zu verkünden. Wir müssen nicht die Arbeit des Heiligen Geistes tun. Wenn wir Jesus kennen, haben unsere ehrlichen Worte alle nötige Überzeugungskraft! Bei starrsinnigen, zum Unglauben entschlossenen Herzen sind auch Debatten und Argumentationen nutzlos. Lassen wir Gott übernehmen! Manche Menschen finden nur über einen äußerst rauen Weg zum Herrn.

Es kann ein Eigentor werden, das Evangelium in endlosen Diskussionen anzubieten. Glaube gründet sich nicht auf dürre Logik und kluge Worte. Wenn wir die Wahrheit behaupten, selbst dahinter stehen und Jesus kennen, ist alles da. „Ein Mensch, gewaltsam überzeugt, doch stets zur alten Meinung neigt", sagt ein Sprichwort.[8] Das Markusevangelium „sichtet" seine Leser. Die Demütigen, Offenen und Aufnahmebereiten werden glauben, die intellektuell Stolzen dagegen nicht. Sie fordern Beweise, die aber nur der Glaubende erfährt. Glaube, und du wirst sehen! Wer nicht glaubt, wird auch Gott nicht sehen, selbst wenn er direkt vor ihm aus den Himmeln herabstiege (vgl. Lk. 16,31; Jo. 20,29). Doch genau das tat Jesus! Durch Markus lehrt Petrus uns, zu evangelisieren: Predige Christus, lerne ihn immer mehr kennen, bezeuge ihn, wie das Wort ihn zeigt!

Das Markusevangelium wurde auch „Passionsbericht mit Vorwort" genannt. Das Kreuz Christi überschattet mehr als die Hälfte des Buchs. Von der Auferstehung handeln nur 14 Verse. Der Jesus, der sich tief bei Petrus einprägte, durchwanderte Galiläa und ging ans Kreuz. Das ist Evangelisation: Wir sprechen von einer Person, die wir kennen und lieben – Jesus, Mensch und Messias (Christus)!

Das Evangelium nach Lukas

Schon das erste Kapitel bei Lukas gibt den Grundgedanken und -ton an. Da ist das stille, ältere Ehepaar Zacharias und Elisabeth. Sie sind wohl tief unglücklich, da sie, zum Priestergeschlecht zählend, keine Kinder haben. Es wäre eine große Not, ohne Erben zu bleiben. Doch gerade dieses betagte Paar segnet Gott mit einem hochberühmten Kind, Johannes dem Täufer, und lässt durch ihn sogar das Kommen seines eigenen Sohns vorbereiten. Jesus sagt von Johannes, dass es unter den von Frauen Geborenen keinen Größeren gab (s. Lk. 7,28). Nach meinem persönlichen Eindruck fasst Lukas speziell die Benachteiligten ins Auge. Da er aber auch viele wohlhabende und bekannte Menschen erwähnt, hat er sie wohl als **geistlich** Benachteiligte angesehen.

Die armen Reichen

Lukas richtet seine Gute Nachricht an solche, die das Leben verpasst haben, die Außenseiter – nicht zuletzt die, welche in den Augen der Mehrheit das beste Stück vom Kuchen hatten – Leute wie Herodes und Israels geistliche Leiter. In seinem zweiten Band, der Apostelgeschichte, fährt Lukas gleichermaßen fort. Als zum Beispiel Paulus das Evangelium an Felix oder Agrippa samt Höflingen und Familien weitergibt, liegt Erbarmen in seinem Ausruf: *„Ich bete zu Gott, dass über kurz oder* *lang nicht nur du, sondern alle, die zuhören, mir gleich werden – die Fesseln natürlich ausgenommen!"* (Apg. 26,29 *gn-ü*). Fast ist es das Schlüsselthema von „Lukas" und „Apostelgeschichte": Evangelisation für die bedürftigen Reichen.

Das Lukasevangelium ist voller Beispiele dafür. So zeigt Jesus einem Mann, der im Erbstreit steht und sein Recht einfordert, dass Geld ein Fluch sein kann und Glück in einer besseren Richtung zu suchen ist, denn *„der Mensch gewinnt sein Leben nicht aus seinem Besitz, auch wenn der noch so groß ist."* (Lk. 12,15 *gn*) Denen, die bei Empfängen gern obenan sitzen, sagt er, dass sie an einem unteren Platz eher Erfüllung finden (s. Lk. 14,8-10). Ähnliche Personen erwähnt Jesus in drei aufeinander folgenden Gleichnissen:

- … die Frau, die zehn Münzen hat, aber nahezu in Panik gerät, weil ihr eine davon verloren ging. (15,8)

- … den Hirten mit hundert Schafen, der sich sorgt, weil eines sich verirrte. (15,4)

- … einen Vater und zwei Söhne, alle irgendwie vom Besitz lädiert: Der Ausreißer meint, Geld bringe ihm Leben. Sein Bruder hat alles, aber sein Herz ist schmutzig und weigert sich, am Freudenfest teilzunehmen. Dem Vater bringt sein Geld nicht nur Kummer um den verschollenen jüngeren Sohn, sondern bei dessen Heimkehr auch den Groll des Älteren. (15,11-32)

Dann gibt es da die Geschichte vom Bettler Lazarus und dem reichen Mann, der an ihm täglich vorbeigeht. Beide Männer sterben, doch der Reiche endet am Ort der Qual, von wo er Lazarus, der zum Himmel gegangen ist, zu spät um Hilfe bittet (s. 16,19-31).

Jesus zeigt Erbarmen mit den „armen Reichen". Mehr als ein Viertel aller Bezüge auf Armut und die Armen im Neuen Testament findet sich in Lukas. Dabei werden die materiell Armen schon eher als „Gesegnete" bezeichnet (6,20f; vgl. 18,25: s. u.), denn ihr Los kann viel mehr Reichtum beinhalten als das von Leuten mit großem Wohlstand. Nicht zufällig steht auch Marias große poetische Prophetie, die wir das „Magnifikat" nennen, im Lukasevangelium (1,51-53 -*kj*):

„Er übt Macht mit seinem Arm und zerstreut die in ihren Herzen Hochmütigen. Er stürzt Mächtige von Thronen und erhöht Niedrige. Hungrige erfüllt er mit Gütern und schickt Reiche leer fort.“

In Lukas 18,18-30[9] hören wir, wie ein begüterter junger Mann Jesus nach dem Empfang des ewigen Lebens fragt. Die Episode endet damit, dass der Reiche sehr traurig weggeht. Ob er sein Geld behielt, dafür aber seine Seele verlor ...? Jesus kommentiert, es sei für einen Reichen fast unmöglich, ins Reich Gottes zu kommen, und könne nur durch Gottes Größe geschehen. Wir werden an zwei Verse aus der Offenbarung erinnert, die einen starken Kontrast zwischen Armut und Wohlstand beleuchten:

„Dies sagt der Erste und der Letzte, der tot war und wieder lebendig wurde: Ich kenne deine Bedrängnis und deine Armut – du bist aber reich ...“ (Off. 2,8f).

„Du sprichst: Ich bin reich und habe Überfluss und bedarf nichts! – und weißt nicht, dass du elend und erbärmlich bist, arm, blind und bloß! Ich rate dir, von mir Gold zu kaufen, das im Feuer geläutert ist, damit du reich werdest ...“ (Off. 3,17f *sch-ü*)

Als Christus in Nazareth seine Mission erklärte, sagte er: *„Der Geist des Herrn ist auf mir, ... Armen gute Botschaft zu verkündigen ...“* (Lk. 4,18) **Aber wer sind die Armen?** Dazu hat Jakobus einiges zu sagen:

„Der niedrige Bruder rühme sich seiner Hoheit, der reiche aber seiner Niedrigkeit. ... So wird auch der Reiche in all seinem Tun dahinschwinden.“ (Jk. 1,9-11 *-ü*)

„Hört, meine geliebten Brüder: Hat nicht Gott die vor der Welt Armen auserwählt, reich im Glauben und Erben des Reiches zu sein, das er denen verheißen hat, die ihn lieben?“ (Jk. 2,5)

Jakobus rät den Reichen sogar: *„Weint und jammert über das Elend, das auf euch zukommt!“* (Jk. 5,1 *gn*)

Der Gott der Heimatlosen

Als Jesus in seiner Heimatstadt Nazareth predigte, sprach er auch über zwei Außenseiter aus früherer Zeit (s. Lk. 4,24-27): die Witwe, die während einer Hungersnot gespeist wurde (s. 1. Kö. 17), und den syrischen Heerführer, der Heilung vom Aussatz erfuhr (s. 2. Kö. 5). Gott hatte ihre Nöte gewendet, obwohl sie nicht zu Israel gehörten.

In Christi Tagen war es wie vielerorts leider noch heute: Man konnte mit Außenseitern wenig anfangen. Daher erregten sich Jesu ehemalige Nachbarn auch so sehr bei dem Gedanken, Gott könne auch Nichtjuden Wohlwollen zeigen und sein Volk Israel übergehen. An diesem Ereignis zeigt Lukas, dass Gott auch ein Gott der Geächteten ist. Er kommt zu den Verlorenen, zu solchen, die ohne Anker dahintreiben.

Viele haben das Lukasevangelium zwar für ein rein „soziales Evangelium" ausgeschlachtet; wahr ist aber, dass Lukas zu **jedem** Gruppen-Egoismus auf Abstand geht und die Interessen derer aufgreift, die aus irgendwelchen Gründen einen Lebensverlust empfinden. So fehlt bei ihm auch nicht die Geschichte jener Frau, die von Blutfluss geheilt wurde, weil sie Christi Gewand berührte (8,43-48)[10].

Die konstante Blutung war eine Plage für diese Frau und machte sie schwach, kurzatmig und fast gehunfähig. Verarmt, weil sie alle Habe in ärztliche Behandlungen gesteckt hatte, wird sie wohl auch keine vollwertige Nahrung mehr zu sich genommen haben, um den Kraftverlust auszugleichen. Zu alledem galt sie mit ihrer Krankheit als gottesdienstlich unrein, und wer mit ihr in Berührung kam, wurde es ebenfalls (s. 3. Mo. 15,19-30). Wahrscheinlich stand sie auch ohne Freunde da und war unerwünscht – sozial geächtet wie die Aussätzigen.

Da Jesus systematisch durch die Dörfer reiste, wird die Frau von seinem Kommen gewusst haben. Als es so weit war, kämpfte sie sich durch die Menge und berührte die Quaste seines Gewands. Augenblicklich war sie geheilt; das spürte sie, und Jesus ebenso. Aber der Höhepunkt der Geschichte ist weniger die Heilung, als das, was dann folgte.

Jesus fragte sie, warum sie ihn angerührt habe. Nun, Dutzende hatten das getan. Da vorn wimmelte es auch immer von betriebsamen VIPs, die später prahlten, auf Tuchfühlung mit Jesus gewesen zu sein. Daneben drängten sich viele andere Kranke, die von Jesus irgendeine persönliche, heilende Berührung erhofften. Es war ein ständiger Andrang von Menschen, die nur möglichst nahe beim Wunderwirker aus Nazareth sein wollten. Doch in diesem Moment wurden alle still. Jesus schaute sich um, als wolle er die eine Person anklagen, die ihn berührt hatte. Der Kreis um ihn wurde weiter; die Leute wichen zurück, als sein Blick durch die Menge ging.

Da kam die Frau vor, zitternd und angsterfüllt. Warum? Weil sie wusste, dass ihre Berührung Christus verunreinigt hatte. (Unvergleichlich mehr hat unser Sündenschmutz Jesus besudelt – er wurde am Kreuz für uns *„zur Sünde gemacht"*; s. 2. Ko. 5,21.) Alle Augen waren auf sie gerichtet. Jeder in der verstummten, wogenden Menge wollte mitbekommen, wer die Feier so jäh beendet hatte. Und Jesus Christus, der Sohn Gottes, konzentrierte sich völlig auf eine einzige Verstoßene, ein armes Häuflein von einem Menschen. Die Einsamkeit und Krankheit dieser Frau hatte den ganzen Himmel erregt, und in diesem Moment sandte Gott seinen Sohn allein zu ihr. Dann kam das Urteil: Derselbe Eine, der eines Tages die Nationen richten und sein Urteil über mächtige Reiche verkünden wird, der Herr und Schöpfer von Himmel und Erde, hielt einen Augenblick inne und sagte: *„Tochter, dein Glaube hat dich geheilt. Geh hin in Frieden!"* (Lk. 8,48)

Ob wir reich oder arm, groß oder klein sind – Christi Augen sehen jeden von uns, wie wir sind. *„Über die Menschen brauchte ihm niemand etwas zu sagen, denn er kannte das menschliche Herz bis auf den Grund."* (Jo. 2,25 *gn*). Jesu Reaktion auf die Menschen war immer gleich: **Für jeden Einzelnen hatte er Liebe.** Er liebte den angesehenen Reichen (Mk. 10,21), und er liebte Johannes, den einfachen Fischer ... Wie von Wogen der Liebe getragen fühlten sich die Menschen bei diesem Mann mit seiner warmen, offenen, herzlichen Liebenswürdigkeit, seiner Stimme voller Anteilnahme. Eine Begegnung mit ihm wurde zum unvergesslichen Moment!

Es wird auch berichtet, dass Jesus an einem Sabbat durch die Kornfelder ging und sich dabei Ärger einhandelte: Seine Jünger waren hungrig und begannen, einige Ähren abzureißen, sie in der Hand zu zerreiben und die Körner zu essen. Als einige Pharisäer darin eine regelrechte Erntearbeit sahen, sprachen sie: *„Siehe, deine Jünger tun, was am Sabbat zu tun nicht erlaubt ist!"* (Mt. 12,2) Lukas erzählt uns nur einen Teil von Jesu Antwort, Matthäus hingegen mag Schriftstellen und zitiert Jesus weiter: *„Wenn ihr aber erkannt hättet, was das heißt: ‚Ich will Barmherzigkeit und nicht Schlachtopfer', würdet ihr die Schuldlosen nicht verurteilen."* (Mt. 12,7 -*ü*).

Jesus wusste, dass seine Jünger hungrig waren, wegen des Sabbats aber keine Brote kaufen oder backen konnten. Auch die Pharisäer wussten das, sahen jedoch nicht die menschlichen Bedürfnisse, sondern die menschlichen Fehler. Um den Hunger der Männer machten sie sich keine Gedanken, denn die kreisten allein um die eigenen Regeln und Rituale. Jesus dagegen lehrt uns, eher auf unseres Nächsten Not zu achten als auf seine Frömmigkeit[11]. Christus ist an **Menschen** interessiert, nicht an Religion.

Jesus ist an Menschen interessiert, nicht an Religion

Er klärte die Pharisäer auf: *„Der Sabbat ist um des Menschen willen geschaffen worden und nicht der Mensch um des Sabbats willen; somit ist der Menschensohn auch Herr des Sabbats!"* (Mk. 2,27f -*ü*) Tatsächlich war das Sabbatgebot als Gesetz der Freiheit gedacht. Als Sklaven in Ägypten mussten die Kinder Israel sieben Tage pro Woche arbeiten. Als sie der Sklaverei entkommen waren, gebot ihnen Gott, an einem Tag der Woche zu ruhen[12]. Im Lauf der Jahrhunderte aber verbogen Israels gelehrte Männer die Bedeutung des Sabbats zu einem Gesetz, das nicht einmal die geringste Verrichtung erlaubte und somit zur größeren Belastung als die Arbeit selbst wurde. Der Sabbat der Erholung war jetzt eine nicht zu bewältigende Mühsal.

Doch Jesus war der Kämpfer für die Unterlegenen. *„Da ergriff ihn das Mitleid, denn sie waren wie Schafe, die keinen Hirten haben. Deshalb sprach er lange zu ihnen."* (Mk. 6,34 *gn-ü*) Sie hatten keinen Fürsprecher, doch um ihn sammelten sie sich; denn sie wussten, er war stark genug für diese Aufgabe. Der denkwürdigste Moment in unserem Leben ist die Stunde, wenn Jesus in unser Herz kommt, als ob wir die Einzigen wären. Es ist der Tag, an dem für jeden von uns „die Welt" erst richtig begann, und das gibt natürlich auch die beste Grundlage für Evangelisation und persönliches Zeugnis. Ob du nun einem oder hunderttausend

Menschen Zeugnis gibst: Jesus rettet nur auf einer Mensch-zu-Mensch-Basis! Er arbeitet mit Einzelnen, Besonderen, Originalen. In Gottes Plänen und Zielen hat jede Person, die er beruft, eine Schlüsselrolle.

Lukas 8,27-39 berichtet, dass Jesus aus einem besessenen Menschen mehrere tausend Dämonen vertreibt und ihnen gestattet, in eine Schweineherde zu fahren. Vor Wahnsinn rasen die Schweine in den See und kommen um.

„Als die Schweinehirten das sahen, liefen sie davon und erzählten in der Stadt und in den Dörfern, was geschehen war. Die Leute wollten es selbst sehen. Sie kamen zu Jesus und fanden den Mann, aus dem die bösen Geister ausgefahren waren, zu seinen Füßen sitzen. Er war ordentlich angezogen und bei klarem Verstand. Da befiel sie große Furcht. Die Augenzeugen erzählten ihnen, wie der Besessene geheilt worden war [*„... und auch die Geschichte mit den Schweinen*“, ergänzt Mk. 5,16]. *Darauf bat die gesamte Bevölkerung von Gerasa und Umgebung, Jesus möge ihr Gebiet verlassen ...*“ (Lk. 8,34-37)

Merkwürdig, diese Menschen hatten Angst vor der Gesundheit! Genauso fürchtet sich die verdrehte Welt auch vor wahren Christen, weil diese ihr zu gesund sind. Klar, als der Mann ein tobender Irrer war, ängstigten sie sich auch. Ob Krankheit oder Gesundheit – die Welt fürchtet sich immer! Christen aber brauchen sich vor gar nichts zu ängstigen.

Ebenso seltsam ist, dass die Hüter den Tod der Schweine mindestens ebenso erwähnenswert fanden wie die Befreiung des Mannes. Die Reaktion der Übrigen unterstreicht diese Vermutung. Galten ihnen die Säue wirklich mehr als der von Dämonen Gequälte? Es schien nicht zu zählen, dass ihr Mitmensch nun befreit, bekleidet und **bei Sinnen** war. Vielleicht fürchtete man auch, dass Jesus auch aus vielen anderen Besessenen die Dämonen austreiben werde und ein noch viel höherer Verlust an Schweinen entstünde. Oder kamen ihnen in Jesu Gegenwart einfach nur die eigenen dunklen Seiten mit Wucht ins Bewusstsein? Was immer es für Gründe gegeben hat – jedenfalls baten sie ihn zu gehen. Für Jesus dagegen war dieser eine Mensch mehr wert als alle Schweine auf Erden! Schweine kommen im Dutzend auf einen Wurf, doch jeder Mensch ist eine unvergleichlich kostbare, bedeutende Kreation![13] Darum ist im Himmel Freude über einen Sünder, der Buße tut (s. Lk. 15,7.10).

Als Jesus vom Tod auferstand, war eins seiner ersten Worte kein laut widerhallender Siegesruf, sondern seine Stimme sagte nur in gewohnter Weise: *„Maria"* (Jo. 20,16). So ist Evangelisation. Nicht Pöbelei, Massenpsychologie und Hysterie, sondern Jesus, der seine Hand der Liebe, Heilung und Kraft auf jeden um uns her legt. Unser Auftreten als Evangelisten sollte damit im Einklang stehen. Dies sind meine Empfindungen, wenn ich die einzelnen Evangelien lese – Markus mit seiner persönlichen Note und Lukas mit seiner Zuwendung für die Gesichtslosen, Vergessenen, Außenseiter: Evangelisation bringt die Verlorenen heim und gliedert sie in die Familie ein.

Das Evangelium nach Johannes

Alles christliche Zeugnis zielt auf zwei Dinge ab: von realen Dingen zu sprechen und sie zu demonstrieren. Je mehr ich das Johannesevangelium lese, desto klarer werden mir diese Ziele. In Kurzform gesagt: Evangelium gepredigt, Evangelium geschehen! Das Evangelium erzeugt Nachrichten: Wir verkünden Gutes, und das Gute passiert.

Wie lässt sich das plausibel machen? Johannes spricht viel vom Wasser, wie wir sehen werden. Wasser wird chemisch als H_2O beschrieben: zwei Teile Wasserstoff und ein Teil Sauerstoff, also zwei Gase. Mische ich sie in einem Behälter, erhalte ich – nichts weiter als Gas. Die Gase sind unsichtbar, und man glaubt kaum, dass sie da sind. So denken viele auch über die Verkündigung – Reden, heiße Luft, Gas. Denn wir sprechen über Dinge, die Ungläubige nicht sehen können und für unwirklich halten.

Dann bringe ich einen Zündfunken zu meinem Gemisch aus Sauer- und Wasserstoff – sofort „explodieren" die Gase und werden zu Wasser! Das Unsichtbare wird sichtbar, real. So ähnlich geht es beim Predigen zu: Man kann die Evangeliumswahrheit präsentieren und reden, bis man schwarz wird – ohne die Berührung des Heiligen Geistes bleiben diese herrlichen Inhalte verborgen und irreal, unbegreiflich für Ungläubige. Doch Gottes Geist sorgt für den Funken, der unsere Worte entzündet, und plötzlich wird das Evangelium zum Wasser des Lebens. Allerdings hat das Evangelium keine Kraft, Leben zu verändern, bis man es predigt. Dann aber wird es, unterstützt vom Heiligen Geist, die *„Kraft Gottes zur Errettung"* (Rö. 1,16).[14]

Johannes berichtet von Jesu Gespräch mit einer Frau, die am Jakobsbrunnen Wasser schöpfen wollte. Jesus sagte ihr: *„Wer dieses Wasser trinkt, wird wieder durstig. Wer aber von dem Wasser trinkt, das ich ihm gebe, wird in Ewigkeit keinen Durst mehr haben. Mein Wasser wird in ihm zur Quelle, die bis ins ewige Leben sprudelt."* (Jo. 4,13f *gn-kj*) **Das wahre, wirkliche Wasser!**

Später erklärte er ihr, die **echten** Anbeter würden Gott in Geist und Wahrheit anbeten (s. 4,23f). Jesus stellt dem Irdischen das Geistliche und dem Symbol die Substanz gegenüber.

Hinterher bestätigten die Ortsbewohner der Frau: *„Wir wissen jetzt, dass er* ***wirklich*** *der Retter der Welt ist!"* (4,42 *gn*; oder: *„...* ***wahrhaftig*** *der Retter ..." br*)

Das Thema der **wahren** Dinge und ihrer unerkannten Realität kommt in Johannes 4 aber noch häufiger vor.

Als die Jünger vom Einkauf zurückkehrten und auch Jesus zum Essen baten, antwortete er: *„Ich habe eine Speise zu essen, die ihr nicht kennt. Meine Speise ist, dass ich den Willen dessen tue, der mich gesandt hat, und sein Werk vollbringe."* (32.34)

Dann spricht er über die Ernte und gebraucht das wogende Kornfeld vor ihnen als Bild auf die **wahre** Seelenernte (35f). Welch passendes Wort für Zeugen und Evangelisten überall – „die wahre Ernte"! In unseren Gemeinden haben wir einmal pro Jahr Erntedankfest, doch im Himmel feiern die Engel immer, wenn Seelen geerntet werden! In Lagos (Nigeria) erlebten wir kürzlich, wie in sechs Gottesdiensten insgesamt 6 Millionen Menschen das Evangelium hörten und 3,4 Millionen Jesus Christus als ihren Retter annahmen. Ich schätze, die Engel machten eine ganze Nacht durch Erntedank-Party!

Eigentlich bearbeitet Johannes das Thema **„Wirklichkeit"** sein ganzes Evangelium hindurch. Wenn er sagt: *„Das Wort wurde Fleisch"* (1,14), dann war dieses Fleisch **tatsächliches** Fleisch, kein Phantom; doch die absolute **Wirklichkeit** war das Wort. Johannes wollte, dass seine Leser hinter dem, was ihre sterblichen Augen sahen, geistliche Einsicht gewinnen; aber ohne Wiedergeburt kann das keiner. Nur wenn jemand von neuem geboren wird, kann er Gottes Reich sehen (3,5). Dann ist es da, mit all seinem Wunderbaren und Erregenden, mit Hoffnung, Sinn und Ziel – die Wirklichkeit hinter der irdischen Gestalt! Nicht umsonst spricht Johannes vom wahren Licht, wahren Brot, wahren Wasser, wahren Hirten, wahren Weinstock – der wirklichen **Wahrheit**!

Jesus sagte: *„Ich bin der Weg und die Wahrheit und das Leben."* (Jo. 14,6) Wahrheit aber bedeutet Realität, das Echte, Originale. Damit steht Jesus als Wirklichkeit hinter allem, was wir sehen! Er ist die Wahrheit oder der Schlüssel zur Schöpfung, zur Zukunft, zu uns. Das gleiche Thema greift Johannes auch in seinen Briefen auf: *„Wir haben … beschaut, mit unseren Händen betastet … Wort des Lebens"* (1. Jo. 1,1 *kj*) Das Physische als Verkleidung des Ewigen. Johannes sah Jesus, und damit löste sich der Wirrwarr, endete die Haarspalterei, kam alles an seinen Platz.

Johannes startet sein Evangelium mit: *„Im Anfang war das Wort."* Jesus ist also die Realität, von der **alles** kam. Bei den vielen Versuchen, die Entstehung des Weltalls zu erklären, spricht man heute vom Durchbruch und meint „Big Bang", den Urknall. Doch selbst wenn: Was war und woher kam dann dieses explodierte „Ding"? – Schweigen. Gläubige dagegen wissen: Wie auch immer es im Einzelnen ablief, das All kam von Gott! Vielleicht begann er so: Eine unfassbare Konzentration von Materie, von der Hand des Allmächtigen ins Nichts geschleudert, explodierte zum Universum, als Grundlage für all das Wunderbare, was er noch an Vielfalt, Energie und Leben schuf …?

Fest steht:

„Durch Glauben verstehen wir, dass die Welten durch Gottes Wort bereitet worden sind, so dass das Sichtbare aus dem Unsichtbaren geworden ist." (Hb. 11,3 -*ü*)

„Abraham glaubte Gott, der … das Nichtseiende ins Dasein ruft." (Rö. 4,17 *gn-ü*)

Schon im Alten Testament leuchtet auf, wie der allmächtige Gott in die dunkle Heidenwelt dringt, Herrschern entgegentritt und die Geschichte verändert – der Gott, der mit Feuer antwortet. Wir lesen, dass er ins menschliche Herz ein Sehnen nach Wesentlichkeit gelegt hat, nach geistlicher Substanz, nach etwas außerhalb, über und jenseits der Alltagswelt mit ihren üblichen Ereignissen, der Wissenschaft, Vernunft und aller Erklärbarkeit. Doch nur die Dimension des Geistes bringt diese aufregende Erfüllung.

Aber wie kommt man dahin?

Hier liegt der springende Punkt: **Wie können wir unserer verlorenen, im Nebel herumstochernden Generation die wahren Dinge wahr werden lassen?** Es geschieht wiederum durch das Fleisch werdende Wort: Gottes Wort **in uns**. Das Evangelium in Herzen, Leben und Gedanken; lebendige Menschen mit dem lebendigen Wort, kurz: Evangelisation – nur das möchte Gott von uns. Verkünde sein Wort, den Rest tut er, und Menschen werden plötzlich sehen!

Das Evangelium ist die Brücke!

Es überbrückt die Kluft zwischen dem Irdischen und dem Himmlischen, verbindet diese und die andere Welt, das Menschliche und das Göttliche. In ihm fließt Gottes Kraft wie ein unsichtbarer elektrischer Strom durch scheinbar unveränderte, tote Kabel. *„Wir haben diesen Schatz in irdenen Gefäßen."* (2. Ko. 4,7)

Diese wunderbare Brücke müssen wir durch unser Zeugnis bauen. Dann gehen Menschen über sie ins Licht, ins Reich Gottes, aus Verdammnis in die Befreiung, ins Könighaus und die herrliche Freiheit der Kinder Gottes (s. Rö. 8,21). Die Blinden werden sehen, die Hungrigen mit dem wahren Brot gespeist werden. Kein anderes Brot kann sättigen. Es gibt keinen Ersatz, keine Alternative – nur **ein** Brot, ein Wasser des Lebens, eine Wahrheit, einen Weg, alle zusammengefasst in **Jesus**.

Das göttliche Leben erfährt man nicht durch Mystik, transzendentale Meditation, Fasten oder Askese, und Geistlichkeit kommt nicht durch Sakramente, Studium, Kirchenarchitektur, Musik oder Dichtung – sondern allein aus dem Evangelium, dem Wort Gottes. Wir verkünden keinen **Prozess**, sondern ein vollendetes Werk, das einfach in Kraft gesetzt werden muss. Kein Grund zu verkrampfen; Evangelisation ist keine verzweifelte Arbeit, sondern Freude![15]

Wir predigen *„nicht aus menschlicher Überredungskunst, aber begleitet von offensichtlichem Wirken des Geistes und der Kraft"* (1. Ko. 2,4 *br*). Das Evangelium ist ein Kraftwerk, eine Lebensenergie. Sag es und sieh seine Wirkung! So einfach ist es.

Anmerkungen

1 Durch unser Lob gewinnt er allerdings noch an Herrlichkeit hinzu; vgl. gut geratende Kinder als Ehre der Eltern (vgl. Spr. 17,6; Mal. 1,6; 1. Ko. 11,3.7; Off. 5,13; 7,12; 19,1).

2 Leicht belegbar schon allein durch eine Gegenüberstellung dieser Matthäus-Stelle 16,19 („du") mit 18,18 („ihr") und Jo. 20,23 („ihr").

3 Auf Englisch: … „new" news.

4 Wörtl. „Brüder"; aber Brüder und Schwestern umfassend (vgl. deutsch „der Mensch" umfasst Mann und Frau).

5 (Hb. 4,12: *„Denn das Wort Gottes ist lebendig und wirksam und schärfer als jedes zweischneidige Schwert."*) Anders gesagt: Siegreiches Zeugnis hat sein Rückgrat nicht in glänzenden Einzelworten, sondern in der göttlichen Botschaft – dem „Wort".

6 Wohl aber zumindest von ferne: Viele vermuten in der Episode von Mk. 14,51f den ehrlich-zarten Namenszug des Autors.

7 Natürlich in Verbindung mit begleitender bzw. nachfolgender Lehre (Mt. 28,18-20). Doch die Basis ist **er** selbst.

8 Englisches Sprichwort: „A man convinced against his will is of the same opinion still."

9 Die Übersetzung „Hoffnung für alle" überschreibt den Bibelabschnitt so: *„Reiche sind arm dran."*

10 Alle drei Synoptiker (Matthäus, Markus, Lukas) berichten davon.

11 Vgl. Mt. 5,44.47; Lk. 6,27; 14,12ff; 10,29-37.

12 Nämlich an seinem, Gottes Tag (Sabbat): vgl. 2. Mo. 20,10f; 31,15; Hb. 4,3ff.

13 Vgl. Mensch als einzigartiges Wesen (Gottes Ebenbild), dessen Erlösung auch für das Schicksal der übrigen Geschöpfe folgenschwer ist: Rö. 8,19ff.

14 Natürlich in Verbindung mit **Glauben**, durch den die Botschaft vom „Sender" zum „Empfänger" gelangt und ihre Kraft entfalten kann (vgl. auch Rö. 4 usw.).

15 … und göttliche Freude (Neh. 8,10; Gal. 5,22) ist auch Kraft für schwere Strecken.

Kapitel 12

Die Evangelisation eines Paulus

Eigentlich jedes Wort im Neuen Testament „atmet" Evangelisation. Selbst wenn der Apostel Paulus an Timotheus und Titus wegen der Einsetzung von Gemeindeleitern schreibt, ist es Teil einer allumfassenden evangelistischen Strategie. Betrachten wir dazu einmal die apostolischen Lehrschreiben (Epistel) an die frühe Kirche, speziell von Paulus.

Das früheste uns überlieferte Schreiben dürfte der 1. Thessalonicherbrief sein. Paulus und zwei Begleiter hatten Thessalonich nur drei Wochen lang besucht. Dabei wurden sie falsch beschuldigt, geschlagen, inhaftiert, wieder freigelassen und von den Stadtoberen zur Abreise gedrängt, weil diese einen Aufruhr befürchteten. In der kurzen Zeit waren viele Einwohner Christen geworden. Die drei Pioniere hatten eine blühende Gemeinde gegründet, die sich recht selbstständig entwickelte.

Verkündigung an eine heidnische Bevölkerung

Half den Thessalonichern bei alledem vielleicht ihr religiöser Hintergrund als Götzenanbeter? Keinesfalls. Paulus bescheinigt ihnen genau das Gegenteil:

„Überall erzählen sie, wie ihr euch von den Götzen abgewandt habt und dem wahren, lebendigen Gott dient – und wie ihr nun vom Himmel her seinen Sohn erwartet, den er vom Tod auferweckt hat: Jesus, der uns vor dem kommenden Gericht rettet." (1. Th. 1,9f *gn-ü*).

Das Evangelium von Christus ist **Gottes** Gedanke, nicht der von Menschen. Nie und nimmer kann ein Mensch so etwas hervorbringen. Wir dürfen diese Botschaft stolz verkünden und mit Paulus sagen: *„Ich schäme mich des Evangeliums nicht!"* (Rö. 1,16) Nein, nichts, was die früheren Heiden einmal glaubten, konnte ihnen helfen, das Christentum zu verstehen. Sie mussten umkehren und in eine völlig neue Richtung schauen.

In „liberalen" Kreisen behauptet man ja, dass die heidnische Religion ein fruchtbarer Boden war, wo das Christentum leicht Wurzeln schlagen konnte[1], und erklärt seinen Aufstieg mehr mit dem griechischen Denken als mit göttlicher Inspiration. Dabei ist der christliche Glaube mit nichts zu vergleichen, was vorher gedacht wurde. Das Evangelium verdankt den Heiden nichts, wie groß und weise sie auch gewesen sein mögen. Die frühen Kirchenväter machten bei der Entfaltung ihrer Lehre zwar Gebrauch von den Gedanken griechischer Philosophen, aber das wahre Wort Gottes ist original![2]

„Auf die Worte des HERRn ist Verlass, sie sind rein und echt wie Silber, das im Schmelzofen siebenmal gereinigt wurde.“ (Ps. 12,7)

Wenn Götzendiener Christus folgen wollten, hatten sie ihre ganze Denkstruktur zu verändern; sie mussten zu neuen Wesen werden (s. 2. Ko. 5,17). Das Evangelium passte gleichsam zu nichts, was in ihren Köpfen war.[3] Die heidnischen Religionen waren eng verwoben mit dem lokalen öffentlichen Leben. Nichts geschah ohne Opfer an die Götter. Jede Missachtung einer Volksgottheit konnte sogar zur Todesstrafe führen – diese Gefahr mussten die Christen also einkalkulieren, wenn sie das Wort predigten. Zum Beispiel starben Mengen von Gläubigen, weil sie den Kaiser Diokletian mit keinem Körnchen Salz als „Herrn und Gott“ anerkennen wollten. Nein, die heidnische Kultur schien unveränderlich, das Dunkel stemmte sich trotzig dem Licht entgegen. Und doch setzten sich die christlichen Pioniere durch – ein Zeugnis für die Kraft und Herrlichkeit des Evangeliums!

Im Vergleich dazu wirkt die Weitergabe des Evangeliums in unseren Ländern heute wie eine platte Alltäglichkeit. (Für Amerika gilt das noch mehr als für Europa.) Viele Bekehrte sind Kinder christlicher Eltern, und wir danken Gott für solche Familien. Aber da gibt es noch so viele, die einfach nichts von der Bibel kennen und fern von Gott leben. Man sagt mir, es sei schwer, in ihre Welt einzudringen. Aber welch eine Welt griffen die Apostel an? Es gab nicht einen Christen in ganz Europa und weiten Teilen des Römischen Reichs!

Aus den Lehrbriefen jener beschwerlichen Zeiten – viele davon im Kerker verfasst – gewinnen wir Orientierung und Inspiration. Bedenken wir: Die Kirche stand gegen ein tiefes, jahrtausendelang die Erde bedeckendes Heidentum, und dort hinein ging Paulus beinahe allein! Die Widerstände waren beängstigend, schrecklich. In Korinth, so sagt der

Apostel, sei er *„mit Furcht und Zittern"* gewesen (1. Ko. 2,3). Doch Paulus zähmte seine Gefühle; oder besser, seine Leidenschaft für Christus überwand alle anderen Emotionen (s. 2. Ko. 5,14). Er ging an die Aufgabe, predigte das Evangelium – und so veränderte sich die Zukunft Europas! Das Evangelium erwies sich als dem Problem gewachsen.

Das war reine Evangelisation, ein echter Angriff Auge in Auge. Vor nur 20 Jahren war Jesus gekreuzigt, als Krimineller hingerichtet worden. Dies wurde zur Basis der christlichen Botschaft – ein höchst unwahrscheinlicher Weg, um die Massen jener Tage zu beeindrucken. Aber die Salbung im Leben der Jünger manifestierte sich auch dort in Thessalonich, und eine Vielzahl griechischer Götzenverehrer bekehrte sich zum lebendigen Gott. **Dies kann heute gleichfalls bewirkt werden, und es wird ebenso dringend benötigt!**

Beispiel Amerika

Amerika können wir in mancher Hinsicht mit Europa vergleichen, zumal beide in Geschichte und Gegenwart eng miteinander verbunden sind. Daher widme ich der dortigen Situation einige Gedanken, die auch für uns anregend sein können.

Eigentlich sind die USA ein gesegnetes Land. Gemäß einer Studie haben 50-60 Prozent der Bevölkerung ein gewisses Interesse am christlichen Glauben. Das lässt für die ganze Welt hoffen. Preis sei Gott!

Glaubenstradition ist ja ein reiches Erbe. Vergangene Generationen legten zumindest das Fundament für ein Volk, das zur Kirche geht. Schon zu seiner Zeit sagte Jesus: *„Andere haben gearbeitet, und ihr seid in ihre Arbeit eingetreten!"* (Jo. 4,38) Als Ergebnis hat auch Amerika ein Reservoir an christlichem Interesse, das nur angezapft werden muss und einem im Vergleich zu Europa noch vorkommt wie ein Meer gegenüber einem Teich.

Allerdings gibt es in diesem pluralistischen Land auch jene andere, beunruhigende Seite: Zigmillionen Amerikaner interessieren sich nicht für göttliche Dinge oder sind fasziniert von nichtchristlicher Spiritualität. Die Kluft zu solchen Menschen lässt sich nur schwer überbrücken. Wie können Gemeinden da wachsen? Wird etwa durch „Mega-Kirchen" die

Zahl der Gottlosen nennenswert verringert? Oder organisiert man eher die schon an Christus Interessierten, statt *„Holzscheite aus dem Feuer"* zu reißen (s. Sach. 3,2)?

Diese Außenstehenden, ich sagte es bereits, gehören zur Nummer 1 jeder gemeindlichen Tagesordnung, nicht unter „Diverses". Soll eine Gemeinde, die gut läuft und große Versammlungen hat, damit zufrieden sein? Nein, solange auch nur eine unbekehrte Person in ihrer Reichweite lebt, kann es keine Ruhe geben! Eine große Kirche ist kein Ziel an sich; sie ist auch ein Kanal für Weltmission. Wenn sich Jesu Gemeinde nur mit der eigenen Materie und Mitgliedschaft befasst, wird sie wie ein Strom, der im Kreis fließt und versumpft (vgl. „Blätter statt Frucht" in Mk. 11,13). Gemeinde ist nicht einfach eine Institution, sondern eine Weinrebe, die Frucht bringen soll. Wenn die Rebe aber nichts hervorbringt, wird sie schließlich abgeschnitten.

Kirchen können ihr Wachstum stimulieren, indem sie solide Geschäftsmethoden anwenden – aber nur da, wo ein guter Markt und gute Kauflaune herrschen. Weil das wohl in Nordamerika der Fall ist, muss man die Zeit nutzen und „Heu machen", während die Sonne scheint. Andererseits gilt: Kaufmännische Techniken können nur die vorhandenen Möglichkeiten ausschöpfen, das Evangelium aber geht an Unmöglichkeiten. Wahres Gemeindewachstum kommt durch Evangelisation! Es hat *„Gott wohlgefallen, durch die Torheit der Predigt die Glaubenden zu erretten."* (1. Ko. 1,21)

Weit über eine Million Menschen haben in den letzten Jahren eine bestimmte Gemeinde in Florida besucht, und Hunderttausende folgten dem Ruf zur Entscheidung. Das zeigt eine erfreulich steigende Flut an geistlichem Interesse. Natürlich waren anfangs Fragen da: Welcher Prozentsatz der Menschen hatte vorher kein Interesse am Glauben, und wie viele kamen hauptsächlich wegen der wunderbaren Ereignisse, die dort geschahen? Hatte diese Gemeinde mit dem starken Wachstum auch ihre Berufung erfüllt? Konnte sie sich nach der erreichten Größe auf ihren Lorbeeren ausruhen? Hatte sie ihre Aufgabe zur Weltmission damit schon zu Ende geführt? Nein, und das hat diese feine Gemeinde auch bald berücksichtigt.[4] Um recht verstanden zu werden: Es ist ja gut, dass sich Christen anderswo Glaubensimpulse holen, aber sollte uns nicht immer der **Gesamtauftrag** im Herzen brennen?

Noch etwas: Die höchste Aufgabe unseres Dienstes besteht für mich keineswegs darin, Menschen zu lehren, wie man von Gott etwas bekommt. Ein Christenleben hat als Endziel nicht „nehmen, nehmen, nehmen", sondern „geben, geben, geben". Vielleicht haben Sie von einer englischen Bibelausgabe namens „The Message" (*Die Botschaft*) gehört. Lassen Sie mich daraus eine Matthäus-Passage (6,7f) zitieren:

„Die Welt wimmelt von sogenannten Gebetskriegern ohne Gebetskenntnis. Sie sind voller Formeln, Programme und Ratschläge, hausieren mit Techniken, von Gott das zu bekommen, was man will. Fallt auf diesen Unsinn nicht herein. Ihr habt es doch mit eurem Vater zu tun, der besser als ihr weiß, was ihr braucht!"[5]

In China geschieht Erweckung. Aber die Millionen, die zu Christus kommen, wissen sehr genau, dass sie damit Schwierigkeiten und das unerbittliche Missfallen der Regierung auf sich nehmen, bis hin zu Gefängnis und manchem mehr. Christ zu sein ist kein großer, bequemer Lehnstuhl, und Gott steht nicht auf Abruf da, um uns nach Wunsch zu bedienen. Wir sind hier, um die Welt zurück zu Gott zu bringen!

Tägliche Evangelisation

Die Arbeit der Evangelisation muss selbst dann fortgesetzt werden, wenn keine Erweckung „heraufzieht". Viele bringen Evangelisation und das Auftreten sichtbarer Phänomene durcheinander. Wenn sie gewaltige Manifestationen und eine knisternde geistliche Atmosphäre vermissen, nennen sie es ein Werk des Fleisches. Evangelisation mag nicht Erweckung sein, wie einige sie sehen, aber sie ist das uns von Gott aufgetragene Werk. Und das kann hart sein, ein heftiger Kampf.

Evangelisation heißt nicht immer mächtige Emotion, Erweckungsfeuer, Massen, Wunder und dass alles prima läuft. Die Apostel schritten nicht von Erweckung zu Erweckung, sondern arbeiteten eher stetig, setzten Stein auf Stein. Paulus etwa ging planmäßig in die Synagogen (vgl. Apg. 17,2), bis man ihn schließlich im Streit hinauswarf. Er hat das apostolische Wirken so beschrieben:

„… in viel Ausharren, in Bedrängnissen, Nöten, Ängsten, Schlägen, in Gefängnissen, Tumulten, Mühen, in Wachen und Fasten." (2. Ko. 6,4f -*ü*)

Es war kein entspannendes Picknick, sondern Krieg, das Ertragen von Mühsal *„als ein guter Streiter Christi Jesu“* (2. Ti. 2,3).

Kehren wir zum 1. Thessalonicher-Brief zurück. Dort erwähnt Paulus, dass er und seine Gefährten *„kurz vorher in Philippi mancherlei durchgemacht hatten und misshandelt worden waren“*, aber in Gott *„eine fröhliche Zuversicht“* gewannen, auch den Thessalonichern *„das Evangelium Gottes“* und ihr *„eigenes Leben mitzuteilen“*, *„unter viel Kampf …, Mühe und Beschwerde“*. Paulus verhielt sich *„Nacht und Tag arbeitend“*, *„heilig, gerecht und untadelig“*, obwohl er sogar von den eigenen Landsleuten verfolgt wurde (s. 1. Th. 2,2.8-20 *br/el*).

Damals war eine solche Behandlung wohl unvermeidlich. Das Vorrecht der Evangeliumsverkündigung brachte auch mit sich, sein Leben für Gott zu riskieren. Deshalb ermutigten die Gemeindegründer ihre Jungbekehrten (vgl. Apg. 13,43 und nun Paulus in 1. Thessalonicher 3,3), *„dass niemand wankend werde in diesen Bedrängnissen. Denn ihr selbst wisst, dass wir dazu bestimmt sind.“*

An die Römer schreibt der Apostel: *„Dabei war es mir stets eine Ehrensache, die Botschaft nur dort zu verkünden, wo man noch nichts von Christus gehört hatte.“* (Rö. 15,20 *gn*) Es müssen Wege gefunden werden, an die Ungeretteten heranzukommen, große Mengen von ihnen anzuziehen, auch einmal extra für sie Programme aufzustellen, zum Beispiel Gospelkonzerte. In vielen Ländern arbeitet man etwa mit „Alpha-Kurs“-Treffen für gemeindlich nicht eingebundene Menschen. Und in dieser Richtung sollte der Brennpunkt des Gemeindelebens liegen. Macht Gottes Liebe nicht auch erfinderisch?

Evangelisation ist der hohe Ruf und letzte Auftrag Christi überhaupt. Paulus jedenfalls griff das Thema auf: *„Ihr wisst ja, als was für Leute wir um euretwillen unter euch auftraten. Und ihr seid unsere Nachahmer geworden und die des Herrn …, so dass ihr allen Gläubigen in Mazedonien und in Achaja zu Vorbildern geworden seid.“* (1. Th. 1,5-7)

Diese Paulus-Nachfolger wurden also selbst Leiter für andere! Sie nahmen sich an seiner Arbeit ein Beispiel. Ein stummes Christsein war für sie undenkbar.

Doch damit nicht genug:

„Ihr habt das Wort in mancherlei Trübsal, aber doch in der Freude des Heiligen Geistes aufgenommen … Denn von euch ging das Wort des Herrn aus in Mazedonien und Achaja, ja, es ist überall bekannt geworden, dass ihr an Gott gläubig geworden seid.“* (1. Th. 1,6.8 *br*) [* Griechenland]

Anschließend schreibt Paulus sogar, dass er nicht einmal mehr in diese Gegend kommen müsse, um das Evangelium zu bringen, da sie es schon getan hätten. Wie? Durch das persönliche Zeugnis derer, die gegen die Flut der Abgötterei in dieser Großstadt angingen! Die christlichen Leiter hatten festgestellt, dass dies nicht durch große öffentliche Versammlungen bewirkt wurde, sondern durch die Mensch-zu-Mensch-Methode, auch wenn der enorme Evangelisationseinsatz von Paulus den Anfang gesetzt hatte.

Beide Methoden ergänzen sich; doch an dieser Stelle betone ich: Menschen müssen auf Menschen zugehen. Massenveranstaltungen und Zeugnis von Mund zu Mund sind untrennbare Teile desselben Auftrags. Gott ist letztendlich der Gott des Einzelnen. Er will, dass seine Diener für einzigartige Personen einzigartige Zuwendung aufbringen. In unseren afrikanischen Großevangelisationen predigen wir das Evangelium oft Hunderttausenden gleichzeitig, doch immer haben wir eine nachfolgende, individuelle Kontaktarbeit vorbereitet.

„Aus dem Stand“ Zeugnis zu geben, ist nicht immer leicht; doch eine groß angelegte Aktion öffnet auch Türen für persönliche Kontakte. Öffentliche Evangelisationen brechen das Eis und stärken den Rücken der Einzelarbeiter. Wir bemühen uns, dass jede Person, die auf den Ruf des Evangeliums verbindlich geantwortet hat, registriert und sehr bald in Kontakt mit einem begleitenden Christen gebracht werden kann, um schließlich Heimat und Wachstum in einer Gemeinde zu finden.

Es ist wunderbar zu wissen, dass Gott vorhat, mit Persönlichkeiten zusammenzuarbeiten – Personen jeden „Schlages“, die das Evangelium auch zu Menschen jeder Art bringen. Christus schenkte einer unmoralischen Samariterin ebenso viel Aufmerksamkeit wie dem führenden Rabbi Nikodemus, während er das bei einem bewusst verschlossenen

Herodes irgendwann nicht mehr tat, außer ihn „Fuchs“ zu nennen (Lk. 13,31f; vgl. 3,19; 23,7-12). Wir müssen den Geringsten und Niedrigsten mit derselben geistlichen Fürsorge lauschen, als handle es sich um den Präsidenten der USA, den Kanzler von Deutschland oder die Königin von England. Jede verlorene Seele, ob Prinz oder Bettler, ist eine Katastrophe.

Unruhige Christen

„Denn unser Evangelium erging an euch nicht im Wort allein, sondern auch in Kraft und im Heiligen Geist und in großer Gewissheit.“ (1. Th. 1,5)

So wurde es gemacht! Paulus predigte mit Kraft, wenn auch in menschlicher Schwachheit. Er verkündigte Christus, den Gekreuzigten, Auferstandenen und Wiederkommenden, und trat nicht an, um das Übernatürliche prahlerisch zu demonstrieren oder seine Zuhörer auf emotionale Hochgefühle hin zu manipulieren. Kraft taugt nicht zur Demonstration, sondern zum Gebrauch; sie darf nie zweckentfremdet werden. Gott ist nicht im Showgeschäft und der Heilige Geist kein Knalleffekt. Vielmehr spannt Gottes Arm den Bogen und schießt den Pfeil der Überführung ins Herz der Zuhörer.

Was Paulus in 1. Thessalonicher vorbringt, ist typisch für das ganze Neue Testament. Jeder apostolische Brief ist vom gleichen Feuereifer für die Verlorenen durchdrungen, vom Einsatz für die weltweite Ausbreitung der Gemeinde Jesu und davon, jede Generation für Christus zu gewinnen. Nur darum geht es.

Manche heutige Lehre erlaubt den Christen, die Hände in den Schoß zu legen. Zur Verteidigung dieser kühlen, lässigen „Überlassen-wir-es-Gott“-Haltung zitiert man Bibelstellen und lehrt, Gott habe schon im Voraus festgesetzt, dass nur bestimmte Leute zu retten seien und wir nichts tun könnten, um seinen souveränen Willen zu verändern. (Derlei Meinungen sprachen wir schon in früheren Kapiteln an.) Nun, welche Verse man auch immer zitieren mag: Ich sage mit Entschiedenheit, dass **solch eine Ansicht dem Geist des Neuen Testaments völlig fremd ist**, und fürchte mich vor keinem Widerspruch. Denn das Neue Testament sprüht nur so vor **Aktivität**, und diese Aktivität lässt Christen nicht bequem, sondern eher unruhig sein, bis sie ihren Nachbarn das Evangelium weitergeben.

Wandelnde Offenbarungen Christi

„Gott aber gefiel es ..., seinen Sohn in mir zu offenbaren, damit ich ihn unter den Nationen verkündigte." (Gal. 1,15f *-ü*)

„Christus lebt in mir. Das Leben in diesem Leib aber ... lebe ich im Glauben an den Sohn Gottes, der mir seine Liebe erwiesen und sich selbst für mich gegeben hat." (Gal. 2,20 *kj*)

„Gott sandte den Geist seines Sohnes in unsere Herzen." (Gal. 4,6)

Man darf die obigen Worte nicht einfach so übersetzen: *„Es gefiel Gott, **mir** seinen Sohn zu offenbaren."* Denn ausdrücklich steht dort *„in **mir**"* (griechisch: en emoi). Paulus meint nämlich nicht das, was er auf dem Weg nach Damaskus sah, sondern was andere in seinem Leben sehen: Wenn wir wirklich Christus begegnen, können andere ihn in uns erkennen. Gottes Christus-Offenbarung in Paulus zielte wiederum darauf, dass dieser ihn „unter den Nationen verkündigte", womit schlicht jede Rasse außerhalb des jüdischen Volks gemeint ist.

Für **offenbaren** steht dort das griechische Wort **apokalyptein** (vgl. „Apokalypse"), exakt: **enthüllen**. Es veranschaulicht die packende Schlussfolgerung: Sie und ich sollen Gottes Christus-Offenbarungen an die Welt sein! Aus uns selbst allein können wir Jesus nicht wirkungsvoll vermitteln, also tut Gott das Entscheidende hinzu. Resultat: Das Leben, das ich führe, lebe ich mit „Christus in mir"[6]; sonst wäre Evangelisation ein unerreichbares Ideal. Was wir in Christus sind, das sind wir nun mal. Ich bin Deutscher und muss mich nicht bemühen, es zu sein. Wenn Sie eine Gabe haben, zeigt sich das. Man sagt, Musik und Morde würden sich unausweichlich bemerkbar machen, und so geht es auch den Christen. Wenn Gottes Sohn in uns ist, äußert sich das einfach: Christus **durch** uns! Gleichzeitig offenbart Gott seinen Sohn natürlich auch **in** uns. Was wir sind und haben, nimmt Gott und macht etwas daraus!

Wenn das nicht Evangelisation ist, weiß ich es nicht: Gott offenbart **Christus in uns**, damit wir ihn unter den Nationen verkünden. Zweck und Ziel ist nicht die Bewunderung der Leute für unser elegantes christliches Gehabe, sondern wirksames Evangelisieren. Ist dir schon aufgefallen, dass genau so auch Saulus von Tarsus gerettet wurde? Er beobachtete das Sterben eines Christen (Stephanus), der mit einem engelgleichen Antlitz ausrief: *„Herr, rechne ihnen diese Sünde nicht zu!"* (Apg. 6,15; 7,60) Keiner, aber auch nicht einer in der Weltgeschichte hatte so gesprochen, bis Jesus kam.

Sicher, es gab schon im Judentum so etwas wie Märtyrer. Die Makkabäer-Bücher z. B. beschreiben den grausamen Tod der sieben Söhne einer Frau, aber sie starben trotzig, nicht voll Erbarmen für ihre Verfolger.[7] Das Gesetz kommt eben kaum über Vergeltung hinaus: Behandle einen Feind als Feind, erflehe Gottes Gericht über ihn. Stephanus aber, der Jesu Geist in sich trug[8], durchbrach die üblichen Raster und bat Gott um Vergebung für seine Mörder, während sie vor Wut gegen ihn tobten und schäumten. So etwas war einem Saulus neu; und noch als ihn Christus unterwegs nach Damaskus ansprach, beunruhigten die Stephanus-Worte sein Gewissen und verblüfften sein Inneres.

Dies ist die wahre Richtung, der Welt das Evangelium zu bringen: Christus in uns! Göttliche Liebe wird in 1. Korinther 13 beschrieben, aber der beste Kommentar ist das Leben Christi, der uns geliebt und sein Leben für uns hingegeben hat.[9] Wie offenbaren wir Jesu Liebe? Wir **geben** uns selber! Doch aufgepasst: Wenn wir die Menschen nur „selbst gemacht" lieben, erschöpft sich das in sozialer Zuwendung, Almosen, Menschenfreundlichkeit. Wir müssen **göttliche** Liebe besitzen (im NT-Griechisch: **agape** – hingebende Liebe). Nur mit Christi Geist werden wir zu selbstlosen Gebern, anstatt nur zu nehmen. Wir haben unser Leben für die Unbekehrten „auszugießen". Paulus erwähnt jene, die Christus aus Zank und Eigennutz predigen (s. Ph. 1,15.17). So etwas ist kontraproduktiv: Mit der einen Hand wird die Wahrheit ausgegeben und mit der andern wieder weggenommen.

Wir kennen das alte Wort: Es zählt nicht das, was du sagst, sondern was du bist. Aber wer bist du? Das ist der Punkt: Du bist das, was **in** dir ist. In Hesekiel 3, 1-3 steht:

„Er sagte zu mir: Du Menschensohn, nimm diese Buchrolle und iss sie auf! Dann geh und sprich zu den Leuten von Israel! Ich öffnete den Mund, und er gab mir die Rolle zu essen. Er sagte: Du Mensch, verspeise diese Buchrolle, die ich dir gebe! Fülle deinen Magen damit! Da aß ich die Rolle; in meinem Mund war sie süß wie Honig." (*gn-ü*)

Die Rolle war **Gottes Wort**. Dieses Wort sollte **in uns** sein. Wir sind Ausdrucksweisen Christi, Briefe, von jedermann erkannt und gelesen (2. Ko. 3,2f). Jesus ist das Fleisch gewordene, lebendige Wort; aber in ihm wurde auch das geschriebene Wort lebendig. Bei uns sollte das ebenso sein.

„Unser tägliches Brot gib uns heute!" (Mt. 6,11)

Viele Gelehrte können diesen Teil des Vaterunsers nicht einordnen. Sie diskutieren über den griechischen Wortlaut und sehen hier nicht das wahre, sondern nur gewöhnliches Brot. Versteht man es aber als Gottes Wort, gibt es keine Probleme mit dem Griechischen oder Deutschen. Für uns ist Brot da, **doch es kommt nicht einfach so; wir müssen täglich darum bitten!** Wenn wir wie Hesekiel unseren Mund öffnen, wird Gott ihn füllen. Wir bekommen nur etwas, wenn wir es uns von ihm holen.[10] Man mag die ganze Bibel auswendig gelernt haben, aber damit sie einen als Nahrung am Leben erhält, muss sie immer frisch „gereicht" werden. Und wer selbst empfangen hat, kann auch weitergeben.

Die Brücke schwankt!

„Als Mitarbeiter Gottes ermahnen wir euch, dass ihr seine Gnade nicht vergebens empfangt." (2. Ko. 6,1 *eü*)

Ein Freund erzählte mir folgende Episode aus seiner Kindheit: Als er drei Jahre alt war, machte sich sein Vater mit einer zweirädrigen Karre voll Holz und Werkzeug auf den Weg, um irgendwo eine Hausreparatur zu erledigen. Der Papa setzte das Söhnchen auf den Wagen, und er selbst schob. Doch nach einer Weile wurde der Junge unruhig und fragte, ob er nicht den Wagen mitschieben dürfe. Also hob ihn der Vater herunter. Eigentlich war schon der Boden des Wagens höher als der Kopf des Kleinen, doch der legte seine Hand energisch an einen Holm, und los ging's. Allerdings kamen sie jetzt viel langsamer voran, denn der Papa hatte seine Schritte denen seines kleinen Sohns anzupassen. Als sie das Haus erreicht hatten, erzählte der Vater dem Eigentümer: „Mein Sohn hat mir geholfen, den Handwagen hierher zu bekommen!!" Da fühlte sich mein Freund stolz und froh – so richtig wichtig. Aber sie hätten den Weg sicher schneller geschafft, wenn er nicht „geholfen" hätte.

Käme nicht auch Gott oft besser ohne unsere „Hilfe“ voran? Zwar freut er sich über jeden Fortschritt wie ein stolzer Vater[11], aber gleichzeitig sind wir noch recht schwierig, schwach, hilfebedürftig und bieten dem Herrn häufig mehr Hindernis als Hilfe. In diesem Sinn empfahl Jesus einmal: *„Wenn ihr alles getan habt, was euch befohlen ist, dann sagt: Wir sind unnütze Sklaven; wir haben nur unsere Schuldigkeit getan.“* (Lk. 17,10 *br-ü*) Der Wortlaut ließe statt „unnütz“ auch die Übersetzung „unrentabel“ zu.

Und doch stimmt umgekehrt auch, dass Gott sich von uns „abhängig“ macht. In seinem „Unternehmen Evangelium“ tut er praktisch nichts ohne uns. Denn genau auf diese Art möchte er sein großes Werk zur Vollendung bringen. Ein gewaltiger evangelistischer Vers dazu ist Kolosser 1,24:

„Jetzt freue ich mich in den Leiden für euch und ergänze in meinem Fleisch, was noch aussteht von den Bedrängnissen des Christus für seinen Leib, das ist die Gemeinde.“

Denken wir mal zum Vergleich an ein Gebäude von architektonischer Klasse: Da stehen nun die Ideen eines Menschen wie eine Symphonie in Stein – ein enormes Kunstwerk! Doch der Planer des Ganzen hat wahrscheinlich keinen einzigen Stein selbst gesetzt.

Die Größe der Gemeinde und des Evangeliums spiegelt vor allem die strahlende Größe der Herzensgedanken Gottes. Welch ein Vorrecht: Auch wir dürfen heute gestaltend mithelfen, Gottes Herrlichkeit im Leben der Menschen zu verwirklichen. Beim Grundkonzept dagegen können wir keinen eigenen Beitrag beanspruchen. Der Entwurf scheint jetzt, da er enthüllt ist, zwar einfach genug. Und doch übersteigt er jede menschliche Erfindung – keine diesseitige Religion ist darauf gekommen! Die Umsetzung in der Welt aber erfordert unser Arbeiten bzw. Leiden, wie Paulus sagte, und einige müssen dafür auch ihr Leben lassen. Denn, so Oswald Chambers, wir bekommen unsere Marschbefehle von Jesus Christus.

Ich hörte folgende afrikanische Geschichte: Eine Ameise saß hinter dem Ohr eines Elefanten, der über eine wackelige Brücke ging. Da sagte die Ameise zum Elefanten: „Schau mal, Kumpel, was haben wir die Brücke ins Schaukeln gebracht …!“ Ja, wirklich, es gibt nichts, was Gott und wir nicht zusammen schaffen können: *„Denn dein ist das Reich und* *die Kraft und die Herrlichkeit!"* (Mt. 6,13) – und unser die Arbeit, das Gebet, die Treue, der Mut, das Opfer. Eines Tages werden wir dann seine Herrlichkeit und Freude teilen (Mt. 19,28; 25,23 u. a.).

Anmerkungen:

1 Man hat behauptet, dass die Mysterienreligionen ähnliche Ideen wie die christliche Lehre beinhalteten, zum Beispiel die Wiedergeburt.

2 Außerdem und nicht zufällig wurden in allen Religionen, Kulturen und Zeiten Christen unverschuldet zu Märtyrern, wie sich aus der Apostel- und Kirchengeschichte leicht nachprüfen lässt. Der Glaube an Jesus Christus ist eben jeder Kategorie Mensch ein Anstoß oder Unsinn (*„Juden wie Griechen ..."*: Rö. 1,16; vgl. Gal. 3,28; Kol. 3,11; vgl. Hass von allen Seiten: Lk. 21,17); siehe auch den weiteren Verlauf unseres Kapitels.

3 Die „Wiedergeburt" bei den Mysterienreligionen hatte nichts mit der Neugeburt im Geist zu tun. Sie sprachen zwar von der Seele, meinten damit aber etwas völlig anderes als wir. Ihre „Seele" war kein Teil von ihnen, sondern nur ein Gegenstück, ein geistliches Duplikat, das in einer anderen Welt existierte.

4 Gemeint ist der geistliche Aufbruch in der „Assemblies-of-God"-Gemeinde in Brownsville, Pensacola (Florida, USA). – Von dort sind inzwischen zahlreiche geistliche Impulse, auch missionarische, in viele Länder gegangen.

5 Nach: *The Message*. Copyright © 1993, 1994, *1995* by Eugene H. Peterson. Used by permission of NavPress Publishing Group.

6 Das heißt aber auch, **sein Geist** in mir, durch den das Erlösungswunder im Menschen verwirklicht wird (vgl. Gal. 4,4-7; Rö. 8,1-17).

7 Zu „Märtyrer" (s. a. frühere Erwähnungen in diesem Buch): Selbst Moses feine Fürbitte für das Volk lässt sich kaum mit Jesus und Stephanus vergleichen. Grundsätzlich prägte sich der griechische Begriff „Märtyrer" (martys) – ein Blutzeuge für die Wahrheit – erst durch Jesus und die Christen. Wirkliche Märtyrer gibt es letztlich nur, wo die Offenbarung des lebendigen Gottes in Liebe und Wahrheit auch Alleingültigkeit mit sich bringt (ist dem Heidentum fremd!) und selbst eine Hingabe des eigenen Lebens bis zum gewaltsam erlittenen Tod wert ist (vgl. Jo. 1,17; 18,37!). (Demgemäß haben selbst die jüdischen Makkabäer nur bedingt für die Wahrheit gekämpft.)

8 Vgl. neues Gebot und Geist der Wahrheit: Jo. 13,34; Jo. 14,17!

9 Diese zentrale Kreuzesliebe wird noch bis hinein ins Buch Offenbarung gerühmt (z. B. Off. 1,5f).

10 Das ist ein ganz gesunder Vorgang: Auch der Boden gibt nur „Brot", wenn wir ihn bearbeiten; und bei Tisch wird einem ja auch nichts planlos zugeworfen, sondern man bittet darum, und es wird einem gereicht.

11 Gottes atemberaubendes väterliches Ziel: vgl. 1. Mo. 5,1; 9,6; Jk. 3,9; 1. Ko. 11,3.7; Lk. 12,36f; Jo. 12,26; 2. Ko. 11,2; Off. 19,7; 21,1ff; 1. Ko. 11,28; 1. Jo. 3,1-3.

Kapitel 13

Evangelisation und Geistlichkeit

Worte werden oft durcheinander gebracht. Zum Beispiel denken viele, dass „Evangelisation" und „Erweckung" auf das Gleiche hinauslaufen. Ebenso geht es dem Begriff „Geistlichkeit" – er erzeugt bei verschiedenen Menschen verschiedene Vorstellungen. Und manche lehren, Erweckung bekäme man durch Geistlichkeit – das Undefinierbare hinge also vom Undefinierbaren ab!?

Nun, was immer du und ich unter dem Begriff „geistlicher Mensch" verstehen – wohl jeder dürfte zustimmen, dass darin Gehorsam zu Gott eingeschlossen ist. Seit der HERR Evangelisation und Zeugnis anordnete, darf gefragt werden: Wie wollen wir Geistlichkeit entwickeln, ohne diesem Befehl zu gehorchen? Können wir geistlich sein und den Missionsauftrag ignorieren? Einige sagen, **vor** evangelistischen Einsätzen müsse die Gemeinde erst mal selbst auf Trab kommen. Aber Evangelisationen zu starten **heißt** auch, die Gemeinde auf Trab zu bringen! Wie wir schon sahen, existiert die Gemeinde Jesu zum Zeugnis in der Welt, und das ist eine primäre Aufgabe des in ihr wohnenden Heiligen Geistes.[1]

Wo eine Gemeinde ihre Anstrengungen und Aktivitäten darauf konzentriert, verlorene Schafe hereinzubringen, steigert sich auch die Qualität ihres geistlichen Lebens. Evangelisation hat einen heiligenden Effekt: Wenn Gemeindeglieder mit der Vision für Neubekehrungen Ernst machen, wächst auch ihr Verlangen, echte christliche Tugenden an den Tag zu legen. Zeugnis geben hat auch eine heilsame Wirkung gegen interne Krankheiten; denn Gemeinden, die Seelen gewinnen, können sich Spaltungen, Unruhe, Klatsch und dergleichen kaum leisten. Dem Neuen Testament zufolge hat geistliche Qualität viel mit unserem Eindruck auf die Außenwelt zu tun. In Matthäus 5,16 (*gn*) zum Beispiel sagt Jesus: *„Sie sollen eure guten Taten sehen und euren Vater im Himmel preisen!"* Und Petrus lässt diese Christusworte in seinem ersten Brief (2,12 *gn*) weiterhallen: *„Euer Leben mitten unter den Menschen, die Gott nicht kennen, muss einwandfrei sein. Wenn sie euch alles mögliche Böse nachsagen, sollen sie eure guten Taten sehen und von ihren eigenen Augen eines Besseren belehrt werden. Vielleicht kommen sie dann zur Besinnung und preisen Gott ..."*

Ohne vereinte evangelistische Bemühung wird eine lokale Gemeinde nicht viele Bekehrungen erleben. Aber noch mehr: Fehlen die Früchte des Evangelisierens, setzt Ruhelosigkeit ein. Wenn neue, auf das Evangelium ansprechende Menschen ausbleiben, kommt Gerede darüber auf, dass „etwas geistlich falsch" sei. Eine nur auf sich selbst bezogene Gemeinde wird zusehends „betriebsblind" und anfällig für gegenseitige Kritik. Wenn dieser „Punkt eins" von der Tagesordnung der christlichen Gemeinde verschwindet, geht man leichter aufeinander los.

Seelen zu gewinnen ist nicht nur ein Endprodukt geistlicher Qualität, sondern auch ein Weg, geistlich zu werden. Zum einen werden unsere Gebete dringender und zielgerichteter, statt eines vagen, ständigen „Herr, segne mich, segne diese Gemeinde!", zum andern fördert eine Betonung von Evangelisation auch die praktische Planung und harte Arbeit eines jeden einzelnen Gemeindeglieds.

Geist und Fleisch

Das Adjektiv „geistlich" wird im Neuen Testament nur selten auf Menschen bezogen, und dann manchmal noch mit leicht ironischem Unterton. Zum Beispiel schreibt Paulus in einer Rüge an die Korinthergemeinde: *„Wenn jemand meint, … geistlich zu sein, so erkenne er …"* (1. Ko. 14,37 *kj*) Vielleicht hatte Paulus all diejenigen vor Augen, die voller Stolz Geistlichkeit für sich beanspruchen. Wie gesagt, die Leute haben ihre eigenen Ideen vom „Geistlichsein".

In 1. Korinther 2,15 dagegen sagt der Apostel: *„Der Geistliche … beurteilt alles."* So etwas hilft und zählt zur paulinischen Grundlehre über ein Leben im Geist. Auch der Galaterbrief setzt „Geist" in Kontrast zum „Fleisch"[2] und liefert eine Liste mit Werken des Fleisches:

„Unzucht, Unreinheit, Ausschweifung, Götzendienst, Zauberei, Feindschaften, Hader, Eifersucht, Zornausbrüche, Selbstsüchteleien, Zwistigkeiten, Parteiungen, Neidereien, Trinkgelage, Völlereien und dergleichen." (Gal. 5,19-21)

Im selben Brief klärt Paulus aber auch, dass separate gute Werke aus dem Fleisch stammen und nicht fähig sind, etwas Ewiges zu bewirken:

„Seid ihr denn so unverständig? Ihr habt im Geist begonnen und wollt im Fleisch enden? Wenn Gott euch den Geist darreicht und Kräfte unter euch wirkt – tut er das wegen eurer Gesetzesleistung, oder weil ihr der Glaubensbotschaft folgt?“ (Gal. 3,3.5 *alb-kj*)

Wie Unsittlichkeit oder Götzenanbetung ist auch alle Mühe um Vollkommenheit ohne Glauben ein Werk des Fleisches! Auch heute meinen wohl viele, sie würden durch Gnade gerettet, aber durch Werke geheiligt. Sie handeln, als ob sie glaubten, das Heil durch Gottes Kraft empfangen zu haben, ihren Weg zum Himmel jedoch „verdienen“ und ohne den Herrn vollenden zu müssen.[3]

Es ist sehr schwer, den „geistlichen Menschen“ zu definieren, denn Geistlichkeit ist eine **innere** Eigenschaft. Obwohl teilweise durch menschliche Anstrengung imitierbar, entsteht christliche „Anmut“ im Herzen. Echte Früchte wachsen eben ganz natürlich an Zweigen; sie werden dort nicht mit der Hand befestigt. Von Menschen gemachte Frucht ist nicht die Frucht des Geistes, wie sehr sie auch dem Original ähneln mag. Geistliches Leben erzeugt bestimmte Eigenschaften, aber die Eigenschaften erzeugen kein geistliches Leben.

Kirchen haben ihre geschriebenen oder ungeschriebenen Regeln, und tatsächlich darf man gegenseitige Verantwortung erwarten (s. Eph. 4,3-5.15-21). Ebenso natürlich ist die Beachtung von Verboten: gewisse Dinge oder Orte[4] zu meiden, nicht zu rauchen, zu trinken, zu spielen, zu fluchen usw. Solche Ziele sind ja fein; denn wir sollen die Gemeinde in einer Christus-würdigen Weise repräsentieren. Doch wenn man den Leuten die Messlatte per Gemeindezucht anlegt, unterschlägt man das Wirken des Geistes und ist festgefahren statt spontan. Weil die Galater derartige Gesetzlichkeiten eingeführt hatten, steckten sie in argen Kämpfen. Paulus gab ihnen die ernste Warnung: Wenn sie sich für ein Leben unter dem Gesetz entschieden (ihrem eigenen oder irgendeinem anderen), stürzten sie aus der Gnade ab (s. Gal. 5,4).

Ihn kennen heißt leben

Fleischlicher Krampf macht Menschen nicht geistlich. Aber *„wo der Geist des Herrn ist, ist Freiheit“* (2. Ko. 3,17). Zwanglos entfalten Gottes Kinder die Natur ihres Vaters, denn der Heilige Geist beseelt sie: Sie werden vom Geist geleitet, beten im Geist, singen im Geist, leben im Geist. Ihr Glück verstrickt sich nicht in irdischen Erfolgen und Umständen. Wenn das Reich Gottes Vorrang bekommt, ordnen sich auch die übrigen Dinge.

„Ich hoffe und erwarte sehnlich, in keiner Hinsicht beschämt zu werden, sondern dass vielmehr Christus in aller Öffentlichkeit – wie immer, so auch jetzt – durch meinen Leib verherrlicht wird, ob ich lebe oder sterbe. Denn für mich ist Christus das Leben, und Sterben Gewinn. Es zieht mich nach beiden Seiten. Ich sehne mich danach, aufzubrechen und bei Christus zu sein … Aber um euretwillen ist es notwendiger, dass ich … bleibe." (Ph. 1,20f.23f *eü-ü*)

Diese Worte schrieb der Apostel Paulus aus dem Gefängnis. Die damaligen Haftbedingungen waren oft so schlimm, dass viele sterben wollten und manche ihren Wunsch auch erfüllt bekamen. Paulus war anders. Er nahm die Umstände als von Gott an. Während andere Gefangene nichts heißer ersehnten als eine Befreiung vom Gefängniselend, wünschte Paulus nur, immer nahe bei Christus zu sein, ob nun inhaftiert oder in Freiheit.

Am Anfang seines Briefes an die Gläubigen von Philippi dankte Paulus Gott für die Gemeinschaft mit ihnen; gleichzeitig aber sehnte er sich nach Gemeinschaft mit Jesus von Angesicht zu Angesicht, was er *„bei weitem das Beste"* nannte (1,23). Und doch war ihm das Wohlergehen der Geschwister – seiner Bekehrten –, wichtiger als die eigenen Wünsche. So blieb er entschlossen unter den Lebenden, zu ihrer *„Förderung und Freude im Glauben"* (V. 25). Was ihn aber persönlich betraf, überstieg seine Sehnsucht nach Christus jedes andere Begehren dieses großen Mannes.

Das gleiche Seufzen hören wir von Paulus noch einmal später im Brief:

„Es ist mir nur um dies eine zu tun: Christus zu gewinnen …, um ihn und die Kraft seiner Auferstehung und die Gemeinschaft seiner Leiden zu erkennen, indem ich seinem Tod gleichgestaltet werde, ob ich irgendwie hingelangen möge zur Auferstehung aus den Toten. Nicht, dass ich es schon ergriffen habe oder schon vollendet bin; ich jage ihm aber nach, ob ich es ergreifen möge, weil ich auch von Christus Jesus ergriffen bin." (Ph. 3,8.10-12 *br/el*)

Paulus war wohl der Größte aller Evangelisten. Als Ananias in die sogenannte „Gerade Straße" von Damaskus gesandt wurde, um Saulus die Hände aufzulegen, schärfte ihm der Herr ein:

„Dieser Mann ist mein auserwähltes Werkzeug: Er soll meinen Namen vor Völker und Könige und die Söhne Israels tragen. Ich werde ihm auch zeigen, wie viel er für meinen Namen leiden muss." (Apg. 9,15f *eü*)

So umriss Jesus das gewaltige, für Paulus bestimmte Werk.

Die Apostelgeschichte ist weitgehend eine Aufzeichnung der evangelistischen Laufbahn des Paulus, mit Rom als Gipfelpunkt. Das frühe Christentum verbreitete sich ja wie ein Lauffeuer; davon aber wurde vieles gar nicht schriftlich festgehalten, und die Apostelgeschichte skizziert nur die Hauptlinien einer göttlichen Strategie: Die Evangeliumsbotschaft sollte auch von den Regierenden gehört werden und schließlich das Weltzentrum Rom erobern. Der brennende Pfeil, den Gott dazu abschoss, war Paulus. Dies geschah direkt in der Stadt – zwar aus dem Gefängnis heraus, aber mitten ins Herz des Heidentums treffend.

Doch so klar seine Berufung auch war, hegte Paulus ein größeres Sehnen, das man immer wieder heraushört, zum Beispiel in 2. Korinther 7,1:

„So wollen wir uns reinigen von jeder Befleckung des Fleisches und des Geistes und in Gottesfurcht die Heiligkeit vollenden."(-*ü*)

Als sein Lebensziel nennt Paulus, *„das zu ergreifen, wofür ich von Christus Jesus ergriffen worden bin"* (Ph. 3,12 *kj*). Obwohl er zum Evangelisten berufen und mehr als irgendjemand sonst gearbeitet hatte, behauptete er, noch nicht erreicht zu haben, was Gott für ihn bereithielt. Hätte Christus ihn nur zum Evangelisieren berufen, wäre Paulus sicher schon mittendrin gewesen; mehr konnte er kaum tun! Also muss er etwas anderes gemeint haben, eine größere Bestimmung, weit über den Apostel- oder Evangelistendienst hinaus.

Sein höheres Streben war, Christus zu erkennen. Auch wenn dieser Prozess nie aufhört, verlangte Paulus danach, seinen Herrn immer tiefer kennen zu lernen. Er wusste, dass er die Endtiefen noch nicht erreicht hatte. Natürlich war er mit Jesus ganz eng vertraut, aber Gott ist eine ewige „Aufgabe“. Die einzig wahre Richtung zu solcher Christuserkenntnis sah der Apostel darin, dass *„Christus an meinem Leib groß gemacht werden wird, sei es durch Leben oder durch Tod.“* (Ph. 1,20). Er wünschte sich, dass Jesu Auferstehungskraft und Leben in ihm immer mehr offenbar werde – damals und dort, noch bevor er starb.

Paulus wollte um jeden Preis *„hingelangen … zur Auferstehung aus den Toten“* (Ph. 3,11). Das ist ein seltsamer Wunsch. Zweifelte Paulus etwa, ob er auferweckt würde? Meinte er, hart arbeiten zu müssen, um dabei zu sein? Keineswegs. Er wusste, dass er nach Christi Verheißung von den Toten auferstehen würde. Diese Gewissheit formuliert er sogar in demselben Abschnitt (V. 20f *gn-ü*):

„Wir dagegen haben schon jetzt Bürgerrecht im Himmel, bei Gott. Von dorther erwarten wir auch unseren Retter und Herrn Jesus Christus. Er wird unseren … vergänglichen Körper verwandeln, so dass er genauso herrlich … wird wie der Körper, den er selber seit seiner Auferstehung hat. Denn er hat die Macht, alles seiner Herrschaft zu unterwerfen.“

Die spätere Auferstehung der Gläubigen ist bei Paulus sogar eine der beständigsten und entschiedensten Lehren!

Demnach kann er sich in Vers 11 nur danach ausgestreckt haben, Christi Auferstehungskraft **jetzt** und vermehrt in seinem Leben zu erfahren. Er glaubte, dass Christus in sein Leben getreten war, damit er sich am Auferstehungsleben erfreuen könne, was noch mehr war, als den Heiden das Evangelium zu bringen. Nicht, dass Jesu Auferstehungsleben einem Paulus fremd war – im Kolosserbrief bezeugt er *„seine Kraft, die mächtig in mir wirksam ist“* (1,29 *alb*). Gleichzeitig aber wusste dieser Mann aus Erfahrung, dass es größere Höhen und Tiefen gab, eine noch zu erreichende Fülle. Er hatte „Gewässer“ entdeckt, in denen man schwimmen konnte, und das weckte in ihm einen weiteren Drang zur Erforschung der Tiefengründe.

Christus zu kennen und immer besser kennen zu lernen – das ist die höchste „Trophäe“ im Leben! Und es ist auch der Grund, warum wir evangelisieren. Wir wollen nicht allein Seelen vor der Hölle retten und auf Himmelskurs bringen, sondern Menschen in die Dimensionen der Auferstehung Jesu Christi führen. So versprechen wir nicht nur den zukünftigen Himmel als die bessere der beiden Ewigkeits-Adressen, wenn wir sterben. Obwohl das an sich schon die kostbarste Verheißung ist, reden wir auch über eine bereits heute leiblich und geistlich erfahrbare, neue Art von Leben. Denn ein gläubiger Mensch ist nicht mehr allein auf das Erdendasein angelegt, sondern wiedergeboren zum Leben im Raum des Geistes, dem Reich Gottes. Dies ist der wahrhaft „geistliche Mensch" – eine neue Schöpfung in Christus Jesus (s. 2. Ko. 5,17).

Doch wenn Paulus über die „Erkenntnis Christi" spricht, dann nicht so, wie wir gern von unseren Freunden reden. Sicher, Freunde ermutigen und helfen uns, und Freundschaft ist etwas sehr Wertvolles. Aber Christus zu kennen, ist mehr als Händeschütteln und Plaudern. Christus soll in uns **leben**. Für manche ist er eine Stimme aus dem Jenseits, sie „kennen" ihn mystisch. Aber Jesus muss man **dynamisch** kennen: C. S. Lewis beschrieb die Christen als Leute, die „Christ-isiert" sind. So, wie Jesus sich mit unserem menschlichen Leben identifiziert hat, können wir uns mit seinem göttlichen Leben identifizieren. Unser Ziel ist, wie Christus zu sein – nicht nur im Verhalten, sondern durch Anteil an der inneren Qualität seines Lebens. *„Liebe, Freude, Friede, Langmut, Freundlichkeit, Güte, Treue, Sanftmut, Enthaltsamkeit"* (Gal. 5,22f) sind äußere Belege einer inneren Erfahrung.

Geistlichkeit und die Kraft des Heiligen Geistes

Geistlichkeit, wie Paulus sie verstand, bedeutet Kraftanschluss zum Auferstandenen; kein einmaliges Erlebnis, sondern eine beständig fließende Kraft! Wahres geistliches Leben ist nicht das Werk eines Moments, kein abruptes Wunder oder eine Kraftlawine. Wir kommen nicht mit einem Schlag ans Ziel, sondern sind stetig unterwegs. Geistlichkeit ist ein Vorgang. „Stunde um Stunde hab ich in ihm Ruh', fließt seine Kraft und sein Leben mir zu", formuliert D. H. Whittle es in dem alten Kirchenlied; und Charles Wesley sagt in einem anderen Lied, dass wir auf dem Weg zur Herrlichkeit „durch Umbrüche geh'n, bis im Himmel wir sind."[5]

In dem Zusammenhang möchte ich etwas klären, was anscheinend für manche Verwirrung in Gemeinden sorgt. Es geht um die Kraft des Heiligen Geistes: Jawohl, sie gehört absolut zum **Zeugnis** für Jesus. Aber das ist **nur die eine Seite!** Genauso benötigen wir seine Kraft auch zur **eigenen** geistlichen Förderung. Beides gehört zusammen wie zwei Flügel zum Vogel. Paulus freute sich über Gottes Kraft sowohl beim Dienst als auch im persönlichen Leben.

Zum einen schreibt er:

„Diesen Herrn verkündigen wir. Wir ermahnen und unterrichten darum jeden einzelnen Menschen in aller Weisheit, damit wir jeden zu einer wirklichen Reife in Christus hinführen. Das ist das ganze Ziel meines Mühens, dem gilt mein Kampf, und Gott selbst gibt mir seine Kraft dazu, die mächtig in mir wirkt.“ (Kol. 1,28f *br*)

Zum andern aber brauchte Paulus, neben der Kraft zum Dienst, auch selbst Stärkung, um Mühsal und Widerstand zu ertragen und bei allem Leid freudig zu bleiben. Das Gleiche erbat er auch für die Gemeinden, zum Beispiel die Kolosser:

„… gestärkt mit aller Kraft nach der Macht seiner Herrlichkeit, zu allem Ausharren und aller Langmut, mit Freuden.“ (Kol. 1,11 -*ü*)

Denn vielleicht haben wir zwar Kraft, Dämonen auszutreiben, können den Teufel aber nicht in unseren eigenen Herzen überwinden – hier jedoch spielt sich der geistliche Krieg ab, nicht in der Stratosphäre. Oder wir heilen Kranke, brechen selbst aber bei der ersten Versuchung am Wege zusammen.

Als Paulus in 2. Korinther 12 die Merkmale eines Apostels beschrieb, bezog er sich nicht nur auf Zeichen, Wunder und Machttaten (V. 12), sondern auch auf das Ertragen von Schwachheiten, Schmähungen, Nöten, Verfolgungen und Drangsalen um Christi willen (s. V. 10,12). Überspitzt gesagt: Jeder kann Kranken die Hände auflegen, selbst Kinder haben schon das Evangelium gepredigt, und durch Glauben holte sich auch der verlorene Sohn sein Erbe, hatte aber nicht den Charakter, es zu halten. Nein, was wir brauchen, ist göttliche Festigkeit! Wahre Größe hält durch, auch wenn sich die ganze Welt gegen uns stellen sollte. Doch nur in Gottes Kraft besiegen wir Satan mit seinen raffiniert „weichen“ oder groben Attacken.

Gott hat uns errettet, um uns zu segnen – nicht nur, um uns zu gebrauchen! Wir sind seine Kinder und keine bequemen Instrumente, die man eine Weile in die Hand nimmt und dann wieder fallen lässt. Gott macht uns sich nicht „nutzbar", sondern **schuf uns zur Liebe!** Er lädt zum Bankett, nicht bloß zur Werkstatt. Wir sind Christi Braut, nicht sein Küchenteam. Gott will keine Lasttiere und Workaholics, sondern platziert uns unter den Prinzen (s. Ps. 113,8).

Zwar rief Paulus die Bekehrten auf, ihre Mitmenschen mit dem Evangelium zu erreichen, doch er hatte noch ein anderes Ziel im Visier: *„Wie ihr nun Christus Jesus, den Herrn, empfangen habt, so wandelt in ihm, gewurzelt und auferbaut in ihm und gefestigt im Glauben, wie ihr gelehrt worden seid, indem ihr überreich seid in Danksagung!"* (Kol. 2,6f) Der Herr möchte seine Leute segnen und ihnen einen Geschmack der Auferstehungsfreuden geben – Freiheit, Wohltat, Glück. Natürlich ist es ein Vorrecht, für Gott zu arbeiten; aber zu einem Leben mit Christus gehört mehr. Wir sollten nicht damit zufrieden sein, nur etwas zu tun.

Jesus erlebte in seinem Dienst oft, dass ganze Menschenmengen nach ihm verlangten. Einmal meldeten ihm die Jünger: *„Jeder sucht dich!"* Er aber antwortete: *„Lasst uns jetzt auch in die umliegenden Dörfer gehen, um dort das Evangelium zu verkünden; denn dazu bin ich gekommen!"* (Mk. 1,37f *kj*) Jesus hat sich also nicht überladen, indem er alles auf einmal tun und jede Gelegenheit ergreifen wollte. Er ging seinen Weg mit Gott und vertraute ihm auch in Hinsicht auf die Ergebnisse.

Ein Schlüsselwort in unserer Zeit ist „Produktivität". Das hat auch Auswirkungen auf die „Vision" der Gemeinde Jesu: mehr Arbeit, mehr Gebet, mehr Aktivitäten und neue Strategien. Wir gelten gern als beschäftigt und wollen nicht mit den Füßen auf dem Tisch erwischt werden. Daher sind Pastoren vielfach „dicht" und unter Druck, ihre Frauen und Kinder dagegen vernachlässigt. Kein Wunder, dass es selbst in den Gemeinden familiäre Zerbrüche und Scheidungen gibt; viele Eheleute finden keine Zeit füreinander. Jemand verfasste einmal folgende Parodie auf einen berühmten Bibeltext: „Ich bin gekommen, damit sie Versammlungen im Überfluss haben."[6]

Im Neuen Testament sehe ich keine einzige Empfehlung, dass wir um Kraft für unsere Gottesarbeit beten sollen. Nachdem die Jünger zehn Tage gewartet und an Pfingsten den Heiligen Geist[7] empfangen hatten, gingen sie ans Werk und bezeugten Jesus. Dafür besaßen sie ja nun und immer die nötige Kraft, außer sie betrübten oder dämpften den Geist. Natürlich suchten sie immer wieder den Herrn auf, aber speziell für ihre **eigene** geistliche Entwicklung. Sie waren nicht auf größere Taten oder Wunder aus, sondern wollten schlicht selber geistlich wachsen.

Niemand, der für den Herrn arbeitet, muss an Kraftmangel leiden. In Wahrheit begrenzen wir uns nicht durch Defizite an Tugend, sondern an Vertrauen. Unsere Kraft hängt vom Grad unseres Glaubens ab, nicht von unserer Geistlichkeit. Das gilt auch für Erweckung. Manche haben geschrieben, Gottes Kraft werde uns im Verhältnis zur investierten Gebetszeit verliehen. Aber das ist eine selbst gemachte Theologie. Jesus hat gesagt: *„Die Heiden … meinen, sie werden nur erhört, wenn sie viele Worte machen."* (Mt. 6,7 *eü*) Leider sieht man großen Glauben und große geistliche Reife nicht oft zusammen. Der Herr hat manche Menschen für ihren starken Glauben gelobt, obwohl sie überhaupt keine geistliche Reife besaßen – unter ihnen sogar Ausländer, die nichts von christlicher Wahrheit oder dem Gott Israels wussten (s. Mt. 8,5-13; 15,21-28). Allein wegen ihres Glaubens empfingen sie große Heilungen.

Heiligung und Geistlichkeit

Viele Christen wollen von Gott gebraucht werden. Sie streben nach einer vollkommenen Lebensführung, um so für den Dienst tauglich zu werden. Sie meinen, Heiligung garantiere den Erfolg ihrer christlichen Arbeit. Heiligkeit als Mittel zum Ziel? Nein, Heiligkeit ist selbst ein Ziel. Wollen wir wirklich wie Jesus werden oder nur „etwas Besseres", zum Beispiel ein berühmter Prediger? Uns muss klar sein: Christusähnlichkeit ist keine Sprosse auf der Erfolgsleiter, sondern der größte Erfolg überhaupt! Umgekehrt wird ohne Heiligung niemand den Herrn sehen (s. Hb. 12,14).

Dienst ist nicht das Größte. Heiligung ist größer – Jesus zu erkennen. Diese Lektion hat uns Christus im Haus des Lazarus gegeben: Martha diente, indem sie ein reichhaltiges Essen für den Herrn zubereitete. Wie im Orient üblich, sollte kein Zentimeter Tischdecke mehr sichtbar sein. Mit dieser selbst auferlegten Pflicht hoffte sie, dem Herrn zu gefallen. Doch Jesus wollte nicht, dass Martha seine Sklavin sei; er wollte, dass sie seine Liebe erkannte. Ihre Schwester Maria saß direkt bei Jesus, und das erfreute diesen mehr als Marthas Gehetztsein: Maria, so sagte er, habe das unverlierbar gute Teil gewählt (s. Lk. 10,42).

Das Alte Testament ist voll von Männern und Frauen, die durch Gottes Kraft große Dinge für ihn taten, aber wenige von ihnen waren als Heilige bekannt. Es gibt nicht zu viele Kirchen namens St. Jakob, St. Mose oder St. Abraham. Wäre wohl einer dieser Männer heute zum Dienst zugelassen worden? Stellen wir uns einmal vor, Mose würde bei einer unserer hiesigen Kirchen ein Empfehlungsschreiben beantragen. Ob er es bekäme? Man bedenke, dass er einen Menschen getötet hatte … (s. 2. Mo. 2,11f)!

Die Biografien von **David** und **Saul**, Israels zwei ersten Königen, bieten ein lohnenswertes Studium (ab 1. Sam. 9): Warum konnte Gott mit David, nicht aber mit Saul Geschichte schreiben? Einem David verzieh er selbst schlimme Sünden, doch Saul blieb ohne Vergebung. Mancher Leser hegt eine stille Sympathie für König Saul; denn dem Anschein nach ist er nicht gerade wohlwollend behandelt worden. Der Prophet Samuel war überhaupt dagegen, dass Israel ein irdisches Königtum bekam. 50 Jahre lang hatte er der Nation Recht gesprochen, und so bedeutete Sauls Salbung zum König auch Samuels Degradierung. Was dann folgte, wirft durchaus die Frage auf, ob der Gottesmann nicht äußerst hart mit König Saul umgegangen ist. Als Saul versagte, bekam er kein Mitleid[8] – anders bei David, dessen Sünden doch eigentlich gravierender waren. Was verbirgt sich dahinter?

Saul war ein großer, recht schwerfälliger Mann vom Lande. Er besaß weder Davids Feinheit noch Übung in den verschlungenen Wegen der Macht. Bald wurde er maßlos eifersüchtig auf David, aber ist das nicht bis zu einem gewissen Grad verständlich? Der junge David war dreist, pfiffig und beliebt, also fühlte sich Saul vom Start weg bedroht.

Man könnte noch einiges drauflegen: Saul war zumindest ein moralischer Mensch, David keineswegs. Saul gab zu, töricht gehandelt zu haben, David tat Schlimmeres als nur Torheiten. Saul musste nie etwas Ähnliches schreiben wie Davids zerknirschtes Reuebekenntnis in Psalm 51. Sauls Sohn Jonathan übertraf charakterlich alle verräterischen Söhne Davids. Als Landarbeiter hat sich Saul wohl nie an Flair und Würden eines Königs gewöhnt; auch baute er sich weder einen Palast noch Ansehen auf, wie David es tat.

Und doch gebrauchte Gott David! Warum? Weil David einen außerordentlichen, geradezu innigen Glauben[9] hatte. Wir könnten es auch Gottesliebe nennen. Er begriff viel vom Herzen Gottes und brachte überhaupt, weit über seine Zeit hinaus, die Erkenntnis des Herrn voran. Gerade seine Sünde öffnete ihm die Augen für Gottes Größe. Was war der Schlüssel? David wagte es, dem Herrn zu vertrauen und ihn als seinen König, den König der Könige, anzuerkennen. Darum arbeitete Gott an und mit diesem Mann in herausragender Weise. Selbst als David einen Mann planvoll zu Tode gebracht hatte, regte ihn der Heilige Geist zu einem der größten je verfassten Bußpsalmen an. In jenen fernen Tagen war Davids Eifer für Gott einfach ohnegleichen. Man besaß nur wenig Gotteserkenntnis, die dann von den Propheten nach und nach erweitert wurde. David aber brachte Israels religiöses Leben schon auf neue Höhen; unter anderem gab er der gottesdienstlichen Anbetung eine regelrechte, umfassende Struktur.

Wir kommen zum Resultat unserer kleinen Studie: David hat trotz seines recht widersprüchlichen Charakters enorm viel bewirkt, und das lässt sich nur auf ein einziges Geheimnis zurückführen – seinen aktiven Glauben.

Wie David zeigen noch viele andere Gottesdiener seltsame Wesenszüge. **Jona**[10] rannte Gott, in genau umgekehrter Richtung zu seinem Auftrag, davon. Aber obwohl er der einzige ungehorsame Schriftprophet war, brachte auch nur er eine ganze Weltstadt zur Umkehr. Oder denken wir an **Simson**, der einen schier hoffnungslosen Charakter hatte. Die Liste ähnlicher Fälle würde lang. Sie alle zeigen uns nur das Eine (vgl. Hb. 11): Die Bibel ist eine Dokumentation von Gottes Bereitwilligkeit, aus ungeeignet erscheinenden Männern und Frauen etwas zu machen.

Als die Apostel einen Mann trafen, der im Namen ihres Meisters Dämonen austrieb, untersagten sie es ihm. Jesus aber forderte sie auf, ihn gewähren zu lassen (s. Mk. 9,38ff). Jener Unbekannte hatte wohl herausgefunden, dass Glaube in Jesu Namen wunderbare Dinge bewirkt. So tun es auch heute manche, die schwerlich Musterexemplare christlicher Reife sind. Aber das waren die Jünger ebenso wenig; doch lange bevor sie jene Heiligen wurden, denen wir jetzt nacheifern, trieben sie Dämonen aus und heilten Kranke.

Nicht zuletzt zeigen manche jüngeren Vorkommnisse in Amerika, dass das Wirken von Wundern und der Aufbau großer Glaubenswerke keine Garantie für persönliche Integrität sind. Deshalb müssen wir Gott suchen, um nicht nur zum Dienst, sondern für unser eigenes Leben Kraft zu empfangen. Sonst sind wir womöglich stark in der Arbeit, aber Versager in der Nachfolge Christi. Und dadurch wird das christliche Zeugnis letztlich untergraben. Anders gesagt: Der Säende tritt den Boden so fest, dass dieser keine Ernte mehr bringt.

Wir müssen Gott suchen, damit er in unserem eigenen Leben wirkt. Wenn wir in Kraft dienen und doch als Nachfolger Christi versagen, untergraben wir unser Zeugnis.

Jesus sagte voraus, dass Menschen einst, am Tag des Gerichts, „Herr" zu ihm sagen und sich darauf berufen würden, in seinem Namen mächtige Wunder getan zu haben; er aber müsse sie als „Übeltäter" zurückweisen (s. Mt. 7,23). Ich verstehe zwar nicht, wie ein Übeltäter Dämonen austreiben und Kranke heilen kann, aber Jesus sagt es und unterstreicht damit, dass diese Art Kraft nicht unbedingt durch Heiligkeit kommt. Darum verließ sich auch Paulus nicht auf die eigene Gerechtigkeit, sondern allein auf seine Glaubensbeziehung zu Christus. Gott kann durch uns nur auf der Grundlage seiner Gnade und Barmherzigkeit wirken – indem wir vor ihm stehen, reingewaschen durch die Blutströme unseres Retters.

Als ich jung im Dienst war, hörte ich einen alten Pastor in reumütigem Gebet sein schweres Versagen beklagen. Ich erinnere mich, damals gebetet zu haben: „O Herr, gib, dass ich später einmal keinen Grund für solch ein Gebet habe!" Die Versuchungen beim Wirken für Gott können beklemmend raffiniert sein, aber wir müssen dringend an Heiligkeit festhalten, um wertvolle christliche Leiter und Diener zu sein. Ich sprach schon von Samuel. Er war ein Leiter von großer Lauterkeit, wenn auch unvollkommen; denn nicht zuletzt mit Saul tat er sich wohl schwer. Dennoch forderte er am Ende seines Lebens ganz Israel auf, ihm irgendeine Unredlichkeit nachzuweisen. Nie hatte sich Samuel durch Korruption oder Machtmissbrauch bereichert. Er war einer der Großen in der Geschichte.

Seien wir versichert: Keiner muss sein Leben lang auf die Perfektionierung christlicher Tugenden warten, um für Gott brauchbar zu sein. Doch um unserer eigenen Seele willen sollten wir wie Paulus darum beten, Christus zu erkennen. Weitgehend wird die Effektivität der gesamten Gemeinde Jesu davon beeinflusst, ob Christen sich auch wie Christen verhalten.

Sinn der Kraft ist die Befähigung zum Zeugnis, Sinn der Heiligkeit aber ist Heiligkeit, und das Ziel aller Geistlichkeit überhaupt ist etwas Persönliches – nämlich, wie Gott zu sein und so das letzte Ziel Gottes zu erfüllen, seinen höchsten und ursprünglichen Grund für die Erschaffung des Menschen: *„Lasst uns Menschen machen in unserem Bild!“* (1. Mo. 1,26) Gott hat mit jedem von uns persönlich etwas vor, nicht bloß als seine Diener oder Instrumente. Er liebt uns; aber nicht, weil wir ihm nützlich sind. Oder haben wir Menschen Gemeinschaft mit unseren Hämmern und Meißeln, Kämmen und Kulis? Ebenso wenig hat Gott Gemeinschaft mit uns als Werkzeugen. Von Gott ins Rennen geschickt zu werden, ist nur einer der Vorteile, ein Privileg derer, die Christus kennen.

Damit sind wir natürlich nicht auf Fehlerlosigkeit programmiert. Dass Gläubige unter Satans Attacken versagen können, ist eine Realität. Einige sündigen offen und verdecken ihr Gutsein; andere sündigen heimlich und wahren den Schein des Gutseins. Paulus ermahnt: *„Darum urteilt nicht voreilig!“* (1. Ko. 4,5 *alb*) Wir sind nicht berechtigt, das Urteil des allweisen Gottes vorwegzunehmen. Manche Sünden sind wie vernarbte Wunden aus heißen Kämpfen, bei denen große Siege errungen wurden; manche Menschen gehen an einem Tag durch mehr Versuchungen als andere in einem Monat. Und „große Leute“ können auch groß sündigen, zumal selbst kleinere Fehler durch die Lupe des Ruhms riesenhaft werden.

Leben mit echtem Vertrauen

Betrachten wir uns das Beispiel des Apostels Petrus. Er war ein Mann der Tat, doch diese Stärke war gleichzeitig seine Schwäche – zu oft agierte er ungezügelt und sprach, wo er es besser nicht getan hätte, oder strotzte vor Euphorie. Als Jesus ankündigte, dass er bald seinen Feinden in die Hände fallen werde, spielte Petrus den großen Mann, den Helden und Beschützer seines Meisters (s. Mt. 16,22). Jesus unter seine Fittiche zu nehmen, ist wirklich ein Unterfangen! Man stelle sich vor, wie jemand

Christus auffordert, sich auf ihn zu verlassen! Wie frech und angeberisch oder, wenn man es so sehen will, selbstbewusst! Das war Simon Petrus – damals.

Wahres Selbstbewusstsein aber beginnt damit, dass man sein Vertrauen ganz auf Jesus setzt! Andernfalls werden unsere Prahlereien früher oder später so platzen und bedauernswert aussehen wie zerstochene Luftballons. Als Jesus verhaftet und verhört wurde, musste Simon Petrus bei sich etwas Verblüffendes feststellen: Er schrumpfte so zusammen, dass ihm die Worte einer Magd Angst einjagten. Umso mehr warf er sich in die Brust und gab vor, einer wie alle andern ringsumher zu sein. Während Petrus sich also mit gottlosen Personen am Feuer wärmte, wurde er einer von ihnen, fluchte und schwor, mit Jesus von Nazareth nichts zu tun zu haben. (s. Mk. 14,54-72). Für ein so gravierendes Versagen hätte heute wohl manche Kirchenleitung Petrus aus dem Dienst entlassen oder ihm zumindest die Papiere als Apostel entzogen.

Am Anfang, als Jesus Petrus berief, sagte er: *„Folge mir!“* und bescherte ihm einen überwältigenden Fischfang (s. Mt. 4,19). Dann kamen drei wunderbare Jahre mit Christus. Das Kreuz aber beendete sie. Da stürzte Petrus ab – ein Fall aus großen Höhen. Die wunderschönen Tage mit Jesus schienen wie ein Trugbild zu entschwinden. Petrus zuckte mit den Schultern und ging an seinen vertrauten Ausgangspunkt zurück: die Fischerei. Dort aber war Jesus erstmals in sein Leben getreten, hatte ihn berufen; und dort tat er es **wieder**. Jesus begegnete Petrus erneut beim Fischen – derselbe Jesus gestern, heute und für immer! Er wirkte das gleiche Wunder, einen großen Fischfang, und sagte schließlich jene Worte wie schon vor drei Jahren: *„Folge mir!“* (Jo. 21,19) **Denn Gott nimmt seine Gnadengaben und Berufung nicht zurück.** (s. Rö. 11,29)

Zu diesen göttlichen **Gaben** gehören Menschen mit verschiedener **Dienstberufung**, darunter auch Evangelisten (s. Eph. 4,11). Wir mögen vom Evangelisationsbüro einer Kirche oder christlichen Organisation sprechen, aber Gott beglaubigt keine Büros, sondern nur die Gemeinde. **Die gesamte Gemeinde ist das Evangelisationsbüro.** Evangelisation aber erfordert mehr als nur Evangelisten; die Arbeit braucht auch Apostel, Lehrer, Propheten und Pastoren – **sie alle**. Wofür? Um die bekehrten Menschen zu ernähren, aufzuziehen, in Reifung und Dienst zu führen. An evangelistischen Großeinsätzen ist nichts falsch, aber danach kann einiges sehr falsch laufen. Jesus rief seinen Jüngern vom Ufer aus zu: *„Bringt her von den Fischen, die ihr jetzt gefangen habt!"* (Jo. 21,10) Damit sind nicht nur Evangelisten angesprochen.

Bei dieser Szene mit der Wiederherstellung von Petrus berührt uns eine Sache seltsam: Statt dass Jesus seine früheren Zusagen über den Heiligen Geist und die Schlüssel des Reichs wiederholt, sagt er nun: *„Weide meine Schafe …!"* (s. Jo. 21,15-17) Nicht mehr Fische, sondern Schafe. Fische werden gegessen, aber Schafe müssen versorgt werden …

Kritiker aus Gemeinden sagen gern: „Evangelisten produzieren Entscheidungen, während Jesus sagt: ‚Macht zu Jüngern!'" Aber kein Evangelist trifft die Entscheidung, sondern der sich bekehrende Mensch! Die Evangelisten werben um Aufmerksamkeit für Christus und mühen sich um positive Reaktionen. Evangelisten ernten Entscheidungen, Pastoren formen Jünger. Der Evangelist bringt das Rohmaterial, und der Pastor hat die weitere Arbeit damit. Wie gründlich ein Evangelist auch im Dienst sein mag, Jüngerschaft braucht Zeit und kann nicht in einer Sechs-Tage-Evangelisation geleistet werden – manche Pastoren schaffen es nicht in sechs Jahren! Selbst die Zwölf, die mit Jesus drei intensive Jahre verbrachten, waren danach nicht alle schon so großartig. Kein Evangelist könnte der Gemeinde je Menschen zuführen, die alle wiedergeboren und in den Grundlagen der Jüngerschaft ausgebildet sind. Wenn er es könnte, brauchte man ja keine Pastoren und Lehrer (sowie all die anderen Mitgläubigen, vgl. 1. Ko. 12; Eph. 3,18).

Übrigens, nicht die Gemeinde erwählt und ernennt Apostel, Propheten, Pastoren, Lehrer und Evangelisten; das tut der Herr. (Die Gemeinde ist natürlich mit beteiligt, bestätigt und ergänzt; vgl. Apg. 13,1-3; 14,23; Apg. 6,3.) Uns allein würde es allzu leicht unterlaufen, dass wir andere berufen und die Berufenen des Herrn übersehen. Die Katholische Kirche verwarf Martin Luther. Die Anglikanische Kirche lehnte John Wesley ab. Die Methodisten missachteten William Booth, die Baptisten taten es mit William Carey, die Heiligungsbewegung mit William Seymour …[11] Aber Gott lehnte keinen der Genannten ab.

Gott gibt Pastoren (Hirten) in Gemeinden jeder Größe. Sie sind alle ein Teil der Leiterschaft, wie wir es nennen, und helfen denen, die wieder „Hilfeleistungen" geben können (s. 1. Ko. 12,28). Sie haben ein Herz für Menschen; sie umsorgen, besuchen, beten, sind Gottes Ärzte und Pflegepersonal im Hintergrund. Die Bibel spricht davon, dass Menschen „zusammengefügt" werden (Eph. 2,21), wobei der originale griechische Begriff Anklänge an das behutsame Richten verrenkter oder gebrochener Knochen hat. All diese Leiter hat Gott berufen und mit Weisheit zur Lebenshilfe ausgestattet.

Die Pastoren, die **wir** wählen, besitzen vielleicht keines dieser Merkmale. Vielleicht tendieren wir eher zu Geschäftsleuten, populären Personen, Organisatoren, Managern, womöglich Generälen oder sogar „Spießen". Die entscheidende Arbeit aber liegt bei jenen mit einem sanften und mitleidigen Herzen, jederzeit zum Einsatz bereit, weitgehend unbekannt, jung oder alt, Männer oder Frauen. Ihre Begabung ist das Gespür für unfrohe Gesichter. Sie geben vielleicht einen geistlichen Zuspruch weiter oder sagen gar nichts darüber, sondern gehen nur hin und beten.

Ich sehe nicht, wie es irgendein Evangelist schaffen will, in wenigen Tagen eine Gemeinde zu errichten, in der z. B. eine ganze Gruppe Menschen, von der Straße weg bekehrt und direkt als Jünger zugerüstet, versorgt wird. Evangelisation ist nur der erste Schritt, nicht der gesamte Prozess. Wer das alles in einem Sechs-Tage-Einsatz zu schaffen meinte, wäre eine Art Guru.[12] Kein Evangelist sollte je die Rolle eines Gurus mit entsprechender Gefolgschaft annehmen. Nicht wenige Pastoren befürchten, dass Evangelisten genau solch eine Situation in der Gemeinde hervorrufen könnten, und traurigerweise ist diese Sorge nicht immer unbegründet.

Glaube wirkt durch Liebe

„Darum setzt allen Eifer daran, mit eurem Glauben die Tugend zu verbinden, mit der Tugend die Erkenntnis, mit der Erkenntnis die Selbstbeherrschung, mit der Selbstbeherrschung die Ausdauer, mit der Ausdauer die Frömmigkeit, mit der Frömmigkeit die Brüderlichkeit und mit der Brüderlichkeit die Liebe. Wenn ihr dies alles habt und ständig darin zunehmt, wird sich das auswirken und Frucht bringen in einer vertieften Erkenntnis unseres Herrn Jesus Christus." (2. Pt. 1,5-8 *eü/gn*)

Wie gesagt, ist Glaube der Schlüssel zu einem geistgewirkten Leben, aber dieses Leben muss auch entwickelt werden. Geistliche Qualität ist es, was im Himmel anerkannt und wohl auch mit dem entsprechenden

Status belohnt wird. Dazu trägt nicht zuletzt bei, wie wir in unserem Leben überwunden haben, den Herrn und geistliche Dinge vor die fleischlichen gesetzt haben.[13]

Im obigen Abschnitt sagt Petrus nicht, dass die eine Tugend absolut nur von der anderen abgeleitet werden kann – z. B. Selbstbeherrschung von der Erkenntnis oder Ausdauer von der Selbstbeherrschung. Wir gehen nicht von einer Qualität zur andern, sondern sollten sie alle in „ständig zunehmendem Maße“ haben. Der Glaube führt nicht unbedingt zur Liebe, eher laufen Glaube und Liebe zusammen im Geschirr: Glaube wirkt durch Liebe.

Als Jesus Petrus wieder auf die Beine brachte, sagte er nicht: „Gut, dir ist vergeben. Vergiss, was war, und mach mit deiner Arbeit weiter!“ Er sagte: *„Simon* [Petrus], *liebst du mich?“* (s. Jo. 21,15-17). Seine **Liebe zu Christus** war die erste und die letzte Frage – ja, sie ist die **einzige Frage**! Er wird uns nicht fragen, wie viel Seelen wir gewonnen haben. Er wird uns nur an unserer Liebe messen. Seine Worte sind noch immer: „Liebst du mich?“ Ja, tun wir das?

Anmerkungen:

1 Identität und Aufgabe des Heiligen Geistes: Jo. 4,23f; 16,9; Apg. 1,8; Off. 22,17

2 Der (im Buch schon mehrmals erwähnte) Begriff „Fleisch“ umreißt in solchen Zusammenhängen eine Gesinnung, die nicht aus der Beziehung mit Gott kommt und, falls nicht korrigiert, geistliche Schwäche, Selbstsucht, Sünde und Tod bedeutet (s. Rö. 8,6).

3 Paulus lehrt genau umgekehrt: Man soll gerade deshalb sein Heil nachdrücklich in die Praxis umsetzen, weil Gott selbst das Wollen und Vollbringen schenkt (vgl. Ph. 3,12f)!

4 Es sei denn, als Zeuge Jesu.

5 Die Originalpassagen dieser Lieder: „moment by moment I've life from above“ (Whittle); „changed from glory into glory till in heav'n we take our place“ (Ch. Wesley).

6 Anlehnung an Johannes 10,10: *„Ich bin gekommen, damit sie Leben im Überfluss haben.“*

7 Genauer gesagt, war es ihre feurige Geistestaufe; denn schon in Jo. 20,22, also vor Pfingsten, widmete ihnen der auferstandene Herr diese Worte: *„Nehmt hin* [den] *Heiligen Geist!“*

8 So scheint es, obwohl Samuel alles auch sehr nahe ging (1. Sam. 15,35).

9 Dazu gehören unbedingt auch folgende Charakterzüge Davids: Treue, Ehrlichkeit, Buß- und Lernbereitschaft, Herzenswärme und Großmut … (siehe auch seine bewegende Trauer über den tragischen Helden Saul in 2. Sam. 1). So wurde David zum *„Mann nach dem Herzen Gottes“* (Apg. 13,22). Dieses Kriterium durchzieht die ganze Bibel: vgl. Abel und Kain, Jakob und Esau, die zwei Mörder neben Jesus am Kreuz … – Göttliche Liebe ist eben die einzige, ewige, rettende Grundlage, Qualifikation und Zielsetzung (vgl. Mt. 22,36-40; Rö. 5,8.10; Jo. 3,16; 1. Ti. 1,5).

10 Ihn erwähnten wir bereits ausführlich in Kapitel 1.

11 Natürlich stellen diese Aussagen kein Pauschalurteil dar. – William Seymour: ein Pionier der Pfingstbewegung zu Anfang des 20. Jh. in Amerika.

12 Gott dagegen setzt auf Wachstum, Reifung, Ergänzung, Teamwork und ist darin selbst das beste Vorbild: Vater, Sohn und Heiliger Geist; das Werk der Schöpfung; Jesu Leben; die Gemeinde in ihrer Vielfalt, die kontinuierliche Heilsgeschichte und deren Vollendung.

13 Allerdings nicht aus Angst, Krampf, Druck, sondern als aktive Antwort auf Gottes Retterliebe.

Kapitel 14

Die Botschaft vom Gericht an eine „politisch korrekte" Welt

„Felix … ließ den Paulus holen und hörte ihn über den Glauben an Christus. Aber als Paulus von Gerechtigkeit, Selbstbeherrschung und dem künftigen Gericht Gottes sprach, erschrak Felix und sagte: ‚Für heute reicht es …!'" (Apg. 24,24f *el/gn-ü*)

Paulus war der erste Europa-Missionar. Überall traf er Leute, deren Denkmuster dem Evangelium widersprachen. Europas Boden zeigte sich hart, unfruchtbar und untauglich für die Saat des Evangeliums. Typisch dafür ist die Begegnung zwischen Paulus und Felix. Der christliche Glaube stieß auf Angst und Misstrauen, denn er lieferte eine neue Sichtweise aller Dinge.

Was war denn so neu am christlichen Glauben?

Vor allem stellte er keine übliche „Religion" dar. Die Griechen und Römer dienten vielen Göttern, aber diese Götter hatten nicht die Kraft zur Veränderung eines ganzen Menschenlebens. Man praktizierte nur Riten und brachte die geforderten Opfer. Der Christusglaube aber war eine völlig neue Denk- und Lebensweise, nicht umsonst auch „der Weg" genannt. Selbst Felix kannte ihn unter dieser Bezeichnung. Denn die von Paulus präsentierte, umwälzende Art der Gotteserkenntnis erfasste nicht nur das Weltbild der Menschen, sondern auch ihre täglichen Verhaltensweisen.

Obwohl streng jüdisch erzogen, wurde Paulus von Jesus selbst berufen, das Evangelium den ethnisch und religiös andersartigen Heiden zu verkündigen, nämlich den nichtjüdischen Menschen der griechisch-römischen Welt (s. Apg. 22,21). Diese Heiden zu Paulus' Zeiten hingen vielerlei Philosophien und Glaubenssystemen an. Die Apostelgeschichte erwähnt z. B. Magie, (s. Apg. 8,9; 19,19) klassischen Götterglauben (14,11), Wahrsagerei (16,16), Verehrung von Götzenbildern (17,16), stoische und epikureische Philosophie (17,18) und Anbetung einer Göttin (19,27).

Ebenso verbreitet waren der Kaiserkult, die orphische Mysterienreligion, die eleusinischen Fruchtbarkeits-Riten, das Orakel von Delphi und andere okkulte Praktiken. Sogar das Judentum war gespalten. Die Partei der Sadduzäer leugnete wichtige Bereiche des Übernatürlichen, während die Pharisäer sie bekräftigten. Die Essener wollten dem bösen Weltsystem entfliehen und bildeten asketische Wüstengemeinschaften. Andere Juden ließen sich von der griechischen Kultur und ihrem Denken beeinflussen.

So etwas nennen wir heute eine pluralistische Gesellschaft. Paulus brachte das Evangelium also zu Menschen, deren gesamte Erziehung und Weltsicht den Prinzipien des Evangeliums fremd bis feindlich gegenüberstand.

Jede Religion bietet einen oberflächlichen Lebensstil an, wahres Christentum aber bietet mehr und geht tiefer. Muslimische Geistliche und Religionshüter regulieren, wie ihre Gläubigen essen, sich waschen und kleiden, Beziehungen pflegen oder beten, und tun alles, um dies durchzusetzen. Die Bibel, richtig verstanden, schreibt nichts dergleichen vor. Wahrer christlicher Glaube verändert einfach die Grundlagen unseres Lebens: Alles wird motiviert durch die Liebe zu Christus. Ein wiedergeborener Mensch fängt direkt an, die Welt mit anderen Augen zu sehen (s. 2. Ko. 5,14-17).

In vielen Ländern prallt die Lebensart der Christen mit den Religionen und Kulturen um sie her so stark zusammen, dass es bis zu grausamer Verfolgung geht. In einigen Religionen wendet man sich besonders gegen die amerikanisch-europäische Kultur und nennt die USA auch gern „großer Satan". Für heutige Christen ist die Herausforderung, das Evangelium an Gruppen mit anderem religiösen Hintergrund weiterzugeben, durchgehend ähnlich: Ob am Ende der Welt oder daheim, die „internationale Welt" ist überall! In meinem Fall ist dies eine alltägliche Sache, da ich zu bunt gemischten Massen spreche. Wir haben schon über 100 Millionen Bücher und Broschüren in hundert verschiedenen Sprachen hergestellt, um Brücken zu den Nichtchristen zu schlagen. Das Problem in vielen Kulturen besteht ja darin, dass die Religion des Einzelnen geradezu seine Identifikation mit dem eigenen Land oder der Sippe ausmacht. Daher grenzt eine Bekehrung an Verrat. Das gilt speziell für islamische Nationen, wo bei einer Bekehrung zum christlichen Glauben die Todesstrafe droht!

Pluralismus ist aber nicht mehr nur ein Missionsproblem. Nach dem Zweiten Weltkrieg haben sich auch die Bevölkerungen in Nordamerika und Europa verändert. Die Deutschen, Franzosen, Briten, Amerikaner und andere erlebten einen starken Zustrom von Einwanderern, besonders aus dem nahen, mittleren und fernen Asien. Der Westen hat sich darauf erst einstellen müssen; denn die neuen Kulturen fügen sich nicht einfach in unsere ursprünglichen und christlichen Traditionen ein. Dieser Pluralismus erzeugt natürlich auch starke Reibungen. Daher kam es, parallel zu Toleranz und „politischer Korrektheit"[1], zu Gesetzen, die die Spannungen vermindern sollen.

Womit wir es zu tun haben

Apostelgeschichte 24,24f (s. o.) veranschaulicht, wie Paulus das Evangelium an Menschen verschiedener nationaler Herkunft weitergab. Felix, früher womöglich Sklave, war nun Statthalter von Judäa (also ein Nachfolger von Pontius Pilatus). Als Römer aufgewachsen, hatte er eine jüdische Frau. Durch sie wusste er möglicherweise vom christlichen Glauben. Es ist aufschlussreich, wie der Apostel diesem heidnischen Spitzenpolitiker das Evangelium vortrug.

Paulus sprach mit Felix über vier Dinge:

1. Glauben an Christus,
2. Gerechtigkeit,
3. Enthaltsamkeit (Selbstbeherrschung),
4. das kommende Gericht.

Über drei von ihnen habe ich im Buch schon einiges gesagt und komme nun zum vierten Thema: **Wie vertreten wir als Christen in einer pluralistischen, „politisch korrekten" Gesellschaft den Aspekt des Gerichts?**

Heutige Evangelisation oder Mission ist ein Netz, das über viele Nationen, Sprachen, Religionen und Denkweisen geworfen wird. Als die ersten modernen Missionare in Indien und Afrika arbeiteten, wollten sie den Bekehrten oft auch westliche Stile auferlegen, als wäre die westliche Lebensart gleichbedeutend mit christlicher Lebensart. Die meisten jener Missionare waren Briten (auch der junge John Wesley versuchte sich als Indianermissionar). Sie bauten britische Kirchen, lehrten britische Anbetungsformen und britische Lieder, statteten Eingeborene mit britischer Kleidung aus.

Viele frühere Missionare schufen sich enorme Probleme, indem sie ihre frisch Bekehrten zu „verwestlichen“ suchten. So wurde der christliche Glaube in diesen fernen Ländern geradezu gleichgesetzt mit dem Westen und etwas unangenehm Fremdem; in einigen Gebieten hält man ihn noch immer für einen Auslandsimport. Hudson Taylor dagegen glaubte zu Recht, dass sich der Glaube an Christus in jeder kulturellen Form ausdrücken könne – Christus gehört allen Nationen! Taylor fand es falsch, dass der Glaube auch in China britisch vermittelt wurde. Also übernahm er chinesische Gebräuche, um die Chinesen zu erreichen. Das war ein Anfang!

Zum Evangelium Bekehrte müssen ihre Heimatkultur nicht über Bord werfen, es sei denn, diese ist dämonischen Ursprungs mit Geisteranbetung und dergleichen. Eine chinesische oder indische Kultur ist ebenso berechtigt wie eine westliche. Auf jeden Fall ist es irrig zu meinen, die westliche Kultur sei komplett christlich. Zum Beispiel datiert die erste bekannte Ausübung unserer Demokratie aus vorchristlicher Zeit und entstammt dem alten Griechenland, nicht der Bibel[2]. Auch unser riesiges Kreditsystem ist nicht besonders christlich, aber wir leben und dienen Gott darin.

Natürlich bringt die Vielfalt auch Probleme. Heute erlebt das geistliche Leben zahlreiche Angriffe durch Menschen mit anderen Weltanschauungen und Wurzeln. Zum Beispiel möchten viele sich und ihre Vorstellungen gern dem Evangelium ähnlich machen, um dann behaupten zu können, der christliche Glaube sei nicht einzigartig, sondern bedeute das Gleiche wie alle Religionen; sie alle hätten letztlich eine gemeinsame Erfahrung. Um eine Definition dieser gemeinsamen Erfahrung bemüht, sprechen sie vom „inneren Licht“, das wir alle teilen. Folglich wäre es „politisch unkorrekt“, den christlichen Glauben als allein richtig hinzustellen.

Eine andere pluralistische Methode ist, die besten Teile aller Religionen einfach zusammenzufügen – ein Vorgehen, das man „Synkretismus“ nennt. Wieder andere wenden sich östlicher Mystik zu, um ihr religiöses Bewusstsein zu entwickeln und auf äußere Energien einzustimmen. Keine Glaubensbekenntnisse oder Lehrsätze, nicht einmal Anbetung – nur erhebende Gefühle.

In unseren Ländern bedeutet der Glaube oft nicht mehr als die Erfahrung, in einer Kirche zu sitzen und die Ruhe, Geborgenheit und Rätselhaftigkeit des Ortes zu empfinden. Liturgien verstärken diesen psychologischen Effekt noch, und die Predigt ist oft nur ein seichtes Zwischenspiel.

In den Kirchen gibt es wachsende Bestrebungen zum „Dialog" mit anderen Religionen. Man sagt, in ihnen allen gebe es Licht. Das macht mir Sorge. Ich habe nichts gegen einen Dialog, wo ich andern von Jesus erzählen kann und mir ihre Glaubensvorstellungen anhöre. Aber oft steht hinter solchen Gesprächen nur die Absicht der Beeinflussung und Vermischung. Wie will man denn den christlichen Glauben und seine Praxis zurechtstutzen, damit er zum Buddhismus, Hinduismus oder Islam passt? Solche Kompromisse sind nicht nur inakzeptabel, sondern auch unpraktisch. Es klappt nicht, alle Religionen in einen Topf zu werfen und zu etwas „Besserem" zu verschmelzen. Alles, was dabei herauskommt, ist ein ganzer Sack mit unsinnigem religiösem Krimskrams.

Der christliche Glaube aber ist vollständig und absolut! Das Evangelium bringt geschichtliche Fakten und deutliche Aussagen, die akzeptiert werden wollen. Es bewirkt zwar auch Gefühle, lässt sich aber nicht darauf reduzieren. Evangelium heißt Wahrheit, was immer Menschen empfinden mögen. Nicht für Gefühle, sondern für die Wahrheit ließen sich Christen sogar als Fackeln anzünden oder anders töten. Wir müssen die Wahrheit freimütig verkünden und dürfen sie nie aus falscher Rücksichtnahme vermischen oder verdünnen.

Ich weiß, wir können auch im Sand Goldkörner finden. So mag es auch in falschen Religionen Spuren des Guten geben (vgl. Rö. 1). Aber nicht alles Gute rettet, und etwas Wahres ist noch keine **rettende Wahrheit**. Guter Rat und weise Grundsätze bringen uns keine Vergebung. Jesus kam nicht, um interessante Kenntnisse zu vermitteln oder Tipps zu geben, wie man sein inneres Licht findet. Er ist gekommen, damit wir Leben im Überfluss haben!

Wenn alle Religionen gleich sind, können wir wirklich zu Hause bleiben. Dann lass die Muslime Muslime sein und Hindus, Brahmanen, Buddhisten, Animisten, Spiritisten, Hexenmeister bleiben, wie sie sind. **Aber die Religionen sind nicht alle gleich!** Abermillionen werden durch ihre Religion nicht gesegnet, sondern erniedrigt. Oft produzieren ihre heiligen

Handlungen Rückständigkeit und Übel wie Unterdrückung von Frauen, Intoleranz, Rache, Fanatismus, Versklavung niederer „Klassen" und anderes.[3] Das Evangelium hingegen ist eine befreiende, aufrichtende Kraft! Wo immer es aufgenommen wird, bringt es auch soziale Verbesserung jeder Art mit sich, bis hin zu den Niedrigsten und Geringsten. Das erinnert mich an die Worte aus dem großen Lied „Jesus wird herrschen" von Isaac Watts:

Segen strömt weit, wo Jesus regiert,
so dass der Gefang'ne die Ketten verliert;
bedrückte Herzen finden Heil,
wer Mangel hat, dem wird zuteil.[4]

Millionen warten und hoffen auf mehr, auf etwas Besseres als nur schöne Gefühle. Nach 30 Jahren Dienst, auch unter nichtchristlichen Völkern, weiß ich, wie sehr sich erdgebundene Seelen nach etwas sehnen, was nur in Jesus Christus gefunden wird. Sie wollen eine höhere Realität, etwas mit Substanz – mehr als nur Prunk, Zeremonien, Regeln, Gebete und Symbole. Sie wünschen sich einen Glauben, der Fels im Sturm ist.

Die Menschen möchten wissen, dass es in der Welt Gerechtigkeit gibt – ich predige Christus, den Richter für alle. Sie wünschen eine Kraft, um das Böse in ihren Herzen zu überwinden – ich predige, dass Jesus rettet. Sie wollen Vergebung der Sünden – ich predige Jesus, durch den uns die „Vergebung der Sünden verkündigt wird"[5]. Sie möchten Gott erleben – ich predige die Geist, Seele, Leib erfüllende Taufe im Heiligen Geist. Sie suchen Hilfe im Alltagskampf, keine Religion mit noch mehr Lasten – ich predige Jesus, dem sie ihr Leben mit Vergangenheit, Gegenwart und Zukunft anvertrauen können. Wer sonst als Jesus kann all das tun? Er ist wirklich der einzige Retter und hat keinen Rivalen, ob lebend oder tot!

Christus entwirft keine Regeln zum Essen, Waschen, Beten, sondern verändert unsere Grundantriebe. Seine Weisheit wird uns als Naturgesetz eingepflanzt – unsere neue Natur in Christus! Wir sind wiedergeboren, haben göttliche Gene. Physisch ist es ja bekanntlich so: Unsere DNA, jene verschlüsselte Doppelhelix-Spirale in unserem Erbgut, steuert Wachstum und Eigenart unserer Körper und gibt wie eine Tonbandaufzeichnung jeder lebenden Zelle Anweisungen, was sie zu tun hat. Entsprechend haben wir als „himmlische DNA" den Heiligen Geist bekommen, der uns hilft, in Christus zu wachsen und zu reifen.

Evangeliumspredigt in einer pluralistischen Welt

Die Apostel haben Gericht gepredigt – ein Thema, über das die Heiden wohl nicht übermäßig nachdachten. Doch es ist Teil der Wahrheit, und zu deren Verkündigung waren die Apostel ausgesandt. In diesen Jahren predige ich Millionen Muslimen und Hindus das ganze Evangelium ohne Abstriche. Mit Freuden verkündige ich Jesus, Gerechtigkeit, Selbstbeherrschung und das kommende Gericht.

Dieses Evangelium leuchtet in die Menschenherzen wie die plötzliche Dämmerung nach dunkel bedrückender Nacht. Jesus ist der Fels der Gewissheit für eine Welt, die im Meer der Unsicherheit dahintreibt: Gott überlässt uns weder Gefühlsnebeln noch Hoffnungs-Strohhalmen. Unsere christliche Botschaft an eine verwirrte Welt ist vielmehr positiv, fest und vernünftig.

Ich kritisiere keine Weltanschauung, verletze nicht vorsätzlich die Anhänger anderer Religionen, diskutiere nicht über das richtige Glaubenssystem, sondern präsentiere einfach das herrliche Evangelium Christi. Wenn meine Zuhörer meinen, ihre Hindugötter, Allah oder Buddha könnten ihnen Vergebung anbieten, Macht über die Sünde, Kleider der Gerechtigkeit und Hoffnung im kommenden Gericht geben – bitteschön, lass sie bleiben, wie sie waren. Doch ich weiß und sie wissen, dass es in ihrem Glauben und Brauchtum nichts von alledem gibt. Nur Jesus errettet! Er hat keinen Konkurrenten.

Auch wenn die Leute Moral wünschen – das Wort Gottes bietet sie zur Genüge. Unsere christliche Ethik, unerreicht in der Welt, stammt aus der Bibel. Es gibt keinen Grund, im Koran oder in Hindu-Legenden Orientierung zu suchen. *„Seine göttliche Kraft hat uns alles zum Leben und zur Gottseligkeit geschenkt durch die Erkenntnis* [Jesu Christi] … " (2. Pt. 1,3 *–ü*)

Alle Religionen haben irgendeine Theorie, wie man durch das letzte Gericht kommt.[6] Dieses Gericht ist gleichsam eine Grundlehre. Darum spricht auch Jesus so viel davon, zum Beispiel in Johannes 5,22 (*-ü*): *„Denn der Vater richtet niemand, sondern hat das ganze Gericht dem Sohn gegeben."* Das Richteramt ist in Jesu Händen – und was sind das für Hände: vernarbt von durchbohrendem Eisen, Hände voll Erbarmen.

Unser Richter ist der Eine, der uns liebt! Das lässt aufatmen. Jesu Name entkrampft weltweit die Herzen.

Man beachte, dass die Apostel nicht mit dem Gericht **drohten**; vielmehr war es Teil der Guten Nachricht! Sie wollten keine Ängste schüren und hatten die Warnung nicht nötig, dass man ohne Christus zugrunde gehe. Die Leute wussten selbst um ihre Verlorenheit und waren voller Schicksalsängste, speziell vor dem Tod. Viele glaubten, sie würden dann in eine dunkle, drohende Unterwelt sinken, bewacht von einem schrecklichen, dreiköpfigen Hund namens Zerberus. Beim Thema Tod und Gericht zuckte die Heidenwelt also schnell zusammen. Im Kontrast dazu verkündigten ihnen die Apostel nun Kreuz und Auferstehung, Gerechtigkeit und Erbarmen am Thron der göttlichen Gnade. **An dieser herrlichen Botschaft ist nichts Falsches!** Sie ist das Wort für alle Menschen aller Religionen, Kulturen, Zeiten und Rassen. Solch eine wunderbare Nachricht bedarf keiner Kompromisse. Wir verkünden die Wahrheit, Tatsachen – und Tatsachen sind hartnäckige Gebilde, denen sich auch in unserer pluralistischen Gesellschaft jeder zu stellen hat.

Übrigens, die Apostel predigten Gericht, nicht Höllenfeuer. Ihre Briefe und die Predigten in Apostelgeschichte schweigen dazu größtenteils, behandeln aber eindringlich das Thema „Gericht". Der Begriff „Hölle" wird im Neuen Testament nur ganz selten außerhalb der Evangelien und der Offenbarung gebraucht. Den Menschen mit der Hölle zu drohen, ist auch nahezu wirkungslos. Viele machen sich heute sogar darüber lustig, so oft wurde jener Ort mit Feuer, Schwefel, Abgründen und Teufeln mit gespaltenen Schwänzen karikiert.

In der Vergangenheit schilderten viele Prediger die Todeskämpfe in einer Hölle, die Gott aber nie entworfen hat, nicht einmal für die Verdorbensten seiner Geschöpfe. Das Bild ist überzeichnet worden. Die Kirche des Mittelalters kniete sich bis zum Exzess in dieses Thema Hölle. So behauptete ein Schreiber jener Zeit, dass ungetaufte Kinder einst in Flammen zu leiden hätten, die alle hundert Jahre immer schrecklicher würden. Wer würde sich heutzutage solch ein Gerede anhören?

Um über die Hölle oder Ähnliches zu predigen, ist zweierlei wichtig. Erstens müssen wir stimmig erklären, was die Bibel darüber sagt. Zweitens müssen wir davon so predigen wie Jesus – falls wir es können. Wie alles, was er tat, war auch seine Stimme ein Ausdruck tiefer Besorgnis und unendlicher Liebe für all seine Geschöpfe. Es war weder Jesu Vorliebe, die Leute vor der „Gehenna" zu warnen, noch empfand er Genugtuung über die Konsequenzen für die, welche die Rettung zurückwiesen. Vielmehr tat Jesus alles, um die Menschen vor dem Weg an jenen Ort zu bewahren, und ließ selbst seine Weherufe gleichsam „mit Tränen in der Stimme" erschallen. (Wir sprachen es schon im ersten Kapitel an.)[7]

Das Evangelium ist ein Skalpell, das den Sündenkrebs herausschneidet. Unsere Verkündigung muss das wiedergeben.

Wenn wir apostolische Resultate sehen wollen, müssen wir auch eine apostolische Verkündigung haben. In den dunklen Regionen, wo ich so oft predige, wäre jede andere Art der Predigt ein skandalöser Verrat am Evangelium und an den Zuhörern. Mein Evangelium ist das Evangelium von Jesus, Paulus, Petrus und all den andern. Mit welchem Gedankengut unsere Zuhörer auch immer vorbelastet sind, das Evangelium zeigt seine Wirkung! Es beschäftigt sich ja mit den fundamentalen Themen eines jeden Menschenlebens. Und es ist ein Skalpell, das den Krebs der Sünde herausschneidet. Unsere Verkündigung muss das auch haben – schärfer sein *„als jedes zweischneidige Schwert"* (s. Hb. 4,12). Sie soll sich ehrlich und aufbauend mit Sünde, Gericht, Gerechtigkeit, dem Heil am Kreuz und der Kraft Gottes beschäftigen – ohne Debatte. Es geht um Proklamation.

Wie Jesus seine Botschaft mit den „letzten Dingen" verknüpfte

Gericht war ein bedeutender Teil in Christi Lehre. Es unterstrich alles, was er zu sagen hatte. Manchmal sprach er ausdrücklich davon, und unterschwellig gehörte das Thema ohnehin dazu; denn Jesus hatte immer die Ewigkeit im Blick. Deshalb sollten die „letzten Dinge" auch fester Bestandteil unseres Evangeliumspakets sein. Christus predigte sie, und von ihm beziehen auch wir hauptsächlich unsere Kenntnis über die „Endzeit".

Eine aufrüttelnde Beobachtung ist, wie sich das Thema „Gericht" durch nahezu alle Reden Jesu zieht. Er kam nicht hierher, um allen ein gutes Picknick mit dem Messias zu bieten, sondern sprach auch offen über Lohn und Strafe. Meines Erachtens werden Gottes Gerichte von der heutigen Kirche allgemein verharmlost. Anders Jesus: Er hatte größtes

Mitleid, was ihn aber nie die Wahrheit kaschieren ließ. Gerade aus Erbarmen stellte er uns vor Augen, dass das Gericht kommen wird.

Die Notwendigkeit des Gerichts brachte Christus auf diesen Planeten und ans Kreuz. Dies ist der Gipfel aller menschlichen Erkenntnis. Jesus verspürte solch ein Mitleid für die Massen, dass er 5.000 von ihnen nicht nur speiste, sondern auch über ihr künftiges Schicksal für den Fall aufklärte, wenn sie ihm nicht Glauben schenken würden. Wir müssen unsere Gedanken auf mehr als nur Brot richten und Jesus zutrauen, dass er uns rettet. Kein anderer außer ihm wird es tun.

Jesus und das Gericht

„Von da an begann Jesus zu predigen und zu sagen: Tut Buße, denn das Reich der Himmel ist nahe gekommen!“ (Mt. 4,17)

Dies ist das Erste, was wir vom Dienst des Herrn hören. Aber vor Jesus predigte schon Johannes der Täufer die gleiche Botschaft (s. Mt. 3,2). Manche haben sogar vermutet, Jesus habe als Jünger des Täufers begonnen, doch in der Schrift sehe ich keinerlei Hinweis dafür.

Gleichwohl war nicht nur die Botschaft des Johannes voller Gericht, sondern auch die von Jesus. Johannes predigte drastisch, wie man *„dem kommenden Zorn zu entfliehen“* (Mt. 3,7) habe; jeder Baum ohne gute Frucht werde *„abgehauen und ins Feuer geworfen“* (V. 10); der Herr habe die *„Worfschaufel“* schon in der Hand und werde *„seine Tenne … reinigen, seinen Weizen in die Scheune sammeln, die Spreu aber … mit unauslöschlichem Feuer verbrennen“* (V. 12).

Jesus griff diese Art Warnung auf und gebrauchte in seinem ganzen Dienst ähnliche Redewendungen. Aber Jesus hat nie gedroht.[8] Er beschrieb nur, was unweigerlich geschehen wird: Es gibt kein Entrinnen – außer in ihm, Christus. Ihn aber abzulehnen und das Böse zu tun, bringt eine Person unter Gottes Zorn. Gericht ist ein Fall von Ursache und Wirkung. Eines Tages wird das Werk unseres Lebens beurteilt werden.[9] Unser Tun wird entweder bestehen oder zusammenbrechen, entweder von der letzten Flut weggespült oder für immer als gut angerechnet werden. Die Bibel blickt hinter die täglichen Sorgen und Bedrückungen dieser Welt, um uns eine höhere Realität zu zeigen: Allein die Ewigkeit zählt!

Als Christus geboren wurde, brach Ewigkeit durch die Grenzen von Zeit und Raum: Der Himmel konzentriert sich auf die Erde, Gottes Gerichte spitzen sich zu, die Heilige Schrift offenbart das Wesen der Kräfte, die auf unsere Bestimmung Einfluss nehmen. Jeder Zweifel schwindet: Die zeitliche Welt steht in Bezug zur ewigen. Selbst die Bergpredigt mahnt, jeden Tag im Licht der künftigen Dinge zu leben. Diese Wahrheit müsste doch unsere Welt zu einem besseren Ort machen, indem sie die Gerechtigkeit fördert. Denn das Bewusstsein des kommenden Gerichts kann Menschen helfen, eifrig zu tun, was Gott gefällt. Das verkündigte spätere Gericht bringt also schon in der Gegenwart greifbare Wirkungen.

Der Evangelist D. L. Moody predigte einmal vor streikenden Arbeitern. Dafür wurde er kritisiert. Einige behaupteten, Moody habe sich auf die Seite der Bosse gestellt und würde den Arbeitern zureden, mit niedrigen Löhnen zufrieden zu sein, weil sie ihren wahren Lohn im Himmel erhielten. Doch Moodys Kritiker verzerrten die Evangeliumsbotschaft. Denn wenn wir im Licht der Tatsache leben, einmal vor dem gerechten Richter zu stehen, werden wir auch fair für das kämpfen, was recht ist, und die Leute eben nicht nur immer zum Stillsitzen gegenüber dem Unrecht auffordern. Wie schon angeführt, erhebt das Evangelium auch die unteren Schichten und gibt ihnen Würde. Es verändert Nationen – immer zum Besseren. Das Evangelium ist die größte aufrichtende Kraft aller Zeiten!

Jesus und das Thema Rettung

Christus sprach von Heil bzw. Rettung, aber er verdeutlichte auch, **wovon** uns Gott rettet. Es ist nutzlos zu predigen, dass Jesus rettet, wenn die Leute nicht in Gefahr sind – oder nicht davon **wissen**. Die Tatsache, dass sie in Gefahr **sind**, muss Grundelement unserer Evangeliumspredigt sein. Der Glaube an Christus reißt uns aus Sünde, Gericht und ewiger Verlorenheit. Wenn wir das Evangelium weitergeben, reden wir über nichts Geringeres als die menschliche Schicksalsfrage!

Speziell das Johannes-Evangelium notiert zwei kontrastierende Elemente der Lehre Christi: Verheißung und Warnung. In den folgenden Textstellen erläutert Jesus sowohl seine Retterkraft als auch die Folgen, wenn wir ungerettet von hier gehen:

„Wer an den Sohn glaubt, hat ewiges Leben; wer aber den Sohn zurückweist, wird das Leben nicht sehen, sondern der Zorn Gottes bleibt auf ihm.“ (Jo. 3,36 *-ü*)

„Es kommt die Stunde, in der alle, die in den Gräbern sind, seine Stimme hören und hervorkommen werden: die das Gute getan haben, zur Auferstehung des Lebens, die aber das Böse verübt haben, zur Auferstehung des Gerichts.“ (Jo. 5,28f)

Christus verlor das Gericht nie aus dem Sinn. Im zweiten Text hatte er gerade einen Mann von langer Invalidität geheilt, so dass jener erstmals nach vier Jahrzehnten gehen konnte. Doch selbst dies nahm Jesus zum Anlass für die Warnung, nicht von der Auferstehung in die Verdammnis zu geraten! Solche fast schon deplatziert wirkenden Worte unterstreichen nur, welchen Stellenwert das kommende Gericht in Jesu Lehre hatte!

Ein anderes Beispiel: Als Jesus davon hörte, dass etliche Galiläer von Soldaten des Pilatus niedergemetzelt worden waren und dass eine einstürzende Mauer 18 Menschen getötet hatte, drückte sein Kommentar mehr als das übliche Mitleid aus: *„Ich sage euch, wenn ihr nicht umkehrt, werdet ihr alle gleichfalls umkommen.“* (Lk. 13,3.5 *kj*) Unsere Reaktion wäre vielleicht gewesen, wie traurig das doch sei und dass wir für die Hinterbliebenen beten wollten. Für Christus aber bestand die eigentliche Tragik in der Sünde und Unbußfertigkeit. Darum nutzte er den allgemeinen Schock zum dringenden Hinweis auf die größte aller Tragödien: wenn Menschen in ihren Sünden sterben.

Gericht im Evangelium der Apostel

„Wir werden alle vor den Richterstuhl Gottes gestellt …“ (Rö. 14,10)[10] Im Neuen Testament gibt es viele starke Gerichtsaussagen. Offenbarung 20,11 spricht vom großen weißen Richterthron. Hebräer 9,27 (*hfa-ü*) bezeugt: *„Jeder Mensch muss einmal sterben und kommt dann vor das Gericht.“* Paulus informierte Felix und Drusilla über *„Gerechtigkeit, Enthaltsamkeit und das kommende Gericht“* (Apg. 24,25) – eine ganz schön mutige Predigt bei nur zwei Versammlungsbesuchern und völliger Klarheit darüber, wen Paulus meinte …

Alle neutestamentlichen Schreiber betonen, dass Sünde bitteren Lohn bringt. Auch wenn es manch üblen Personen gut zu gehen scheint – am Ende kommt keiner damit durch. Wir werden in unseren Sünden umkommen, wenn wir nicht Buße tun und uns ganz Christi Barmherzigkeit ergeben. Für Sünde **muss** gezahlt werden. Sünden kann man nicht einfach loswerden; sie führen unausweichlich zum Gericht. Hier aber schaltet sich Christus ein und bezahlt unsere Schuld, indem er die Konsequenzen an unserer Stelle trägt!

Meist sagt die Bibel nicht direkt, dass es das Schicksal der Bösen sei, verloren zu gehen. Eher finden wir die positive Aussage, dass alle, die auf Christus **vertrauen, nicht verloren** gehen. Mehr indirekt ist daraus abzuleiten, dass Menschen, die Christus nicht vertrauen, ins endgültige Verderben laufen. Natürlich gibt es klare Bibelstellen, dass die Ungerechten und Ungläubigen unter Verurteilung stehen. Oft aber ergibt sich das nur durch Schlussfolgerungen. Was ist der Grund dafür?

Jesus Christus kam, um uns vor der Zerstörung zu retten. Wenn wir ihn ablehnen, haben wir das Heilmittel, den einzigen Ausweg abgelehnt. Christus kam, uns zu helfen. Weisen wir ihn ab, dann erfahren wir schutzlos die volle Konsequenz unserer Sünde.

Im Grunde haben die Menschen immer gewusst, dass sie verloren sind. Jesus und die Apostel mussten ihnen das eigentlich nicht erzählen, und auch wir nicht. Aber das Evangelium ist ihnen zu sagen; denn nur das Evangelium bietet Hoffnung und ist Antwort auf die allumfassende Todesangst und Hoffnungslosigkeit.

In der römischen Welt zur Zeit Christi galt der Tod als König aller Schrecken. Man malte sich ihn als eine niedere Existenz bei den Schatten der Unterwelt aus. Die Persönlichkeit ging zugrunde, und selbst starke Männer und Krieger existierten als bloße Schemen – schwach, blass, sabbernd und piepsend. Solch ein Schicksal, sagte Jesus, werde niemals über die Seinen, die ihm vertrauten, hereinbrechen. Stattdessen würden sie das ewige Leben haben – als eine immer währende, robuste Realität.

Was Israel betraf, glaubten in Christi Tagen die meisten von ihnen an ein Leben nach dem Tod. Das griechische Wort „Hades" (entsprechend dem hebräischen „Scheol") bezog sich auf den Ort und allgemeinen

Zustand der Toten – sie existierten irgendwie. Inzwischen war man aber überzeugt, dass es dort auch Unterschiede gab, und sprach z. B. von „Abrahams Schoß" als einem besonderen, angenehmen (Zwischen-)Ort für die von Gott gnädig angenommenen Verstorbenen (vgl. Lk. 16,22). Was die andere, schlimmere Seite des Jenseits anging, grassierte bei Israels Lehrern, den Schriftgelehrten und Rabbinern, u. a. eine Ansicht, dass alle Menschen, solange sie nicht das jüdische Gesetz kannten, verflucht seien (vgl. Jo. 7,49). Wie wir sehen, waren also auch in Israel die Vorstellungen über Tod, Mensch und Jenseits erst zart entwickelt, sehr unterschiedlich und nur wenig von Gewissheit geprägt.

Außerhalb Israels gab es die allgemein akzeptierte Maxime: *„Iss, trink und sei lustig, denn morgen bist du tot!"*[11] Viele glaubten nicht einmal, dass sie eine Seele besaßen. Die Ägypter wiederum hatten eine regelrechte Todesmanie und gaben ganze Vermögen aus, um ja sicherzustellen, dass es ihnen im Jenseits gut gehen werde.

Die Bibel erwähnt, dass der Apostel Paulus auch mit Stoikern diskutiert hat (Apg. 17,18), für die der Tod eine faktische Vernichtung war. Sie glaubten, damit gehe der Geist des Menschen zurück in den großen Geistes-Ozean, so wie ein Regentropfen ins Meer gelangt. Deshalb hielten sie das Reden von einer Auferstehung für „Schwätzerei" (s. Apg. 17,18).

Ähnliche Erwartungen haben nicht zuletzt die Buddhisten. Ihre Lehre von der Re-Inkarnation (Wiederverkörperung, Seelenwanderung), z. T. verwandt mit dem Hinduismus, hat auch im Westen, samt der Schwemme vielfältiger esoterischer Praktiken, ihre Anhängerschaft gefunden: Man glaubt, die Seele kehre immer wieder in andere Arten und Leiber zurück, vielleicht Tausende Male, bis sie endlich im Meer des Nichts versinke. Sie werde also von der Last des Daseins befreit, indem sie aufhöre, da zu sein (!) …

Zurück zu den Griechen: Laut Platos „Phaidon" verbrachte Sokrates seine letzten Stunden im Nachdenken darüber, was wohl mit ihm geschehen werde, wenn der Tod nahte. Schließlich sagte er: „Nichts kann einem guten Mann schaden, weder im Leben noch im Tod." Die letzten Worte des Sterbenden aber zeigen dann doch eine traurige Verbindung zum Aberglauben seiner Tage: „Kriton, wir sollten dem Asklepios einen Hahn opfern. Kümmere dich darum und vergiss es nicht!"[12]

Während Christen unter der Seele sich selbst, ihr „Ich“ im vollsten Sinne der Persönlichkeit, verstehen (vgl. u. a. Mt. 16,26; Lk. 9,25), hatten die alten Griechen, von wenigen Ausnahmen und schwachen andersartigen Ansätzen abgesehen, keine Sicht für die Seele als Wesenskern eines kompletten Menschen – ganz zu schweigen von einer Auferstehung. Für das Griechentum war die Seele allgemein nur ein geistiges Relikt, und mit dem Tod wurde man zum Stoff, zur Sache – nichts mehr von einer Person. Bei aller denkerischen und sogar prägenden begrifflichen Leistung ihrer Philosophen auch zum Begriff der Seele – hier fehlt, wie bei allen Heidenvölkern, einfach die erquickende Offenbarung des lebendigen Gottes, die wir aus Altem und Neuem Testament zu folgender Kernaussage verknüpfen können: Gott hat den Menschen als wunderbare Einheit von Geist, Seele und Leib geschaffen und ermöglicht dieses Ziel auch nach dem Sündenfall durch sein erlösendes Handeln in Jesus Christus. Beleg dafür ist die leibhaftige Auferstehung Jesu und die Sendung des Heiligen Geistes.[13]

Christus hat verheißen, dass wir niemals verloren gehen. Seine Errettung beinhaltet die Gewissheit der Auferstehung und des Lebens mit ihm nach dem Tod. Das war für die Menschen der Antike eine völlig neue Sicht über Leben und Sterben: Die Geretteten werden von den Händen eines starken Retters behütet, der den Tod überwunden hat; an den Pforten des Todes ist also jemand, der in der Lage ist, auf uns Acht zu haben. Welch mächtiges Heil und welch mächtiger Heiland – ein Licht in der Finsternis und ein Fels der Zuflucht inmitten der Unsicherheiten des Lebens!

Auch in der westlichen Welt werden Millionen Menschen von düsterer Ungewissheit überschattet, einschließlich der Reichen, Prominenten und Mächtigen. Selbst in den USA bekennen manche, beim Gedanken an die Zukunft unruhig oder gar ängstlich zu werden. Während die starken Jahrgänge älter werden, nehmen sie wahr, dass sie in die Verlorenheit treiben *„wie Wasser, das auf die Erde geschüttet wird und nicht wieder gesammelt werden kann.“* (2. Sam. 14,14 -*ü*). Angesichts aufkommender Krankheit und Schwäche fühlen sie sich, als tropften sie wie Kerzen der Vergessenheit entgegen. Die Kur aber gegen derart trostlose Aussichten ist das Evangelium:

„Jesus Christus, unser Retter, … hat dem Tod die Macht genommen und das unvergängliche Leben ans Licht gebracht … durch die Gute Nachricht.“ (2. Ti. 1,10 *gn*)

Das Evangelium bedeutet Rettung und Hoffnung. Ich kenne keine Religion oder Philosophie in der Welt, die solch eine Hoffnung anbietet und doch für die menschliche Seele so glaubwürdig klingt.

Christus hat den Tod verwandelt. Für Gläubige ist der Tod keine Strafe mehr, sondern eher das Gegenteil: *„Glückselig die Toten, die von jetzt an im Herrn sterben!“* (Off. 14,13) *„Wertvoll ist in den Augen des HERRn der Tod seiner Heiligen.“* (Ps. 116,15 *br*) Nicht länger ist der Tod nur eine Sache von Vermutungen. Wir werden nicht wie ein Baum im Boden verrotten, von Sturm und Blitz gefällt. Wir sind gerettet. Wir leben im Herrn! Halleluja!

Zu Beginn des dritten Jahrtausends n. Chr. ist das menschliche Wissen weit über alle Voraussagen hinaus fortgeschritten, aber uns sind die gleichen alten Probleme geblieben: Bosheit, Angst, Gericht, Krankheit …

In den letzten zwei Jahrhunderten wurden wohl Tausende neue Religionen gegründet, kleinere und größere. Doch keine von ihnen hat eine Antwort auf das Problem von Sünde und Angst oder einen Fingerzeig im Hinblick auf das unbestechliche Gericht eines heiligen Gottes. Zehntausend neue Erklärungen zum Weltall sind aufgetischt worden, aber sie alle versagen beim Beheben der Menschheitsnot, uns vor uns selber zu retten.

Dabei ist die Lösung bzw. der „Löser“ schon lange da und am Werk – wo man ihn lässt: *„Ich bin der Erste und der Letzte und der Lebende! Ich war tot, und siehe, ich bin lebendig von Ewigkeit zu Ewigkeit und habe die Schlüssel des Todes und des Hades!“* (Off. 1,17f)

Nein, das Evangelium versagt nicht. Es ist Gottes Offenbarung durch seinen Sohn Jesus Christus. Wenn wir auf ihn schauen, werden wir nie enttäuscht. Er schreitet durch die Jahrhunderte als der eine und einzige Retter und hat seine Füße auch klar und sicher auf das neue Millennium gesetzt.

Paulus wollte unbedingt auch in Rom predigen; sogar im Zentrum des heidnischen Reiches schämte er sich des Evangeliums nicht. Ich will auch im neuen Jahrtausend predigen, wo es nur geht, und mich des Evangeliums nicht schämen. Es ist immer noch Gottes Kraft zur Rettung für jeden, der glaubt!

Zum Ausklang

Eines Tages wird das letzte Lied gesungen, die letzte Botschaft gepredigt und das Schlussgebet gesagt sein. Das Gericht **wird** kommen. Die Heiligen Gottes, einst verlorene Schafe, die vom Heiland und Herrn Jesus Christus gefunden wurden und ihm durch dick und dünn nach Hause folgten, **werden** ihre himmlische Belohnung erhalten.

Welch ein Tag wird das sein!

Welch eine beispiellose Gelegenheit, dem Meister Auge in Auge zu begegnen, die Schönheiten des Himmels zu bestaunen, sich an der Gemeinschaft mit Gottes Familie zu erfreuen und mehr über unsere ewigen Ziele zu erfahren! Alles wird uns so rechtzeitig und richtig erscheinen, und die Hoffnung aller Zeiten erfüllt sich überreich. Aber dann ist es zu spät zum Evangelisieren; denn im Himmel wird es keine verlorenen Schafe geben.

„Jetzt ist der Tag des Heils."
(2. Korinther 6,2)

Anmerkungen:

1 Das amerikanisch-englische Schlagwort „political correctness" bezeichnet einen Trend in modernen westlichen Gesellschaften, politische Werte durch „richtige" Sprach- und Verhaltensregeln durchzusetzen, z. B. Toleranz statt Diskriminierung.

2 Dabei liegt auch das „Copyright" auf freie Willensbildung bei Gott: von Adam über Jesus bis zur Gemeinde! Nicht umsonst ist Jesus neben Herr auch Bruder u. v. a. … (s. 1. Mo. 2; Jo. 8,34-36; Lk. 22,26; 1. Pt. 5,2f; Eph. 5,21.32; Apg. 6,3; 15,25.28; Jo. 15,15; Hb. 2,11 etc.)

3 Ähnliche Ereignisse in der so genannten Kirchengeschichte konnten sich nie auf Jesus berufen, sind dem biblischen Glauben fremd und wurden von Scheinchristen begangen bzw. zogen die Buße der echten Christen nach sich.

4 Übersetzt nach dem englischen Originallied „Jesus Shall Reign": Blessings abound wherever He reigns / The prisoner leaps to lose his chains / The weary find eternal rest / And all the sons of want are blessed.

5 Apg. 13,38

6 Selbst der Buddhismus hat zwar sozusagen das „Nichts" zum Ziel, aber auch dessen Wohltat ist lediglich die Aufhebung der ständigen (Straf-)Wiedergeburten.

7 Im Lukasevangelium rief Jesus 14-mal „Wehe", aber nicht ein einziges Mal ohne Herzeleid über das Schicksal der Menschen und Städte. Jerusalem wies ihn ab und kreuzigte ihn, wie er es vorausgesagt hatte. Er kannte diese Stadt nur zu gut und sprach über das Wehe, das hereinbrechen würde, wenn sie ihn ablehnten. Aber da war keine Bitterkeit, keine Schadenfreude, kein Rachegefühl. Er weinte über die Stadt.

8 Johannes und Jesus verkündeten: *„Tut Buße …"* – Jesus aber konnte das entscheidend Neue hinzufügen: *„… und glaubt an das Evangelium!"* (Mk. 1,15)

[9] Beim Blick auf das Endgericht von Off. 20,11-15 ergibt sich aber auch eine produktive Spannung: Zum einen gilt allein die Rettung aus Glauben an Jesus (**das** Buch), zum andern aber auch das Ernten gemäß der Lebensweise (**die** Bücher). Bei Gott gibt es also weder die verzweifelte Leistungsspirale (vgl. auch Mt. 20,1-16) noch die auf billige Gnade spekulierende Faulheit (vgl. Mt. 24,45ff.). Die Lösung liegt wohl in dem gelebten göttlichen Geheimnis, das Paulus kannte: *„Die Liebe Christi drängt uns einfach …!“* (s. 2. Ko. 5,14ff)

[10] In diesem Richterstuhl sehen manche Ausleger den Ort des Preisgerichts (vgl. Lohn, Belohnung im NT).

[11] Die Römer hatten ähnliche Todesvorstellungen wie die Griechen und sie teilweise auch von ihnen übernommen. Ein Auszug: Wenn eine Person gestorben war, überquerte sie den Fluss Styx und kam in eine riesige, verworrene Gegend, aus der es kein Zurück gab. Nur während des Dionysos-Festes durften die Geister der Toten zurückkehren und auf den Straßen wandeln. Um sie fernzuhalten, beschmierten die Leute ihre Eingänge mit Pech, und am Ende des Tages wurden alle wieder in den Hades zurückgeschickt, wobei jedermann rief: „Kobolde, verschwindet! Die Athnesterien („athnesteria“: Unsterblichkeitsfeier?) sind vorbei!“ (Quelle: Louise B. Zaidman, Pauline Schmitt Pantel and Paul Carledge, *Religion in the Ancient Greek City* (Cambridge, Mass.: Cambridge University Press, 1993), p. 77.

[12] Asklepios (Äskulap) war der sagenhafte Gott der Medizin. In seinen Tempeln hielt man den Hahn heilig.

[13] vgl. 1. Mo. 2,7; 1. Ko. 15,45; Jo. 20,20.22; 1. Th. 5,23 u. v. a.

Reinhard Bonnke:

Für immer im Plus

Ein hervorragendes Werkzeug für evangelistische Nacharbeit.

Paperback, 28 Seiten

Weitere Titel dieser Bücherserie:

- Heilsgewissheit
- Die Taufe im Heiligen Geist
- Vor allem … Fürbitte
- Die Salbung
- Unterscheidung

Reinhard Bonnke:

Die Kraft des Blutes Jesu

Reinhard Bonnke und sein CfaN-Team führen jedes Jahr viele Großevangelisationen in Afrika, Indien und anderen Teilen der Erde durch. Bis zu 1,6 Millionen Menschen versammeln sich dort zum Gottesdienst.

Das alles wäre nicht möglich, wenn das Blut Jesu Christi nicht zur Vergebung unserer Sünden geflossen wäre.

Diese wunderbare Tatsache wird von dem erfahrenen und von Gott bestätigten Evangelisten in diesem Büchlein – Die Kraft des Blutes Jesu – in den Mittelpunkt gerückt.

Gerade für solche, die die ersten Schritte in der Nachfolge Jesu tun, ist das Buch eine echte seelsorgerliche Hilfe. Darüber hinaus eröffnet es auch langjährigen Nachfolgern Jesu neue und überraschende Perspektiven.

Paperback, 32 Seiten

Reinhard Bonnke:

Manifestationen

Die Gaben und Kraft des Heiligen Geistes

Dies ist das beste Buch über die Gaben des Heiligen Geistes seit den früheren Klassikern von Harold Horton und Howard Carter. Es ist biblisch ausgewogen und klar.

„In den vergangenen 20 Jahren habe ich fast alle Bücher zu diesem Thema gelesen, aber auf dieses habe ich lange gewartet!"
Rev. Colin Whittaker,
Editor, Redemption Magazine,
Großbritannien

Paperback, 296 Seiten inkl. 16 Fotoseiten